幽微的人性

李玫瑾·著

北京联合出版公司
Beijing United Publishing Co.,Ltd.

序 言

人生，早年玩的时候总觉得有大把的时间，可是真正需要时间的时候却发现，时间这东西挣不来，而且特别不禁花销。

我1982年大学毕业，一年后进入中国人民公安大学刑侦教研室，选择了犯罪心理学专业。1985年春，我在校开讲了犯罪心理学第一课。

工作的第二个十年——1992年，我来到青岛四方公安分局，开始了基层的公安经历。从预审科到派出所，我的经历让我怀疑自己前十年在忙些什么。从此之后，我在分析犯罪动机、研究各类犯罪心理问题时，脑海里经常冒出曾经共事过的一线民警的身影。我在想，如果我把我的研究告诉他们，他们会不会笑？他们会默默地看着我，听我说完，然后默不作声地离开吗？我的研究能否真正帮他们解决问题？有了这一想法，我开始寻找有助于解决问题的研究。

工作的第三个十年——2002年，在我关注和翻译国外犯罪心理分析与画像的资料之际，正赶上国内公安系统提出“命案必破”的要求。虽然有些人认为这要求太难，但未破的命案大多是因为当时痕迹物证有限，那么，心理分析能否有所突破？于是，许多一线刑警“死马权当活马医”，找到了我这位犯罪心理分析与画像的研究者。由此，我有了大量的检验之前研究成果和将其加以应用的机会。不仅是未破的刑事命案被要求必破，破案后抓捕的犯罪人的心理问题也常让媒体和公众感到不解，于是，从第三个十年起，我成了在公共媒体上露脸较多的嘉宾之一。我当时真的不知道，在教学和研究的基础上衍生的第三项工作（向公众解答犯罪心理问题）有多么大的风险，甚至让自家祖宗屡被扰安。从2004年某大学的马某某案、2006年陕西某道观的邱某某案，到2011

年陕西某高校的药某某案，每次重大案件的犯罪心理解析不但没有达到初衷，反而招来一浪更比一浪高的网上风波。

尽管 2012 年——我工作的第四个十年之初，我在网上被攻击了近一年之久，其中包括某些纸媒的记者采访我之后故意歪曲报道，但在 2013 年我意外地接到凤凰卫视编导的邀请，他们想请我去参加一个聊天节目。

接到邀请，我欣然前往。在 2013 年国庆节的前一日，我来到节目录制现场。第一次就聊了一个多小时（三期节目），时间简直不知不觉。他们的效率让我吃惊，编导告诉我当晚 11 点半就播出。我诚惶诚恐地等到半夜，看了第一期，第二天一早就上网看反响。让我意外的是，公众对我的议论风向有变。三期播完后，风向大变。有人告诉我：在药某某案风波中对我攻击较多的一位网友竟然在他的博客中向我公开道歉！一位上海的媒体记者给我发了一封邮件，对我说：许多媒体人缺少一个向您的道歉！其实，当我见到那位网友的博客和这位记者的邮件时，我已经知道：这里非常适合我聊天，这里能够让你有机会把话说明白；这里你说得不到位时，主持人会让你说清楚再走。因为，这里有一个睿智的主持人。

记得第一次见到窦文涛时，我曾问他："你做了这么多期谈话节目，是怎么应对因言惹祸的麻烦的？"只记得文涛笑了，云淡风轻地说了句："我不上网。"见到文涛本人，我最大的感受是，他与我原来在节目中见到的那个文涛明显不同，节目里的他很敏锐、犀利，但他本人却儒雅、温和。他是一位非常会聊天的主持人，轻松的谈吐可以机敏地带出问题，也常常在嘉宾回答时以幽默的方式凿补，甚至还常常自黑。从那时起，虽然我去的次数不多，但文涛以他的智慧让我有机会把话说出来，把专业的知识向公众展现出来。他的节目不仅有忠实的老观众，还吸引了大量的年轻人。

这本书，是凤凰卫视出版中心的编辑叶元美女士最先提议编写的。如前所述，这些年我的工作越来越多，时间真的不够花费。于是，叶元美女士开始帮我搜集我在节目中所有的谈话内容，还认真地阅读了我的学术著作、学术论文，甚至我自己都不知道已经发表的短小文章。在她的努力下，形成了这本书。其中既有轻松的聊天内容，也有学术著作和论文的严肃论述，还有媒体上相关案件的详细介绍。最重要的是，在历次节目中我有幸遇到我所敬重的马未都先生、陈丹青先生、余世存先生，还有年轻的记者傅剑锋和人民日报社的刘少华（他们昵称他为“格子”），他们的智慧和精彩表达成就了聊天的趣味。本书集口头语言与书面语言、轻松话题与严谨论证于一体，雅俗皆可共赏吧！

愿本书能够得到大家的喜爱。

李玫瑾

2018 年 7 月

目　录

第一章　人性是养出来的

犯罪心理画像靠谱吗

窦文涛：今天[1]我终于见到了一位我一直想见到的老师——李玫瑾老师。虽然今天真的是第一次见到您，但是在我和傅剑锋[2]做的节目当中，我们好像都无数次采访过您，通过电话连线。今天终于是见着真人了，我觉得您真是很有风度的一位女士！原来他们做电话采访，我没见到您样子的时候，会觉得您是穿着警服有点横眉立目的那么一款，没想到看上去很温婉。

李玫瑾：谢谢。

窦文涛：最近我尤其想见到您，为什么呢？因为最近怎么好像成了个审判的季节，一连串的案件，而且这些案件存在太多让人们觉得有争议的地方。您这个犯罪心理学家还搞什么犯罪画像？

李玫瑾：对，这是我们侦查的一种手段，但我主要还是搞犯罪心理研究。

窦文涛：什么叫心理画像呢？

李玫瑾：画像实际上有两种：一种就是类似照片的画像，是静态的，比如说你坐在这儿，我就在这儿画；还有一种是心理画像，看不到你的面孔。我们经常遇到这种情况，就是犯罪人跑了，被害人死了，目击证人没有，现场找不到物证。这种情况下困难在哪儿呢？就是你侦查时没有可以

① 本期节目于 2013 年 9 月 30 日播出。

② 傅剑锋，1978 年生，浙江人。2001 年毕业于西南政法大学新闻系，曾供职于《浙江法制报》《南方都市报》《南方周末》，2011 年开始投身于互联网媒体，现任腾讯大浙网总裁。曾撰写大量深度调查报道，著有《“砍手党”的城乡之路》一书。

凭借的线索，这时候就需要一个“是谁作案”这样的分析。只要犯罪人作案的行为多了，我就可以从行为角度来分析。当我分析他的时候，我就会描述说，比如这个人应该是一个比较细心还是比较粗鲁的人，他喜欢什么，他会出入什么场所，或者他的年龄多大，他应该是干什么样的职业，他受过什么样的技能训练……

窦文涛：警察根据您这个画像就能逮着人？

李玫瑾：对，心理描述可以让警察大致明白这应该是一个什么样的人、到哪儿去找。这就好比我们看《红楼梦》，谁也没见过大观园，谁也没见过王熙凤，但是如果我们选演员的话，大家会有共识的，觉得这个人就像王熙凤。

犯罪心理画像，就是在心理学研究的基础上，在侦查阶段根据已掌握的情况对未知名的犯罪嫌疑人进行相关的行为、动机、心理过程、心理状态以及心理风格等分析，进而通过文字形成犯罪嫌疑人的人物心象描述。

——摘编自李玫瑾专著《犯罪心理研究——在犯罪防控中的作用》

谈及“画像”，人们首先想到的是画笔画出的图像。这种画像是以脸的轮廓和五官为指标，通过专业人士的画笔并结合证人或当事人的描述绘画而成。由于呈现在图面上，故称作“静态的像”。这种人物画像在刑事侦查中已被大量应用。通过复现的人物肖像，让侦查人员凭此去排查嫌疑人或寻找被害人。

心理画像也是一种“像”，不同的是：心理画像不是通过画笔而是通过文字或言语进行。文字或言语不仅可以描述一个人的外貌、行为举止，还可以通过其内心活动的描述显现出一个人物的性格或动机。由于这种画像是借文字或言语呈现人物的活动形象，故称“动态的像”。

在肖像绘制中，画家需要对人的眉、眼、鼻、嘴、耳以及脸形等特征进行组合，这是绘制人物脸部特征时必需的基本指标。同样，对犯罪嫌疑人的心理画像也需要基本的指标，这些指标就是人的诸种心理内容，如：人的兴趣、需要、观念、态度、智力、技能、气质、性格、习惯等。除此之外，心理画像的指标还可包括与心理活动直接相关的生理指标，如嫌疑人的年龄、体型、身高等。

因此，犯罪心理画像的描述不是对人的心理特征的单一描述，而是对心理特征的综合性描述。我们不否认其中个别特征会出现失误，因为犯罪心理画像毕竟是一种推论性的描述，是间接的认识，而不是直观的感觉认识。犯罪心理画像的目的不在于确定某人是否有罪，而在于帮助侦查人员从茫茫人海中筛选出重点排查的人群及范围。犯罪心理画像并不负责给出一个具体犯罪嫌疑人的姓名，也不会给出一个具体嫌疑人的住址和电话号码。最重要的是，犯罪心理画像的结论不能作为认定某人有罪的证据。犯罪心理画像所能做的就是提供一个非常像那个不知名的犯罪嫌疑人的人物传记式的描述。

——摘编自李玫瑾论文《侦查中犯罪心理画像的实质与价值》

傅剑锋：李老师，你这个研究有点像美剧 *Lie to Me*①里面那个博士的感觉。

李玫瑾：那个还是面对面的讯问，我这个是见不到人的，通过分析写出一些人物的特征，就像一个传记式的描述，然后让侦查员形成对这个人的

① *Lie to Me*（《别对我说谎》）是美国福克斯广播公司于 2009 年至 2011 年播出的犯罪电视剧。该剧的灵感来源于心理学家保罗·艾克曼（Paul Ekman）的真实研究，及其畅销书 *Telling Lies: Clues to Deceit in the Marketplace, Politics, and Marriage*（《说谎：揭穿商业、政治与婚姻中的骗局》）。剧中男主角卡尔·莱特曼（Cal Lightman）博士是世界顶尖的测谎专家，善于通过观察人的面部表情、肢体动作、声音和语言来判断是否在说谎，协助美国警方调查事件真相。

一个印象和判断，去相关的地方找这个人。

窦文涛：这个常常是靠谱的吗？

李玫瑾：我们曾经有过破案的经历。

窦文涛：就是最后抓着的这个人跟您描述的很接近？

李玫瑾：至少有些点很接近，尤其是他的生活背景，比如他没有正规的工作，他有正常的家庭生活，或者没有正常的家庭生活。

傅剑锋：我记得以前很有名的杨某某案好像就是你当时给做的心理画像，跟他们做破案工作有关。

李玫瑾：那是我早期分析的一个案件。

2003年8月中旬，河北省石家庄市公安局两位从事刑侦技术的警官找到我。他们正在北京为石家庄城乡结合部发生的一起入室杀全家案进行物证鉴定，同时也想对这起案件的犯罪嫌疑人进行一下犯罪心理分析。他们告诉我说，此案是系列案件，已经在安徽、河南、山东、河北发生过20多起，每次都是满门被害，被害人已达60多人。因为当时全国正在为防控“非典”的流行进行区域隔离，他们希望能迅速破案，将此案犯拦在河北，并争取在那里将其抓捕。

记得我们讨论了两个下午，我在刑警提供的案件信息基础上对犯罪嫌疑人作出初步的分析及心理画像：此人应该是出生在农村，家庭经济条件较差；较早离家出走，也可能是因犯罪被判刑多年，总之离家时间很久；年龄应在25～35岁之间；身材不高；偏瘦、结实；有过犯罪前科；善于从事体力劳动（作案多用锤子）；应无女友，也无婚姻；为人内向，性格蔫狠；生活不规律，昼伏夜出。还有对此人的籍贯判断“可能是安徽人或是河南人”等。

2003年11月，此案犯杨某某被河北省警方在沧州抓获。杨某某，1968年生，河南人，身高不足一米六五，相貌平平，性格内向，平时不爱说话。他家住在河南省正阳县汝南埠镇一个贫困山村里，又是当地最贫困的家庭之一。父母生了六个孩子，他排行老四。因学习勤奋，他成为家里唯一上过高中的人。村民对他的评价是，勤快，是个好孩子，老实得很。17岁那年，因生活太贫困，他自行辍学，不辞而别，外出打工。本想靠自己的双手过上好日子，可他在现实中处处受挫，慢慢走上了犯罪之路。他曾因犯盗窃罪、强奸罪被劳教两次和判刑一次，1999年刑满释放后，流窜四省作案26起，犯下抢劫、杀人、强奸、故意伤害等罪行，共致67人死亡、10人受伤，强奸23人。其老家派出所的一位民警说："杨某某小时候连杀个鸡都不敢，我们也想不通他怎么成了嗜血成性的杀人狂。"事后证明，我当初的分析较为接近杨某某的情况。那么，分析的根据何在？答案在于，此案从许多方面都呈现出只有犯罪人格才具有的作案特征。犯罪人格并不是犯罪人都有的一种人格现象，在犯罪人群中只是极少数人才具有这种人格，这与他们基本社会化有关。这类人在早年因为基本社会化缺陷造成个人生存艰难，不择手段逐渐成为他们一种常态的生存方式，从而形成与违法犯罪相关的习性，加之长期与犯罪环境如监狱为伍，至成年便呈现稳定的犯罪人格特征。

犯罪人格者不同于反社会人格者，他们在童年期有着较为正常的心理表现，没有明显的无因而致的顽劣表现；相反，他们后来的犯罪行为大多有着明显的后天社会化缺陷问题，有行为问题的形成背景和条件，他们显然是长期生活在一个与违法或犯罪息息相关的环境中。这种人的人生在童年就开始面临不幸。例如，有的孩子从小不知父母是谁，被人遗弃，被贫困人家收养，甚至被辗转数个家庭；有的因父母离异而成为多余的人，无人照管；还有的孩子因为家庭贫穷、子女众多而成为多余的人，照管不周。这些人因此在童年或少年时期开始离家出走、不再上学，进入一种非常规的社会化环境。

他们往往经历流浪、乞讨、漂泊、拾荒、小偷小摸或寻找谋生的方式等。在这些过程中，他们往往要经历被人歧视的感受，甚至饱受人间的蔑视与冷漠。在这种生活方式中，他们经常被人打，然后学会打人，学会“狠”的人生态度与生活方式。随着年龄的增长，他们的行为也会逐渐升级，当他们接近成年时会因具有刑事责任能力而受处罚。由于错过了人生教育的关键期，致使其社会化缺陷终身难以弥补，所以，即使在受到某种行政或刑事处罚后，他们仍会重新作案。于是，再受处罚，出来之后再犯罪……在这种犯罪化的过程中，逐渐掌握犯罪技能，形成犯罪观念，同时还形成犯罪人特有的兴趣、嗜好、习惯、态度，出现与犯罪相适应的情感反应。当这一过程经历十年左右的时间或超过十年的时间，其犯罪心理活动内容便逐渐趋于稳定，这时他们的犯罪人格便已形成。

我们从杨某某系列地残忍杀害全家的作案方式可断定：此人首先是对家庭生活的情感反应已经呈现异常，一而再再而三地在没有遭遇任何抵抗的情况下杀害全家。这种动辄滥杀全家、对生命毫不留情的情感特点，只有在长时间脱离正常家庭或亲人的背景下才能形成。其次，他杀人不分男女、不分老少，不留一个活口，作案非常有经验，尤其具有反侦查的意识。这种表现可判定，此人一定多次与警察接触过，并经历过诉讼活动，对证据意识非常清楚。仅这两个特征就可判断此人具有犯罪人格特征。此人一定有过不止一次的犯罪前科，同时有过多年服刑的经历，现在已经超过结婚年龄。但是，他一无经济来源，二又有较强的性欲望。当人成年后出现性需求时，仅靠盗窃、抢劫满足物质欲望已经不是唯一需要，而他要得到性欲望的满足就需要另一个人（异性）的配合。问题在于，这种强奸行为意味着要面对一个活人而对方还不一定配合，即使强奸成功也必有后患，为了几分钟的快乐而在监狱里待上几年不值。所以，强奸的同时杀人，然后还可盗抢财物，这种犯罪就成为他的基本生活模式，不止一次地作案，自然构成系列的重大案件。

——摘编自李玫瑾专著《犯罪心理研究——在犯罪防控中的作用》

情绪修养是非常重要的

窦文涛：我想请教您对近期案件的一些评论，比如大家议论纷纷的夏某某捅死城管案[①]，现在夏某某被执行死刑了，可是有很多对他表示同情的声音。

傅剑锋：我也是属于同情的。

窦文涛：但是，我觉得我是做过新闻工作训练的，是讲究以事实为依据、以法律为准绳的，那么我就认真地看，包括他的律师的辩护词也看了。因为公众有怀疑，法院就出来解释为什么说他不算正当防卫。我觉得这个事情之所以有争议，是因为他们在基本事实的认定上都是有分歧的，比如律师认为城管在办公室里打得夏某某浑身青紫什么的，但是最后法院说，

① 2009年5月16日上午10时许，夏某某和妻子在某市马路上摆摊时，被城管执法人员扣下液化气罐，并带到勤务室去接受处理。11时许，夏某某在勤务室里与执法人员申某、张某某发生冲突，使用随身携带的尖刀捅死他们，并捅伤刚进屋的司机张某，随后逃离现场，最终于15时许被公安机关抓获。夏某某称他进入勤务室后遭到申某和张某某的殴打，急了眼才从右裤兜里掏出刀对着他们乱扎。辩护律师提供了夏某某左前臂内侧有两处皮下出血的照片，认为此案由城管执法人员违反法定程序执法并殴打夏某某所致，夏某某具有自卫情节。法院认为，夏某某手臂上的伤痕不能证实是何时形成的，在此前双方拽、夺液化气罐时形成的可能性是存在的，而且从被害人的身体成伤状态看，所受刀伤均为捅刺伤，并无划伤，与夏某某说他在遭到殴打后用刀乱划拉的供述不符。结合案发时双方的体态、力量的对比，以及所造成的两死一重伤的后果，并结合被害人被捅刺的刀数、深度、位置等客观结果，不能认定夏某某遭到了明显的、危及人身安全的不法侵害行为，故不能认定构成正当防卫。法院以故意杀人罪判处夏某某死刑，于2013年9月25日执行注射死刑。

就胳膊上有两个青紫的印。法院的意思是说，他这个伤很难说是在办公室里被打的，还是在被弄上车的时候抓的，我们不能认定他遭到了必须要正当防卫的这种殴打。我不懂这个，该怎么来理解这种分歧呢?

李玫瑾：这个问题其实不属于我的专业，而是属于诉讼法专业，也就是应该由这方面的专家来解答的问题。实际上，法庭有它的一些调查方法。我们毕竟是局外人，但是局内人呢，肯定是各说各的理。所以你这个问题我今天觉得很难回答，得找刑事诉讼法的专家来解答。

窦文涛：但是，比如说对夏某某的杀人心理，我们从犯罪心理学的角度有什么感觉呢?

李玫瑾：他是比较典型的情绪性杀人。我们说犯罪构成有四个要件[①]，其中包括一个主观方面，一般主要就是指动机。犯罪动机有两种，其中一种是事先没有想杀人的想法，甚至走出去时本来还挺高兴的，比如上街买东西去了，结果在街上和人发生冲突了，有些人就做出了一种过激的反应，就是超出常态了。当然，这里头的关键是这个反应包不包括过失，或者说故意。有的时候也可以现场故意，就是说我本来虽然没有事先预谋，但是因为你把我惹急了，我当时就想把你弄死。这个一般叫作“情绪性杀人”，也就是说，先有刺激激发了情绪。刺激，我们知道它有一个什么特点呢?就是怕一来二往地持续发生。当这个刺激时间一持续的话，对方一句一句地抛给你，你就会在大脑上形成一个兴奋点，这个兴奋还没下去，又来第二个刺激，哗哗哗，接着又要兴奋，这样一直兴奋，到最后，很多人就出现大脑皮层的高度兴奋，即大面积兴奋，这时候皮层已经没有抑制区了，就会出现什么情况呢?用很多人事后讲的话就是:“脑子一热，根本不知道怎么回事就干了。”其实，他还是明白当时那个状态的，可他就是没有任何控制能力了，所以我们称之为情绪发作中的犯罪——情绪性犯罪。情绪性犯罪有很多类似这样的。有时候挺好的一个人也会出现这种犯罪，多数

① 犯罪构成四要件指犯罪客体、犯罪客观方面、犯罪主体和犯罪主观方面。

都是情绪性，他们大多遇到突发的刺激。所以，我总说人的情绪修养是非常重要的，因为人和人之间是会有矛盾的，无论在什么样的情况下，你都要知道你的底线，就是你情绪再大，你什么行为也绝对不能为。我认为法律也是这样，其实它不是针对一个人的，它事实上是对一个社会的规则，虽然你有道理，但是你也不能任性。

窦文涛：傅剑锋，你说你同情夏某某，你又是什么理论依据呢？

傅剑锋：可能这个问题很难拿到这个层面上来讨论。因为从诉讼法的角度来说，我看过夏某某的律师很多的辩护词，我觉得可能在理据上有一些道理。从更深层次的角度来考虑，我觉得中国可能到了需要来讨论夏某某应不应该成罪的问题。

窦文涛：你这个观点很文明，很新啊！

李玫瑾：但是，我个人认为国外杀人罪分一级、二级、三级这种级别的制定特别好。

窦文涛：对，我们平常看电影说一级谋杀、二级谋杀，那是什么意思我都不知道。

李玫瑾：比如说你要是杀一个小孩，人家完全无辜，而你杀了他，那你就算一级谋杀，就是主观恶意极大的。二级、三级谋杀属于那种在受到刺激的过程当中杀人的，甚至被害人有过错。

傅剑锋：在国外，就连交通事故肇事人也是属于几级谋杀。

李玫瑾：具体几级我分不清，但我知道一级是最严重的，一般就是主观恶意极重的，其他的都属于再分级。从我接触到的一些犯罪人来看，有的时候确实有这个问题，就是不判他死刑不足以给被害者家人一个心理的抚慰。比如说有的犯罪人一下杀了十多个人，这就涉及很多家庭的悲痛，可能有一家可以原谅你，但其他家的人不一定原谅你。

窦文涛：您说您最近正在研究这种一个人杀多人的案例？

李玫瑾：对，滥杀的现象。遇到这种犯罪人，你有时候就会有一个想法，就是他确实是罪大恶极。你想留下他吧，也可以。其实，我认为社会发展到一定程度的话，我也赞同废除死刑。但是，我认为中国社会现在经济发展不平衡，我就想纠正一下傅记者这个观点。假如你就一份钱，你是拿来养罪大恶极的罪犯，还是给那十个被害人的家庭呢？当然，我们也可以宽恕他的死刑，就关着他，但你关他是需要成本的——监狱、看管人员，还有很多东西。如果我们社会真的很富裕了，那我也赞同废除死刑，因为他杀人了，我们再杀他，这个社会就陷入恶性循环。可是，如果在目前这种背景下，我认为死刑有一部分是可以考虑的。夏某某这个案件，我觉得可能大家争议的不是他对与错的问题，而是该不该判死刑的问题，对吧？

窦文涛：现在就有很多这种杀人的案件让我们几乎都有疑问。

乌龟赛跑型的“女侦探”

窦文涛：我感觉今天我们请来了一位女侦探，但是犯罪心理学的侦探。我有一个题外话，就是研究您这个学科的应该不止您一个，但是为什么一出现杀人案，好像新闻界都喜欢请教您呢？

李玫瑾：犯罪心理学有不同的领域，比如说监狱也可以去研究犯罪心理，公安也可以研究，监狱的研究比公安的研究容易一点。比如我到监所去，发一个问卷，跟他们相处一段时间，就知道他们都是什么人了，可是那个研究是“罪犯”心理，不是动词的“犯罪”心理。公安所面对的更多的是动态的，比如我现在怀疑你了，你肯定想尽一切办法说不是你，所以我要研究的是一个动态的心理。这就有难度了，就是我们的司法程序规定侦查阶段外人是接触不了的。侦查初期，抓住犯罪嫌疑人以后，马上就要进行一系列证据的确定，你是外人不能介入。然后起诉，再到审判，外人还是不能介入，除了律师。所以研究者难在哪儿？就是我们这个领域特别难进行，你很难接触到犯罪嫌疑人。我是属于乌龟赛跑那样的，人家干不下去都走了，我还在这儿泡着，泡了三十多年，慢慢地，我的同行接受我了。因为有些案件他们有时候吃不准心理问题就来找我分析，这一分析，我就成他们自己人了，于是破了案之后，我就可以直接跟这个嫌疑人进行核实。这样的话，我在这个滚动过程当中就获得很多非常动态的东西。

我比较擅长的是不见人的行为分析。为什么叫犯罪心理画像呢？就是你没有见过这个人。很多案件会遇到这种情况，就是现场的物证非常少，比如脚印、指纹、血型、DNA，这些东西都没有。有的现场本身就不是第一现场，就是你发现尸体的地方不是他作案的地方，所以除了一具尸体，就没有太多的东西了。像这种情况，你基本就只能用其他的方式来分析了。往往就是遇到这种案件，来找我的就比较多了。

在2004年前后，因为一篇媒体报道，当时那个标题比较吸引人，用的是《中国犯罪心理画像第一人》，结果大量的媒体来找我。那个时候其实我挺抗拒的，因为我觉得我刚刚开始研究，并不希望大家这样带着一个好奇的心态来找我，而且我觉得我也没有那么多东西可讲。但是，在这个过程当中，让我特别意外的是有大量的疑难案件开始来找我。另外，我到现在也不知道是我们公安领域哪一位领导看到了，也可能不是一位啊，然后就听到说：这样的研究应该支持。所以，我在2004年前后得到了公安部很多领导和部门的支持。记得有一段时间我能大量接触到实案，但后来领导不断地更换，有的退休了，有的离开了这个岗位，近几年我感觉到这个领域的研究又困难起来。我就在想，如果专业人员都接触不上案件，接触不上研究对象，这项研究就会停滞甚至萎缩。这实际上是相关部门的认识问题。因为仅有公安部门的领导支持是不够的，还要涉及检察院和法院，需要整个政法系统的人认识到犯罪心理研究对犯罪预防、刑事侦查甚至心理疾病治疗和保持心理健康等方面都有重要的意义。

我从满头青丝干到现在一头白发，可是我觉得我的研究到目前为止仍然举步维艰，真的特别难。心理学研究有不同的方向，比如像我们现在最常见的教育心理学、管理心理学等，这些研究容易接触到研究对象，你在现场发一批问卷，然后收回，你的数据材料就有了，你就知道他是怎么想的、怎么看的、怎么反应的。可是，犯罪心理学不是这样，我所研究的对象全在诉讼程序当中。人家说你可以到监狱去研究呀，我要告诉大家，那不叫犯罪心理，那叫罪犯心理。什么意思呢？“犯罪”是动词，“罪犯”是名词，也就是说，在罪犯那里很少见到真实的犯罪表现。真正需要研究的是进行时态的犯罪，就是侦查起来非常困难的那一类。这种犯罪人往往比较擅长作案。他们擅长作案有两点原因：第一是由于侦破困难，他们可以反复作案；第二就是他们犯罪经验越来越丰富。有时经验丰富的人不需要多聪明，有的案件之所以难侦破，并不是作案人有多聪明，而是他经验丰富。这两类人做的往往都是系列案件，还会涉及命案，而只要一涉及命案，基本就是极刑。这就有一个问题了：这类人是不进监狱的，所以你到监狱里根本找不到这类人。你就需要在这样一个特殊的背景下去研究他。可是，抓着他以后，第一步就是侦查和讯问，核实各方面的证据材料；第二步就是起诉，然后检察院再一次核实材料，还看有没有冤情；第三步就是法庭审判。这三步都是在我们法定的程序当中，而它有一个规定就是外人不让接触。我算“外人”？记得曾经有一个案件，我都到了看守所，他们说：“不行，律师可以见，你不能见。”结果我再扭脸一看，新闻媒体都让见了！所以我有时候特别郁闷，有无力感，选择了一个如此艰难的专业。

各国的司法情况是不一样的。据我了解，国外这方面的专家是很被认可的。国外会聘请一个专家顾问组，在遇到疑难案件的时候，会去寻求专家的意见。我们不是这样，我们是只要证据充分就审判，然后就执行判决。到这个人被执行判决了，我都没有机会见他。这是我们研究当中遇到的一个困难，也是我们国家犯罪心理专家非常少的一个原因。我认为专家少不是因为我们没有聪明人，而是因为这个领域在做研究的时候，几乎没有机会接触到所要研究的对象。在20世纪80年代，我们公安大学心理学室就有很多名牌大学心理学专业毕业的人，后来要么离开这个教研室了，要么改去研究其他专业。其中一个重要的原因是他们没有机会去接触研究对象，在专业领域当中就很难出成果。我特别希望让更多的人了解到，我们的社会需要有人去研究犯罪人。研究他们不仅仅是为了侦查，我们会发现这些人实际上是“人性”出了问题，也可以说他们心理上出现了严重的问题。研究这些问题，最最重要的是要了解他们这种心理问题的形成路径，也就是它是怎么发生的，然后我们才知道如何去帮助其他人不再出现这样的心理问题。

有些犯罪人的犯罪心理，根据我的专业背景就很容易理解，知道他是出了什么心理问题。但是也有的人我不太明白，比如像某大学投毒案的案犯林某某[①]。他这个投毒是分几个阶段的，第一个阶段，他想以愚人节开玩笑的方式，只想做一个恶作剧，他还稀释过毒液，说明他并不是非要置人于死地。如果说第一阶段他是以一种恶作剧的心理和行为方式来投毒，这是可以理解的。但进入第二阶段性质就变了，当他看到黄某发病时那么痛苦，而且他们住在同一个宿舍，

① 林某某，1986年生。2013年3月31日，时为某医学院影像医学与核医学专业2010级硕士研究生的林某某，将剧毒化学品二甲基亚硝胺投入寝室的饮水机内，企图整一整与他性格不合的室友黄某。第二天上午，黄某喝水之后出现呕吐等症状，于4月16日在医院不治身亡。林某某被法院以故意杀人罪判处死刑，于2015年12月11日被执行死刑。

最重要的是黄某还去找他做了一个检查，我认为这个时候他应该唤醒内心那种良知，或称“不忍”，他应该想办法，哪怕发一条短信、一个暗示，或者发给另外一个人也行，可以不让你知道他是谁，但是他要提醒你赶快去做什么样的治疗，而他居然一直没有任何反应，眼睁睁地看着同窗多年的同学走向死亡……我认为这种心理特别值得研究：林某某为什么这么麻木，任凭一个活生生的生命因他的行为走向死亡？他学的是医学，为什么面对一个已经出现生命危险的人时，居然没有专业养成的反应，毫无职业素养？我在想，如果这个心理问题不研究清楚了，那我们如何去相信现在学医的人？如何放心地把自己的性命交给这样的医学毕业生？

因此，我当时非常想研究这个个案，也得到了我们公安的支持，就赶到了上海监所，结果就是不让见。我后来跟他们讲，我可以跟你们签保密协议，那也不让见。后来我在网上看到律师披露出来和媒体发表的一些访谈材料，内心特别不能理解，为什么媒体都可以见，而研究这一专业的学者不让见？犯罪是全社会面临的危险，减少危险不是只将犯罪人绳之以法的事情。这是我在专业研究当中最为痛苦的一件事情，因为很无助。我希望更多的人知道，这个领域的研究不是为我个人，是为这个社会所有的人，因为我们都需要医生。

——摘编自凤凰卫视《名人面对面》专访李玫瑾之《谜案背后》下集（2017 年 3 月 5 日播出）

法律的规则实际上对每个人都有益

傅剑锋：文涛提到李老师在做滥杀的研究，从媒体人的角度来看，我觉得这几年确实让人心里觉得很压抑的是滥杀的情况很多，还有就是很多滥杀发生在一些公共场所，比如说幼儿园、公交车上，特别是像最近某市陈某某那个案子[①]。我好像感觉这几年这种社会戾气在上升，甚至是进入新的一个爆发阶段。其实我很担心，在一些公共场所特别是在乘坐地铁的时候，如果忽然爆发一件事情，我该怎么办？我周围这些乘客该怎么办？这个问题起源在哪里？可能它有很多种原因，我很想听李老师的分析。还有就是，我们到底该怎么来化解？如果我们自己碰到的话，该怎么办？

窦文涛：对，我也有这种感觉。到底是人类社会一直有一个概率会发生这种极恶性的一人杀多人的事情，还是因为今天媒体太发达，每一件事都被报道出来了？

李玫瑾：我认为有些案件过去也有，但是从发生的频率来说，很明显近些年的频率是高的。我最近在做网上的案例统计，发现美国校园枪击案的频率很高，但是它的年均数也比不上现在我们国内的。我们国内的滥杀频率近期应该算是比较高的，比如 2010 年我们的校园在三个月内发生了 6 起滥杀案件。这些案件，我研究后发现大致有三类。第一类叫报复类，显然是犯罪人觉得自己有委屈，然后要发泄他的愤怒情绪。这一类是犯罪人的委屈比较明显，比如失恋了，或者有委屈解决不了，或者哪级政府部门不给他解决问题了……第二类是精神病，就是犯罪人已经有病态了。在我们国家，有很多精神病人是属于临界状态，很多人搞不清这个人到底是不是，于是大家都躲他远点，这个人基本就没人管了。这样就有一个问题了，就是精神病有一个爆发期，比如说季节，或者在某种特殊情境下很容易爆发，这个人一旦失控的话，他的危害就非常大了。所以，对精神病人的监护是我们社会现在一个很重要的问题。第三类叫貌似无因，就是从眼前找不到原因，比如 2007 年美国的校园

① 2013 年 6 月 7 日 18 时 20 分许，某市一辆公交车在行驶过程中突然起火，共造成 47 人死亡、34 人因伤住院。经公安机关调查，这是一起严重刑事犯罪案件，犯罪嫌疑人是当地人陈某某，因自感生活不如意，悲观厌世，上车后用汽油泄愤纵火，自己也被当场烧死。案发前一天，陈某某在某网络平台上连发 12 条消息，讲述自己在办理社保的过程中遇到不顺，抱怨“衙役猛如虎”。

枪击案是一个叫赵承熙[①]的韩裔干的，还有像《蝙蝠侠》首映时的那个霍尔姆斯案件[②]和挪威的布雷维克案[③]。这些案件都让你从眼前找不到理由，犯罪人也给过你理由，但你觉得"文不对题"，即他说的理由让人觉得不是那么回事。比如布雷维克说："一个人的信仰顶上一支军队。"他觉得他是有信仰的人，他要保持这个民族的纯洁，可他杀的都是同胞呀！你要保持民族的纯洁性，你应该对外来的人有意见，你怎么能杀同胞呢？很多人看似有理由，但理由与行为不符。赵承熙也讲："你们有房子，你们有汽车，你们要什么都有了，为什么？"他不是给警察寄了盘录像带吗？但大家还是不明白：他家也有房子也有车，他干吗要指责别人还杀别人？第三类是比较麻烦的，无因。

窦文涛：像某市陈某某的理由对吗？

李玫瑾：他很明显是报复型的。

---

① 赵承熙（Seung-Hui Cho），1984年生，8岁时随父母从韩国移居美国，案发时持有美国绿卡。2007年4月16日，他在就读的弗吉尼亚理工大学枪杀了32人，并导致17人受伤，然后饮弹自尽。在邻居们的眼中，他一直是个沉默寡言的孩子。在学校里，他总是独来独往，拒绝对老师和同学敞开心扉，还写过充满暴力和仇恨的文学作品。

② 2012年7月20日零时30分，美国科罗拉多州奥罗拉市购物中心内，Century 16电影院正在首映《蝙蝠侠》系列电影之《蝙蝠侠：黑暗骑士崛起》，一名穿着防弹背心、戴着防爆头盔和护目镜的黑衣男子突然向观众投掷催泪弹，而后开枪扫射，致12人死亡、70人受伤。这名枪手被捕后，向警方供出他在寓所内用爆炸物设了"诱杀装置"，任何想进去的人都会非死即伤。枪手名叫詹姆斯·霍尔姆斯（James Holmes），1987年生，是科罗拉多大学丹佛分校安舒茨医学校区的神经系统科学博士生，但他从上个月就开始办理退学手续。辩护律师声称詹姆斯·霍尔姆斯患有精神病，陪审团未能就判处死刑达成一致意见，最终于2015年8月26日宣判：以谋杀罪判处12个连续执行的无期徒刑，另以蓄意谋杀和非法藏有爆炸物的罪名判处3318年有期徒刑，不得假释。检察官布劳奇勒表示，这是美国历史上第四长的刑期。

③ 2011年7月22日，32岁的挪威极右翼分子安德斯·贝林·布雷维克（Anders Behring Breivik），先是在位于首都奥斯陆市中心的政府办公大楼附近引爆了汽车炸弹，而后又伪装成警察登上约40公里外的于特岛，开枪射杀正在那里参加挪威工党青年团夏令营的人群，两起事件共造成77人死亡。布雷维克称他花了九年时间来策划这场恐怖袭击，作案前还在互联网上发布了一份长达1500页的《2083：欧洲独立宣言》，自诩为中世纪十字军的后嗣，反对欧洲实行包容不同族群的多元文化政策，扬言要发动一场保卫欧洲的"基督徒战争"。

窦文涛：人们都说，受到种种不公平待遇的人多了，为什么只有极少数的人会这么干呢？

李玫瑾：夏某某也是这个问题。我下面说的话可能有些老百姓会有想法。有的时候，我们总觉得法律只是少数人在执行的事，比如说法官、检察官、公安或者政府。但是，其实我们要真正理解法律的意义是什么。法律实际上是一种社会秩序的需要。说最简单的，比如说我们都开车上路，如果有一辆车超车，大家很气愤，这种情况下怎么管法呢？有两种管法：一种是找别人来管，就把警察叫来罚他；还有一种是我们一起来斥责他，而且我们做了一个约定，就是下次谁超车要怎么办。法律如果也有这两种差别的话，那么第二种就是一种契约，大家很自觉地来遵守。我认为现在很多中国老百姓可能在法律意识上还是指望上面来管，当上面来管的时候，又觉得这事上面处理得不公道，所以就会愤怒。像美国那个辛普森案①，老百姓都觉得判得不是那么回事，好像凶手就应该是辛普森，法院居然给他无罪释放。当然，是不是他干的，咱们还是不知道。但是，你看美国老百姓有闹事的吗？没有，他们觉得这是法律在做的事。也就是说，他们相信法律，就让法官去做，虽然结果不是那么满意，但是他们也不闹。这种情况就好比有时候一个人犯罪，大家都说他那么可恨，把女的强奸后杀害了，我们就应该把他执行死刑。但是，这个人说："我没干。"他怎么来证明自己干还是没干呢？我们找不着他没干的证据，他也说不清自己没干的证据，所以就找律师来帮他。律师帮他的话，肯定要找一些办法来说他怎么没干，对吧？大家就说律师真坏，帮坏人。可是，你有没有想过要是有一天这事轮到你头上呢？比如最近就有一个刚被放出来的男人，当时怀疑他杀了妻子，最后因为没有证据就把他放了，他说："我出来第一件事就是

---

① 1994 年 6 月 12 日夜里，前美式橄榄球运动员辛普森的前妻妮克尔·布朗（Nicole Brown）在家中被杀，当时跟她在一起的一名男子也被杀。检方指控辛普森犯下谋杀罪，作案动机是嫉妒心和占有欲强，但因警方提供的证据存在瑕疵，法院于 1995 年 10 月 3 日宣判辛普森无罪。

要找凶手。”我们要明白，有的犯罪人是真的很可恨，但有的确实很无辜。在这种情况下，我们就应该相信法律，因为法律毕竟是专业的，就让专业人士来做。当然，法院有时也犯错。我们已经知道法院错判过几起案件了，现在我们正在纠正错案，而且以后要避免这样的错案。要避免错案就更需要律师了，因为公安、检察院都代表国家，而律师是来帮助被告人的，所以我们首先不要骂律师，这是第一点。律师再“坏”（让你觉得他在帮助坏人），你也不要骂他，他就是干这活儿的。第二点就是，大家如果相信法律的话，那么有一天你受到冤枉的时候，法律就会帮助你。

话再说回来，情绪性犯罪也是这样。比如说我特委屈，我真的觉得这事没人管我——有些人确实告了十年八年也没结果，然后怎么办呢？去杀人。有这样的，比如刺杀警察的杨某[①]当时就是这样。但是，如果我们这个社会允许这种方式的话，关键是他杀的是无辜啊，那就有一个问题了：你是解了气了，你这口气出来了，可是那些无辜的家庭怎么办？所以大家要明白一点，有时候法律操作确实是法律的问题，那是法学家的事。我们应该明白，法律的规则实际上是对我们每个人都有益的。

有很多真相是不能都拿出来说的

窦文涛：我们说这个社会上受委屈的人很多，但是真正会选择去杀人

① 杨某，1980年生。2007年10月5日晚，杨某在某市旅游时骑着一辆租来的无牌无证自行车上街，遭该地派出所巡逻民警盘查。因拒绝出示身份证和提供所骑自行车的来源证明，杨某被带到派出所做进一步调查。杨某称他在派出所里两次遭到警察的侮辱与殴打，遂打110报警。区公安分局督察支队接到投诉后，派警员到派出所了解情况，而后对杨某进行劝说疏导，并予以放行。此后，杨某与警方就此事多次进行交涉，因在赔偿金额和责任认定方面存在分歧，双方最终没有达成协议。2008年7月1日上午，杨某持刀具、催泪瓦斯喷雾剂等物闯入该区政法办公大楼，刺死6名警察，另有3名警察和1名保安受伤，后被当场擒获。2008年11月26日，杨某以故意杀人罪被依法执行死刑。

的毕竟还是极少数的个案。所以你不由得想，这些人在心理上或者人格上有什么特异性，就是跟我们不一样的吗？

李玫瑾：肯定会有的，这恰恰是我想告诉大家的。那种无因性的犯罪，它不是没有原因，而是它的原因不在眼前。我在研究犯罪人过程中发现，人有很多问题看似是外部刺激引发的，这是比较明显的原因，而有些找不到原因的往往都在他心理的发展脉络上。

窦文涛：您能举个例子吗？

李玫瑾：比如赵承熙的案件，我在讲课当中经常会讲到。这个案件的特点是，我们在视频上看到他说的那些话都是让人觉得摸不着头脑的，而他杀的那些同学也都是无辜的。这个学校居然在他死后还为他点蜡烛，给他献花束，我们就可以看到这个学校的人很善良，没有人去招惹他、刺激他。那么原因在哪儿？你真正去研究他就会发现，他所有的心理问题其实背后有一个东西，就是恐惧，比如他不跟任何人交流。他还写过暴力的作文，你看他想象的是什么？那里头讲的是一个小男孩有个继父，也就是说，主角是他，却是个小男孩，仍然代表着一种恐惧，这种恐惧是不安全感。

傅剑锋：李老师说到这一点，我又联想到另外一个案子，以前你也点评过的。这个跟某大学马某某[①]当时的杀人情形有没有相似之处？

李玫瑾：这两个性质是完全不一样的。赵承熙的这种恐惧，你研究到最后会发现实际上是移民的问题。他在弱小的时候移民到美国，因为人和人之间是有差别的，他来这儿以后很不适应。我认为他一定想回韩国，跟他爸妈一定说过为什么我们不能回去生活。因为他在这儿没有同学，没有认识的人，人都是陌生的，街道也陌生，他不觉得这儿有什么好。但是，

---

① 马某某，1981 年生。2004 年 2 月上旬，时为某大学生命科学学院生物技术专业 2000 级学生的马某某，在与唐某某、邵某某、杨某某等同学打牌时发生争吵，随后起了杀人之念。2 月 13 日至 15 日，马某某用铁锤先后将唐某某、邵某某、杨某某和龚某杀害，然后乘坐火车逃跑，一个月后在海南省三亚市被公安人员抓获。4 月 24 日，马某某被法院以故意杀人罪判处死刑，于 6 月 17 日被执行死刑。

他的父母会觉得这儿有利于他们以后的发展。

傅剑锋：马某某不也是这样吗？他从农村到城市去读书，也是很孤独，周围也没有朋友，其实他也有那种类似的恐惧感。

李玫瑾：不，完全不是一个问题。我一会儿跟你讲马某某案。我后来发现，赵承熙的这种恐惧源于移民这个事件。他的父母告诉他这个地方好，这个地方有房子，这个地方有汽车，这个地方要什么都有，我们到这儿也会什么都有。赵承熙因为这个回不去韩国了，他就恨这个事，当他长大后能买枪的时候，就开始实施报复计划，报复让他恐惧的人们。

窦文涛：他恨这个环境。那马某某呢？

李玫瑾：马某某是另外一个问题了。其实，马某某是我比较纠结的一个案子。为什么呢？当时我发表的《马某某犯罪心理分析》讲他不是因为什么，始终没有讲他是因为什么。应该这么讲，我对马某某这个人整体的评价还是很好的。他是一个朴实的人，应该说是有情有义，而且也很聪明。他喜欢体育，所以他应该是好动的。好动一般就相对活泼一点，他并不像人们所说的极其内向，他不是特别内向的人。但是，他的问题主要在哪儿呢？他在大三那年买了一台二手电脑，这台电脑使他决定寒假不回家。那他干吗呢？上网。同学都走了，他一个人上网会看些什么？这个我们一般猜也能猜出来，就是年轻人喜欢看的东西，其中我认为他会看到一个很敏感的，就是跟性有关的东西。问题是，当他看多了，他又是一个人……我们知道，闻到好吃的，你是不是会咽口水？你看那玩意儿的视频多了，你会不会有生理上的需求？有的话，他应该是没有女朋友。所以他这个事呢，实际上是引发了一个隐私的问题。也就是说，他在寒假期间有什么事，结果吵架的时候被捅出来了。关键是，他是什么样的人呢？他是一个传统的孩子啊。

窦文涛：被人家揭穿了。

李玫瑾：他接受不了，怕开学以后这事传出去，所以他才做了杀人这件事。

窦文涛：哦，是这么回事啊！

李玫瑾：杀人实际上是一个遮盖的行为。

傅剑锋：李老师，你这是推理啊，你有证据来证明吗？

李玫瑾：我有证据。

傅剑锋：你这个分析听起来是一个很严密的推理，但心理学的分析好多是要基于证据的。马某某的这个行为方式，有些东西可能你觉得是隐私，但是有些什么样的证据你觉得可以拿出来说的，能够让我们回过头来反思这个案子呢？

李玫瑾：其实，我回答你这个问题时很纠结。因为犯罪心理研究有这么一个问题，我以前在博客中也讲过这个话，就是有很多真相是不能都拿出来说的。

窦文涛：为什么？因为隐私吗？

李玫瑾：因为真相会伤害到相关人员。比如说曾经有一个现场，一个男孩被害，被砍了很多刀，上面压着他们家的被子，被发现以后报警，警察来了打开被子尸检，结果发现他的生殖器被割掉了，这个事不敢告诉他的父母。有很多很残忍的东西，我们要小心翼翼地把它们盖起来。我认为心理上也有这样的地方。也就是说，我要谈他的案件时，最关心的一定是他的家人，包括他村里的人，有的时候你把他剥得太干净的话，其实他的家人会更痛苦。所以，关于马某某这个案件，我在我的著作当中隐去了他的全名。我曾经做过这个案例分析，但是我没有用他的全名。证据在哪儿呢？我首先有个分析假设，然后就去找证据。从几个角度来看，一个是他这个作案方式是属于灭口型的，三天杀四个人，是灭口性质，不是情绪性杀人。情绪性杀人的话，比如你喝醉酒杀了人，一天之后你肯定醒过来了，而他是三天杀四个人。

傅剑锋：非常冷静。

李玫瑾：对，有预谋的。

窦文涛：这四个人掌握了他的隐私。

李玫瑾：当中有三个人是那天跟他打牌的，听到了属于隐私的事。其中有一个人还跟他打同家，跟他没有任何冲突和仇恨；你再研究第二个问题，就是他在法庭上出现明显的口误，他多次讲"他们三个人"，他杀了四个，却说三个，那就是有一个人不是因为有仇。

窦文涛：那为什么杀呢？

李玫瑾：灭口。为什么要灭口？我记得当时很多报纸上说他因为贫穷。这个理由不能成立在哪儿呢？他杀的四个人中有三个比他还穷。如果你长一米七，我长一米六八，我能说你这一米七的人怎么长得这么矮吗？我能用我还不如你的短项来羞辱你吗？所以这个逻辑不能成立。第二点就是，他在宿舍里又不是一个人住，他要是没拖鞋的话，别人的拖鞋他照样可以穿着去上课，所以他不可能因为没有鞋而不能去上课。最后还有一个问题就是，我那篇报告是发表在马某某的死刑判决之前的，而当时中青报的记者崔丽是在判决之后去做的采访[①]，她去之前给我打了一个电话。我当时要问的就是他寒假期间有没有过性行为，我就让她给我补问这一个问题，因为我没见到他。他当时的回答，这个报纸全公布出来了，你们可以看。

---

① 2004年6月15日下午，距离马某某被执行死刑不足48小时，《中国青年报》记者崔丽在看守所对他进行了独家专访，三天后以"没有理想，是我人生最大的失败"为题刊出。当时崔丽问道："媒体在分析你的案件成因时，有的说是因为你家境贫困，有的说是因为你性格上的问题，与人交往封闭，你怎么看？"马某某答道："可能后面一句话说对了。说到贫困导致的压力，这倒没有。当时那一段时间，我正在准备毕业，找工作，我对未来还是充满信心的，觉得找份工作对我来说不成问题，没有感到就业的压力。"当崔丽问他谈过恋爱吗，他说没有。问他喜欢浏览什么网站，他的回答是军事、流行音乐、游戏和黄色网站。问他有过性体验吗，他说常有，有好多次，在校外。2011年6月24日，在"微评中国青年报60篇经典报道"系列嘉宾访谈活动中，崔丽接受了"中青在线"主持人的采访，其中谈到她对马某某杀人动机的看法。她说有一个我们都避讳的点，就是马某某作为一个成年学生，他的性取向、性困惑或者性挫折。

原话就是："有好多次，在校外。"那我就认为他是有某种行为被他同宿舍的同学知道了，打牌吵架时说他为人差劲，是说出了这事。问题是，我可以做这事，但是我不愿让人知道这事，你把它拿出来吵，在场的全听到了，然后你们再说出去，我怎么见同学？我认为，正是因为马某某有羞耻心，他很在乎面子，而且他内心也觉得这事不好，他才出现了杀人灭口之心及之举。

傅剑锋：这个谜底我这么多年之后才知道，在这个场合。

李玫瑾：我当时不讲这个，只讲他不是因为什么，很多人就说我对马某某怎么狠。错了，所有大学生犯罪，我都是心生悲悯，为他们犯罪感到很痛苦……

2017年，李玫瑾在接受凤凰卫视《名人面对面》主持人许戈辉的采访时，就犯罪人包括马某某在内的隐私问题也进行过解释——

许戈辉：您的研究工作本来长期以来都是在幕后的，但是这些年因为公众对于很多刑事案件的关注，您就频频地走到台前来。在这个过程中，您觉得最累心的是什么？

李玫瑾：最累心的就是有很多话不能全盘托出。你说的这个问题，还没有人问过我。我们知道，犯罪是我们社会当中很让人痛苦的一件事情。我认为不光是被害人及其亲属们痛苦，其实，如果把一个案件完全裸露在社会公众面前，是会让很多人受到心理伤害的。我印象当中有一次，我带一个女研究生去一个地方分析一个案件，在看法医的检验报告时，她就坐在我的左手边，当刑侦人员把法医拍的照片给我，都是被害人很惨的照片，我看完以后想都没想就直接递给她了。后来我就发现，从晚饭到第二天早饭，她都不怎么吃饭，话也非常少。我突然反应过来了，她是第一次接触这么可怕的画面。这也是我后来不太爱带女生去做案件分析的原因。

许戈辉：您自己经历过这样的过程吗？

李玫瑾：没有，我觉得我天生就是干这行的。像这样的情况让我明白，有很多犯罪的事情，包括它的现场和整个案情，不是都能够拿出来说的，尤其是在外人面前。当一个人不太接触这个领域，第一次看这样的图片，或者第一次听到这样的事情，是会受不了的，会觉得这个社会太可怕了，然后对生活有一些绝望或者失望。

另外一个问题是，在谈一些案件的时候，我不光要考虑被害人，甚至还要考虑犯罪人的亲人，这种情况公众一般是想不到的，甚至会一同谴责的、诅咒的。像2004年马某某的案件，社会影响非常大，因为像那样全国通缉，几乎所有人都在关注。这个案件当时最有争议的就是他的动机问题。我当时去做调研就明白他的动机了，但那个时候我已经有这个意识了。也就是说，他杀了四个人实际上是为了遮掩这个事情，他确实犯罪了，要承担法律责任，可他这种遮掩我认为是人之常态（有羞耻心的表现）。一个人即使犯罪了，涉及他对自尊心的维护和一些很隐秘的情感时，我应该也要为他保留，不要急于给他裸露出来。

许戈辉：但是，如果这个和公众所要求的知情权产生矛盾呢？

李玫瑾：我认为这个知情对公众来讲没有意义。你可以不知道这个，但你应该相信我们的法律是公正的。如果在司法程序上没有任何问题，那么在他活着的时候，我就可以先不说。这个保密的问题是为了他而存在的，当他已经不在了，那么我可以给大家一个答案。马某某当时主动为这个杀人案件请求赴死了，他在法庭上就讲了：“我请求法官判我极刑。”大姐要求他一定要上诉，但他坚决不上诉。我认为他已经在为自己的行为勇敢地承担责任了。

许戈辉：这个是您刚才所说的无奈，或者说累心的部分吗？

李玫瑾：这是第二个层面。后来我看到他的家人包括他的大姐也多次接受采访，谈到了网上的一些议论，比如出现一个案犯就说“这又是一个马某某”。我认为这也是在一次又一次地去伤害他的家人。

许戈辉：重新在揭开他们的伤疤。

李玫瑾：对。我个人觉得，被害人是很无辜、很痛苦的，可是有时候你有没有想到过犯罪者的亲人？应该说，当一个人做了很严重的犯罪事实以后，他就没有回头路了，而且要接受法律的处罚，甚至全社会都来声讨他，但他的亲人并没有参与这个犯罪，他们也不希望他出现这样的行为，可他们在社会上几乎得不到任何一点同情和帮助。

许戈辉：而他们恰恰是还在世的，而且要把日子继续过下去的那一群人。

李玫瑾：对，他们还要活下去。这是我看到的第三个层面。我们不要简单地愤怒，也不要简单地去斥责一些相关的人，而是应该去了解这个人为什么这样做。当我们了解他为什么这样做的时候，我们才知道怎么样让他今后不这样做。

——摘编自凤凰卫视《名人面对面》专访李玫瑾之《谜案背后》上集（2017 年 2 月 26 日播出）

善待他人是救命的东西

窦文涛：我想起毒死室友黄某的林某某，那个是有原因的吗？

李玫瑾：那也是。实际上，大学生犯罪，包括某音乐学院的药某某、某医学院的林某某这些案件，我认为他们的心理问题都是缺少一个“观念”的东西。他们的智商绝对够，缺的是观念。观念是什么？就是人心目中的一个“画面”，专业上称之为“心象”。我认为，很多高智商的孩子天天沉浸在书本里，他们缺少真实的生活，从而缺乏对生命现象的感受和感悟。生命的感受包括什么呢？不仅仅是说生命珍贵的问题，而是说做错“有关生命的事”就永远没有机会弥补，再聪明的人也是没办法的。

我对几起大学生、高学历犯罪的个案观察发现，他们在犯罪行为中有明显的高智商含量，但在其犯罪动机中则明显缺乏相应的智商水准。这是他们犯罪心理中一个重要的现象。从他们的自述材料中可清楚地看到，让这些高智商者做出犯罪抉择的关键因素是浮躁、愤怒、愤恨、咽不下这口气……在心理学中，这类感受词统统被称为情绪或情感现象。正是情绪力量使他们“不去想”而行动。这意味着所谓高智商者犯罪，其智商成分只包含在犯罪行为操作中，但在犯罪动机中恰恰缺失高智商。真正决定他们选择犯罪和出现犯罪指向的不是智商，是情绪；不是价值判断，而是任意放纵。在他们犯罪前的心理活动中，有的只是感受，缺失的恰恰是理性。

从遗传到生活环境，人与人之间的差异是个性发生的基础。个性差异可包括生理、心理、经历、地区文化差异等。这些个体的差异性有时可以决定人与人之间关系和谐与否。在大学同室的生活中，同宿舍一起生活的同学关系有时不亚于婚姻初期的二人相互适应过程。高频率接触可让人在发生生理反应的同时，自然引起心理感受。生理引起的反应，如人体体味有大有小，动作有轻有重，睡觉有多有少等。心理感受，如说话的声音顺耳与否，言语风格舒服与否，话语有无冷漠或轻蔑感等。由于高频率、高密度的接触，如两床相对、书桌相邻，不良感受往往也在不动声色中发生。这些微不足道的琐事，慢慢积累成为内心的怨恨。当个人不能很好地通过言语交流，不能通过运动等方式疏散这种不良感受时，随着时间的推移，这种情绪积累就可能达到危险的量，进而寻找机会爆发。

因此，复旦投毒案，人们看到的是同为医学院硕士，相处两年多的时间内没有任何明显矛盾，不存在竞争，甚至即将毕业各奔东西，直到法庭审判，人们仍然找不出一个令人信服的作案动机。仅仅因为愚人节到了，被害人随意的一句话？这些让人看起来完全不足以引起愤怒的刺激，其实质上引发的是长期日常接触中积累的不良情绪。而且，这种日积月累的情绪因为从未表达过，也就从未宣泄过，其能量已经达到危险界限。于是，为恢复一种内在的感受平衡，犯罪人以“不去想的操作方式”释放这种情绪。

不良情绪的日积月累，或因某种负面刺激引起的情绪，足以成为高智商者犯罪行为的原始动力。既然情绪活动可以跨越优秀的智力活动过程，那么，在人的内心中有没有一种力量能够不同于认识过程并能与情绪匹配，在瞬间对人的行为发生制动作用？答案是肯定的，那就是另一种心理现象：观念。

生活中，人们常说一句话：做与不做，往往就在一念之间。有些犯罪人在回忆自己犯罪前的心态时也常说这句话：都怪当时一念之差。一念，在许多行为之前似乎像一道阀门，开与不开只在瞬间，门里门外只在咫尺。这道“阀门”就是心理现象中的观念。观念就是人在观到（感知）的同时形成的念。念为想法，这种想法不是推理的结论，而是感知的结论。人的眼、耳、鼻、舌、身等五官就可以形成五观（念），其中眼观最为多见。所以，观念不源于逻辑进程，无关知识的系统性，不是抽象推理的结果。观念只与直接感知有关，与经历具体事件有关，与事件留存于心的情境有关。生活感知与情境画面留存于心的方式，又称心象。心象（image）可以是头脑中的一幅图面，是一幅似像的图像，是早期事件的心理形象的建构和综合。这种图像并不一定只限于视觉心象，还可以是触觉心象、嗅觉心象等。

观念与认识虽然都起源于感知觉，但观念与认识又有很大的不同。认识需要一个学习过程，凡学习都具有重复和强化的渐进特点，所以认识需要一个由浅入深的过程；认识还要用来解决问题，解决问题的认识（思维）伴随着探索，这也是一种过程。而观念不同，观念的形成不在过程而在经历，有时只需要一次经历就可以形成一种观念。经历，如一个事件、一个场景、一幅画面、一个表情、一种声音、一种气味、一次触摸或一次品尝等等，这种事件的经历都可以让人形成一生难忘的印象和内心画面，即心象。由于观念的直观性，获取简单，存在方式为生动的画面，所以观念可以成为意识流的素材在人的一生中时而闪现或出现在脑海中，进而影响人的情绪和决定。例如，幼年发烧时母亲俯身查看的面庞（慈母的观念），一次闯祸后父亲愤怒的表情（再也不敢的观念）。再如，爹妈在饭桌上因某一件小事说出这样的话："咱们可不能干那种事！""伤害别人那是作孽呀，那要遭报应的……"于是，孩子知道了："这事绝不能做！"或许一天，父母当着孩子的面拒绝了不义之利，退回别人多找的钱，这种情景在孩子还不明白为什么时，父母说道："记住，咱家人穷志不穷！咱不占人家便宜……"父母这种自尊自制的言行举止都会给孩子留下一幅画面，形成一种观念，让这个孩子长大后一生都以"不占别人便宜"为自己的观念。

许多学习优秀的学生恰恰因为潜心学习，早年就离家求学，因为一直进入复杂的认知过程中，而失去了这种因经历而形成观念的机会，从而造成他们一生的心理空缺：缺乏暖意判断的根据，从而形成潜在的心理危机。比如林某某，沿着中国多数村镇尖子学生成长的道路，在和平中学读完初中，然后考进汕头市重点中学——潮阳中学读高中，从此离家求学十一年。林某某读书出色，安静寡言。他父亲很为这个儿子感到骄傲，说："他这个人，心地很好。自从读书，每个学期老师都表扬他。我也是很放心他，他也不想和人家打架吵架。学习也很用功，从来不要我操心。”和黄某的父亲一样，他若不和儿子聊学习，几乎无话可说。

林某某从高中开始离开家庭生活，离开父母身边，直到犯罪，十一年的教育从无间断过，八年医学专业的教育甚至救死扶伤的经历他也并不缺乏，为什么就没有让他形成对生命的敬畏和法律的底线？要解释这一切，只能从这十一年中的感情缺失寻找答案：因为母亲生病，他几乎没有留下过多少被疼爱和被细心呵护的心象记忆；因为父亲忙于生计，他从小到大就没有过与父亲坐在一起谈天说地式的聊天的心象记忆。假期回家时，回回看到的都是家人忙于艰辛的生活而顾不上陪伴，母亲的病情更使家庭生活失去其乐融融的温暖记忆。这一切记忆的缺失，实则是某种情境的缺失，心象的缺失，亦即观念的缺失。林某某直到一审被宣判了死刑，媒体形容他的表情仍然是“漠然”——漠然的表情应该是源于内心的荒漠，而荒漠的感受决定了观念的贫乏。由此，将犯罪视为玩笑，将投毒视为“整人”，这种犯罪心理的来龙去脉自然清晰起来。

除丰富的家庭生活外，还有一个现实问题，就是生命教育往往与“死亡经历”有关。经历过死亡之苦的人才能明白“生”的珍贵。问题在于，在校大学生的父母往往在中年时期，他们最亲近的人大多没有死亡的事件，他们没有机会经历死亡之痛。这些高智商者面对的同学又同为聪明之人，同样“活”得精彩，几乎没有“死”的离别。所以，这种心理防线，如果父母和教育工作者没有刻意和精心地设计施教，就很难让智商虽高但生命进程尚短的年轻学子形成“生命珍贵”的观念。因此，死亡教育最重要的时间点应该放在小学。例如，让孩子先列出最亲的亲人名单，然后要求他逐一划掉，让他在这种痛苦的抉择中感受生命被“划掉”的意义。因为如同言语形成一样，越早的言语影响，其形成后的稳定性就越长久。

——摘编自李玫瑾论文《高智商者犯罪心理探析——从复旦大学投毒案说起》

傅剑锋：有个诗人说过一句话：人类之所以能够相互爱和相互关心，是因为有一种对于同情的想象力。这个是不是也是观念的一方面？

李玫瑾：对。其实，人的心理发展最早出现的就是情感，但那个情感叫作“依恋”，就是只对一个人。小孩半岁多开始认人，就认这一个，这个人来他没意见，别人来他马上就闹，对吧？慢慢大一点了，情感越丰富的抚养，孩子听到声音和看到面孔越多，他的言语表达就越好。他只要说得好，就会出去结交小伙伴。伙伴关系好，他就会有一个群体交流的过程。这就是人初期一个社会性的发展。如果没有这个经历，这个孩子就话少，后面和社会交往就会有困难。情感发展是有台阶的：早年是父母，就是上下关系；紧跟着是同伴；然后是师生，这是双向的；再大了就是同性。一般同性的发展是在小学六年级到初一、初二，初二之后基本就开始是异性，我们叫花季。花季就是异性。异性之后，当他真正恋爱的时候就开始不自私了，之前都是自私的。为什么呢？当我爱他的时候，我有好吃的给他留一口，我有电影票就把他叫上，这就是爱的扩展了。什么时候完成一个人成熟的爱呢？就是当他能够对一个陌生人感受到一种东西，比如看到清洁工人，心想他这么辛勤是为了他的家庭，绝对不要伤害他，这就是一种博爱了。博爱，就是说他能够对陌生人的感受产生共鸣。我们可以看到药某某对他妈妈很好，但他对陌生女性不好。有很多人实际上情感缺失在哪儿呢？就缺在发展不完整，这是家庭教育中的缺陷。

窦文涛：很多妈妈是不是都有这个局限性？

李玫瑾：对，但是真正好的母亲、优秀的母亲，会告诉孩子如何替别人考虑，要善待他人。其实，教会孩子善待他人，这有时是救命的东西。

窦文涛：这句话说得好！

李玫瑾：我们研究了很多犯罪案例，就发现都是这个问题。一个犯罪人杀了那么多人，就这个人没杀，因为这个人善待过他。

傅剑锋：这也是宗教上的一个问题。对人善其实就是对己善。

李玫瑾：2003 年有个案件，就是黄某[①]曾用自制的“木马床”杀害了很多青少年，最后那个孩子没被杀。我后来见过这个少年。他为什么没被杀呢？黄某在折腾他的时候，把他捆上勒。勒昏过去醒来后，他一直在哭求说：“你别杀我，我是独生子，我有爸爸妈妈，我还有个没有胳膊和腿的大爹[②]，还有个奶奶。你要是杀了我，他们以后怎么办啊？你也有妈妈，你如果就这么没了，你妈妈回来找不到你，她会怎么样呀？”结果说得黄某大哭。黄某哭道：“我妈才不管我死活呢！我在与不在，他们都不管我！”然后这个少年说了这么一句话：“如果这样的话，你要是不嫌弃我，等你老了，你把我认作干儿子，我陪你，我把你接过来，为你养老。”黄某最后把他放了。

窦文涛：这个孩子简直像是您的研究生啊，太会说了！

李玫瑾：这是天性。这个孩子就是特别善良，后来我接触过他，也有这种感觉。所以我觉得做母亲的要教会孩子善待别人。

窦文涛：记住啊，善良能救命，一念之仁能救命！

---

① 黄某，1974 年生，农民，自幼受暴力题材影视剧的影响，梦想成为一名冷酷的杀手，案发后于 2003 年 11 月 22 日被捕。经法院审理发现，自 2001 年 9 月至 2003 年 11 月，黄某从网吧、录像厅、游戏厅等场所，以资助上学、帮助提高学习成绩、外出游玩和介绍工作为诱饵，先后将 18 个青少年骗到家里加害，其中 17 人被杀害，唯有 17 岁的张某受了轻伤，被放回后报了警。2003 年 12 月 26 日，黄某以故意杀人罪被依法执行死刑。但在黄某被枪决四个月后，有家长又在他的家里挖出两具尸体，引发民众对官方公布的受害者人数的质疑。据张某在报案时称，黄某曾跟他说已杀死 20 多人。当地警方最初在通知受害者的家属时，提供的死亡数字是 23 人，其中 18 个是学生，但后来正式公布的数字变为死 17 人、伤 1 人。有人质疑有关部门当时想尽快平息民愤而匆忙结案，对凶案现场的勘查工作做得不够仔细。

② “大爹”指他大伯，在朝鲜战争中失去了一条胳膊和一条腿，终身未婚。

人性是养出来的

窦文涛：您既然说到孩子，我就不由得想起来，最近一段时间残害孩子的事情太多。我再跟您提一个案子，就是山西被挖眼男童斌斌的案子。我们看到当时您也有一个解释，但我们还是觉得有些费解，就是他的伯母张某某到底为什么呢？最后说是好像有个 2000 块钱的事，她怎么就会向孩子下这个手呢？

2013 年 8 月 24 日 19 时许，山西省某县 6 岁男童斌斌在家门口玩耍时，被一个穿紫衣的女人带到野外去挖掉双眼。8 月 30 日 6 时许，斌斌的伯母张某某在自家院内跳井自杀。专案组经过调查走访、现场勘查和 DNA 检验，认定张某某为斌斌案的犯罪嫌疑人。在张某某被搜出的一件紫衣上多处检验出斌斌的血迹，而且斌斌的衣服上也有她的头皮屑和手印。

张某某，1972 年生。她生前在一家养鸡场打工，从事内脏分拣工作，用长约十厘米的工具刀割掉鸡肛门，每月工资一千七八。前几年，斌斌家就搬去县城住了，跟她家并没有什么大的矛盾，只是在赡养老人的问题上可能有点摩擦。斌斌的爷爷前年患脑梗塞瘫痪在床，由三个儿女轮换照料，每家各照料四个月。今年 4 月轮到斌斌家，斌斌的爸爸当时因伤不能出去干活，就说由他家来照料老人一年，另外两家出点赡养费。刚开始说一年出一万元，但张某某不同意，后来改为 5000 元。斌斌家之前向她家借过 3000 元，现在一抵，还可要来 2000 元。但据斌斌的妈妈说，自家开的麻将室每月可挣 2000 元左右，生活还过得去，如果她家不给钱就算了，自己没跟她要过钱，也没和她吵过架。

张某某性格比较内向，平时不爱说话。据村民说，张某某幼年时曾被蛇咬过，受到惊吓，心中留下阴影，人变得十分胆小，心理承受能力差，容易晕厥。据张某某的五妹称，有警察曾找张某某询问过斌斌的案情，她跟家人说她感到害怕。据镇上一位干部说，张某某跳井前一日精神状况异常，看起来有些神志不清，曾听见她在村里胡言乱语，说“我是鬼”“我是神”之类的话。

2013年9月4日，凤凰网资讯频道《凤凰专家谈》栏目连线李玫瑾教授，对张某某的作案动机进行分析。

凤凰网资讯：案件基本已经侦破，从张某某的犯罪心理来看，她背后的动机可能是什么？

李玫瑾：一般这种案件，尤其是一个小孩在家门口附近被杀害，多数都是熟人所为，而这个熟人一般还与孩子有一点关系。如果是男性，多数是为了猥亵或强奸；如果是女性，一般都是出于报复或者有情绪性因素。这个案件属于第二种。即使在证据出来之前，我们也能看出来此案应该是熟人作案，不像是为了摘除器官，一看就是报复性的。他的父母自己可能不知道——很多时候，被报复者往往不知道报复的存在。张某某这种人生活范围比较小，心胸也比较狭窄，一点事都会被放大，之后她的心里就全是这件事了。这种人往往生活压力比较大，比较容易犯罪。

凤凰网资讯：警方披露张某某作案可能与家庭赡养有关，这种因素对她会有怎样的影响？

李玫瑾：我觉得可能是因为她已经很生气，但对方不知道。从现有信息来看，有一条因素比较重要：她丈夫生病以后，家里经济来源主要靠她一个人，还要供养三个孩子。在这种情况下，还要她承担公公的赡养费用，需要出钱，她就不给。斌斌家曾向她家借了3000块钱，就抵充了公公的赡养费，不还了。这事肯定让她特别生气。

一码归一码，因为本身家里就有好几个孩子，压力这么大，她可能会想："你们家有麻将机，天天有收入，还赖我的账？"但她又说不出来，因为她又不能把老人接过来，所以就憋着。这事是她报复的重要原因。好比有一个人借了你的钱，找个理由不还，对她这样一个柔弱女性来说，能怎么样？吵也吵不出理由，谁让她不赡养老人？她心里肯定憋着一股火，只能报复孩子，别的她没法做。一个女人能做什么？

凤凰网资讯：作为孩子的伯母，她为何用挖双眼的残忍方式来报复？

李玫瑾：还能有什么办法？第一，她可能不想置孩子于死地；第二，她又想让他们家痛苦。所以这就是一个手段，而且对她而言操作起来也比较容易。她是用手抠的，相对来说对工具的要求比较简单，孩子反抗能力也不是太强，很容易被控制。

凤凰网资讯：据先前报道，张某某本人是胆子比较小的，而且怕见血，为什么还能做出这样的行为？

李玫瑾：往往就是这样，很多特别尿、胆特小的人才最可能做这种事。如果她胆很大，能公开处理，比如敢当面与你吵，那就不会在背地里报复。往往是不敢当面对峙和吵架，甚至不敢跟对方对视的人，才会在背地里悄悄报复。张某某就属于那种不能当面与人公开矛盾的。我们生活中也经常会遇到这种情况，什么都敢吵、敢说出来，使别人脸面很挂不住的这种人，往往不会在背地里整人；反而是跟你客客气气的那种人，受一点委屈往往不是当面与你直接冲突，而是会背后找机会报复。外表看起来很弱的人，特别容易背后报复。

凤凰网资讯：这种作案方法一般是计划很久还是临时起意？

李玫瑾：她可能已经生了很多天的气，突然某一天想起来要做这件事。有时这种案件也属于情绪性的案件，肯定有情绪积累，但什么时候作案，随意性很强。这不属于预谋性的，与制作炸药报复不同，方式相对来说比较简单。

凤凰网资讯：最后她选择了在自家井里自杀，并在自杀前一天说胡话，你怎么看待这一行为？

李玫瑾：压力太大。当她事后知道结果，自己也会很矛盾。把孩子眼睛毁了，这关乎孩子一辈子的事，而且斌斌家里就这么一个男孩。再加上当时侦查的人这么多，媒体又关注，事情早晚会暴露出来。她自己心里担不住事，是个不敢公开化的人，事一闹大，她能怎么办？

凤凰网资讯：这种人作案会提前想到后果吗？

李玫瑾：一般不会想那么多，她只是想做让对方痛苦的事，不会想后果，因为她的生活范围决定了视野。这种事情一般在农村比较多见。人的生活范围太小，芝麻大的事也会变成最大的事。人们的心胸有时与生活视野有关，视野越宽阔的人，心胸就越宽阔。所以，这也是我们为什么说女性一定要有见识，见多识广也会变得心胸宽阔。

——摘编自凤凰网《李玫瑾剖析男童被挖眼案嫌犯作案动机》

李玫瑾：这只是个线索。其实还是这句话，就是她真正的问题是她自身人格上的问题。她略有一点点被动的人格特点，专业上叫“被动攻击型人格”。被动攻击型人格是什么呢？咱们举个最简单的例子，你看历史上的太监在整人时都特狠，为什么？因为他就是个奴才，天天在皇家人面前得委屈自己，低三下四，点头哈腰，久而久之就成为他的一个必须的外表，已经成习惯了，但他心里头所有的委屈和卑贱感都存着，一旦找到一个比他更弱的，他一定会发泄。这种为人风格就叫被动攻击型人格。

傅剑锋：就是表面看起来越弱小的人，反而他的攻击能力可能越强。

李玫瑾：不一定是因为弱小，最重要的是什么呢？他有一种不得已而迎合的背景。我曾经遇到过一个大男孩也有这个特点，表面客气扭头狠，后来我发现他父亲是当地一个领导干部，那我就理解了他的人格是怎么来的。他家里经常会有来求他父亲的人，他作为一个小孩，可能要叫人家叔叔阿姨，但是来的人多了，他会很烦这些人，所以他表面上对人绝对礼貌到位，可是心里对谁都充满着一种厌烦和蔑视。实际上，这是因为他的家庭总被外人侵入而产生的人格特点。所以这个男孩长大后，对谁都是绝对礼貌到位，但对谁都怀有敌意。

窦文涛：我还发现残害孩子的甚至有很多是亲生父母，比如有一个父亲拿三根钢针扎自己的孩子，因为他怀疑这个孩子不是他亲生的，还有一个母亲把小孩弄在 14 楼要往下扔。您说这种父母还是正常人吗？

李玫瑾：我觉得在社会变革当中，这些异常的人有很多是自己也受到过伤害，以后他们就会去伤害更弱小的人。

窦文涛：可那是自己的孩子啊！

李玫瑾：有这样的。当然，这个犯罪嫌疑人肯定是有问题的，也就是他自身心理有严重问题。比如说最近把两个女儿放家里饿死的那个饿死女童案[①]，你只要看到她们的妈妈，你就知道为什么了。那个妈妈自己从小到大就是没人管的。有一个犯罪人跟我讲的话，我当时听了真的是感触很深。他的行为，你要是看到现场，会知道他有多可恨，但你听到他讲他的

---

① 2013 年 6 月 21 日，某市公安局派出所社区民警上门走访时发现，乐某一个 1 岁、一个 3 岁的女儿饿死在家中。乐某，1991 年生，非婚生子女，出生后被母亲抱回农村老家由外婆抚养，4 岁时转而被扔给爷爷抚养，十几岁时离家出走，沦落风尘，还染上毒瘾。2013 年 2 月，同居男友因容留他人吸毒被判处六个月有期徒刑，无法再照顾两个孩子。4 月下旬，乐某为两个女儿预留了少量食物和水，然后将她们锁在家中，从此离家未归，直到 6 月 21 日被警察逮捕。9 月 18 日，怀有身孕的乐某以故意杀人罪被判处无期徒刑。

经历时，又会感受到这是一类人。我把重复犯罪的人分为三种[①]，也就是说，危害社会非常严重的有三种人。一种是我们叫作反社会人格的犯罪人，他们犯罪是没有理由的，从小就坏。第二种是我称之为犯罪人格的犯罪人，他们的人格是在犯罪的背景中形成的。从小没有人管他，自生自灭，因此只能不择手段地生活，这种就叫犯罪人格。还有的是在监所中，比如一关十多年的，他基本接触到的全是犯罪人，就是斗狠的，出来以后你别指望他善良。你刚才问的就是第二种人。

窦文涛：但是，这种能到违反人类本能的程度吗？比如说母爱、父爱。

李玫瑾：当然可以啊，什么样的人都有。这个问题比较复杂，涉及很重要的一个词叫人性。要把你这个问题回答明白了，要回答什么是人性。

窦文涛：人性深似海啊！

李玫瑾：人性是怎么出来的？我讲课经常要讲这个问题。它是养出来的。人和高级动物都有这种“自然情感”，即不教而具有的能力。比如狗就是这样，你只要养它，它就不咬你，但它会咬别人，对吧？人是老天让你生出来时什么都不行的，四肢不能翻，头不能抬，吃喝拉撒睡、翻身和打嗝，哪件事你自己都干不了，那干吗呢？就等待别人来照顾。这是人的自然属性。生来具有的生理需要就是自然属性。但这种需要在人出世时必须指望别人帮忙。事实上，人的情感就是在这个需要与满足的互动过程中形成的。那么，这个过程首先需要一个稳定的抚养人，还要有一种身体上的接触。如果你只是把他放到床上，把奶瓶往他嘴里一塞，这种抚养也能长大，但他跟人绝对不亲，他没有与人的肌体接触感。所以，你去研究变态的人就会发现，他们都是没有跟人的那种身体亲密感。比如说妈妈抱着我，她的身体就是我最快乐的来源，所以贴着人身使我感受到很快乐。有

---

① 李玫瑾认为，多数案件实际上是由少数犯罪人所为，少数重复犯罪的人是制造多数案件的始作俑者。这类人属于危险人格，可进一步划分为反社会人格、犯罪人格和缺陷人格三种。

的孩子一出生就被父母扔在医院，爸妈走了，那谁来管他？护士来了，今儿是这个，明儿是那个，他能有这种固定的身体记忆吗？没有。这种稳定的抚养需要多长时间呢？至少要六年，可延到12岁。

窦文涛：这是人类的特征？

李玫瑾：对。现在很多人之所以出问题，就是在早期这个阶段出了问题，尤其是人的情感出了问题。

人在幼年需要心理抚养

傅剑锋：李老师，你刚才讲到犯罪人的犯罪人格，我有一个问题想问。刚才说的好多变态人格是相对比较少的，但是我以前在做采访的时候跟踪了一个"砍手党"的山村六年，那里有好多暴力犯罪，一个是时间持续比较长，另外一个就是犯罪像是已经形成一种风俗一样。其中最让我惊诧的是有一个少年，当时他周围很多人都去犯罪，我采访了他。他说："我同情这些人。有一天如果老板拖欠我工资的话，我也可能会去抢劫，甚至会去杀人。"结果这话说完七个月之后，有一天他给我打电话，说："我杀人了。"我当时觉得不敢相信，后来陪他去自首。就是这样的一个村庄，后来好像它周围的村庄都一样在犯罪。从社会学的角度我做了很多的研究，但是从心理学的角度，怎么来解释他自己说过的话最后真的在某一天变成现实了？

李玫瑾：这实际上就是他已经形成一种认知了。他认为"如果我遇到这种事，我一定会这样反应"，所以当他真遇到的话，他肯定就会这样干。这是认知的问题。他这种认知是怎么形成的呢？来自于他生活中情感不健全的背景。

傅剑锋：还有刚才您说到教育这个东西，我看到的也是这样。那些村庄基本上就是老年、少年、小孩在那里，父母都出去了，没有太多直接的父母的爱在他们身上。在中国现在有两亿多农民工的背景下，大量的农村儿童都是这么一种状况，这种危机我们社会怎么来防治？怎么来解决？

李玫瑾：你说的这个问题，我认为是中国现在非常急迫的一个问题。我曾经见过一个16岁的少年犯，他在短短两年之内杀了很多人。杀第一个女孩的时候，他从她身上翻出12块钱。我就问他："你为什么为了12块钱就去杀一个人？"他说："我不杀她的话，她一直在叫啊，她一直在反抗。"我说："你有没有想过她妈妈养她多少年多辛苦啊，而且现在没有她了，她爸妈老了怎么办？"他说："我管不了那么多，我没钱怎么办？"我说："你为什么不去打工？"他说："打工太累，我做过保安。"后来我了解到他的背景，在他很小的时候，父母就出去打工了，把他撂给他姥姥，而姥姥根本管不住他，所以他不去上学。当他过了十二三岁就带有破坏性了，他姥姥说这孩子得你们自己管，于是爸妈就把他从农村接到城市里。这孩子要知识没知识，要观念没观念，要技能没技能，关键是他从小松散惯了，让他干保安他都干不了。他说："我站那儿一天我受罪。"

我曾遇到许多自觉无助甚至绝望的父母，他们面对自己养大的孩子时，突然发现孩子变得"陌生与可怕"，曾经非常乖巧的孩子突然变得狂暴。当他们无奈地向我诉说孩子的问题时，当他们把孩子领到我面前时，我只有一个感受：为时已晚。他们错过了心理教育的最佳时间。

如同医生看着痛苦的病人，许多病人并不知道自己为什么生病，他们只能诉说生病的痛苦……事实上，多数疾病都与病人自身的生活方式密切相关。尽管有遗传问题，尽管有环境问题，但生活方式是最主要的因素。孩子的心理问题也同样如此。一般而言，孩子出现行为问题或心理问题，如逃学、撒谎、网瘾、顶撞父母、离家出走、动辄自杀，还有打架伤害、参与抢劫等，“心理发病期”多在12岁前后至18岁前后。但是，这一年龄段的行为问题和相关的心理问题都源于12岁之前，而且大多源于父母对孩子的抚养方式。

健康的人生需要养生，更需要养心。人在幼年需要心理抚养，大家在做父母之前需要想好以下问题：

1. 是否有足够的时间来陪伴孩子成长？如果夫妻二人亟须挣钱或者事业太重要，如果母亲没有时间亲自哺乳，那么最好不要生孩子。否则，极有可能钱挣来时，孩子已成败家子；事业做大时，孩子已成陌路人。在准备怀孕和养育孩子时，一定要做好思想准备。在孩子出生后的第一年，不管如何辛苦，一定要自己带孩子。在孩子依恋期内（12岁之前），不让他（她）离开你的身边。

2. 是否有足够的耐心来陪伴孩子？如果一对年轻的夫妇仍然只需要别人的关心，却不愿意关心一个吃喝拉撒都要人帮忙的婴儿；如果夫妻二人对生活琐事没有耐心也极不情愿做这类事时，那么最好不要选择当父亲或母亲。在孩子12岁之前，依恋现象一直存在。依恋现象与年龄成反比，年龄越小越重要。父母对孩子的心理影响力与心理控制力，不在父母挣钱有多少，也不在父母多有知识，更不在父母的事业有多成功，只在你为他生命的初期付出的辛苦有多少，你在他依恋时期的陪伴时间有多少。

3. 是否知道孩子心理发展的几个基本阶段，每个阶段需要父母来做些什么；心理抚育的内容哪些在先，哪些随后；哪些是基础性的心理抚育，哪些是一生的心理抚育？如果完全不知道，有无学习的兴趣？如果没有或没时间，建议最好不要当父母。如果认为孩子出生后会自然长大，会自然懂事，那人们一定失望。因为只要心理抚养不到位，那么，电视、网络就会教育他（她），当我们发现孩子身上出现种种“毛病”时再行动已晚。这就是心理发展是有关键期的。

尤其是在独生子女的时代，父母没有实验期，当父母终于明白心理抚育的道理时，可能已经错过了最佳的教育时期。所以，心理学尤其是发展心理学，应该作为欲为人父母者的必需知识，有条件者一定要阅读《发展心理学》和《儿童心理学》。各社区或医院在进行孕期教育的时候，要增加父母如何对孩子进行心理抚养的同步教育。

——摘编自李玫瑾专著《犯罪心理研究——在犯罪防控中的作用》

我大量讲课的目的，就是想让大家了解犯罪心理的问题，不是说人有了一个刺激才犯罪。一个人得了糖尿病，得了癌症，你要知道你这个病不是昨天吃多了得的，也不是你昨天生了一场气得的，而是你至少有十年左右的不良生活方式得的。心理问题更是如此。比如说十三四岁的孩子开始出现问题，你基本就可以断定这孩子6岁之前的抚养就有问题。一个人到20多岁时发生了违法犯罪的问题，你会发现他的问题可能在18岁之前就已经显现了。一个40岁的人出现非常疯狂的行为，你会发现他人生的路越走越难，多数人认为这是社会的问题，但是我这个研究犯罪心理的人看得很清楚，这一定跟他的性格有关。绝大多数的犯罪，实际上都跟当事人自身的某种心理问题有关。

如果你知道哪些东西对孩子是特别重要的，那么补上这一课的话，可能孩子今后的人生就会很顺畅。比如说男孩小时候要苦着养，我认为女孩也一样，小的时候要经历过一些磨难，要经历过一些挫折。你看有些家庭，爸爸妈妈有病，孩子特别懂事。为什么呢？因为他从小就要照顾爸爸妈妈，所以他从小就会心里想着别人，放学第一件事就是往家跑，觉得他早一点回家的话，爸爸妈妈就有人帮忙了。所以你会发现，这种生活上比较艰难的孩子反而特别懂事。相反，如果只是贫困，没有这种人与人之间互相帮助的磨难，那就是另外一个层面了。你研究这个问题就会发现，犯罪心理研究实际上是让我们认识人的心理问题的由来。当我们知道了这个由来，就知道怎么去抚养一个人才会让他形成比较好的性格，乃至于比较好的人格。我在媒体上大量地宣讲“家庭中的心理抚养”，为什么呢？就是要让大家知道，你不要以为一个人给他吃饱喝足了，满足他的物质需求了，他就自然而然长大了。他可以这样长大，但人性有缺失，心理有病态。

——摘编自凤凰卫视《名人面对面》专访李玫瑾之《谜案背后》下集

傅剑锋：李老师，我再说一个例子。我在刚才说的那个村庄附近的小学做过采访，因为我当时也意识到我要去理解和了解他们的教育，老师们包括校长就跟我抱怨，说现在这些留守儿童太难教育了，没有办法教育，布置家庭作业他们不完成，上课的时候闹哄哄的。

窦文涛：就是失去了人类正常的成长规范。

傅剑锋：父母与孩子的关系，现在看来不只是一个简单的亲情问题，我觉得是一个非常重要的社会发展的问题。

李玫瑾：你说的非常对。我认为现在我们都看到了奶粉的问题，看到了空气、水在被污染，但是我们没有看到人的生活环境即家庭在被破坏、被污染。你可以研究我们近些年的一些案件，你会发现：要说穷吧，我们没穷过20世纪60年代初，那时候是三年困难时期呀；要说乱吧，我们没乱过20世纪六七十年代的十年内乱。可是，为什么那时候没有这些稀奇古怪的、砍杀儿童的案件？为什么现在这么多？很重要的一点就是，这些作案人的情感异常。而他们的情感异常在哪儿？就在于他们成长当中情感养育的过程缺失了。

窦文涛：您说这个跟现在中国社会转型太快有没有关系？

李玫瑾：肯定有关。所以现在我在呼吁一个问题，就是6岁之前爸爸妈妈不要离开孩子，就六年。

所有的社会问题，在我这种搞心理学的学者看来，都是人的问题。我的第一句话是，人的问题是社会问题。第二句话是，人的问题是早年的问题。现在为什么有这么多变态的人？为什么有这么多犯罪让我们觉得不可思议？其中一个重要的问题就是，很多人的成长环境被破坏了。我们20世纪六七十年代穷过乱过，可是那个时候没有现在这么多变态。为什么现在变态多呢？我们处在社会变革当中，因为人员流动，大量穷的地方出现留守儿童，他们有爸爸妈妈，但是不在身边了。我们的城市呢，虽然条件不错，但是好多孩子跟妈妈在一起吃饭的时间很少，他们是夜里睡觉的时候跟妈妈在一起，白天妈妈就不见了。妈妈干吗去了？上班去了，然后把孩子交给老人，交给幼儿园，交给保姆。所以我们的问题出在哪儿？就是父母教育孩子的时间少了，尤其是在最重要的头六年时间里，父母跟孩子在一起的时间很少。当这个成长环境被破坏了，人性就乱了，你后来再去教育是没用的。

——摘编自凤凰卫视《名人面对面》专访李玫瑾之《谜案背后》下集

傅剑锋：李老师，还有很多的教育学者，包括教育部门，能不能发起一个大型的社会倡议来推动6岁之前爸爸妈妈跟孩子必须在一起呢？我们这个社会一定要积淀这种爱和亲情。

李玫瑾：对。第二步是国家要在教育上投入，就是教育要跟上，绝对不能让孩子不上学。比如很多国家都有规定，如果这个孩子是适龄学生，在街上游荡时，警察肯定就要把他扣住。而我们呢，就没人管。现在乞讨的儿童那么多，却没人管。

窦文涛：对。孩子是国家的，我们得有这个观念，不是父母私有的，可以随意处置。

李玫瑾：不光是国家的。这个孩子长大了，他的破坏行为可不止对他们家，是对全社会。

傅剑锋：是由整个社会来承担的。

第二章　情残比弱智更可怕

从小没被善待的人往往不会善待社会

窦文涛：你研究犯罪心理学三十多年了，一定接触过很多恶性杀人的，他们有相似性吗？

李玫瑾：有些人吧，说句实话，我隔着铁栅栏都想扇他俩耳刮子。

窦文涛：为什么？

李玫瑾：就是特别可恨。比如曾经有一个系列强奸杀人案的犯罪人，他的生活条件很好，当我问他："你为了几分钟的快乐，把一个可能是人家的母亲或女儿就这么轻易地了断了，你不觉得你太残忍吗？"他说："她命中注定就应该是被我克的。"把他强奸杀人的理由这样归因，这种人你就没法跟他交流。

窦文涛：他是精神病吗？

李玫瑾：不是啊，他日常生活过得很好呀，家里有钱，而且结婚了，有老婆。他作案就是极端地自私和放纵自己。这是一种人，还有一种是：你看现场的时候觉得这个人真的很可恨，包括某大学马某某的那个现场也是这样，每打开一个柜子就见到一具尸体啊！公安工作与检察院、法院不同在哪儿？就是我们警察大量地接触到被害人和被害现场，对犯罪人的憎恨确实是无比强烈。比如有个警察跟我说："我见过那么多现场，都已经麻木了，但是有一次我看到一个 4 岁的小孩被害后蜷缩在那里，我一个星期吃不下饭。"我们和律师也不太一样，因为律师主要是看到可怜的被告人。但是，当你研究犯罪的时候见到犯罪人，就会发现有的犯罪人也是一个很可怜的人。像有些犯罪人格的人就是这样。比如有一个犯罪人，他的作案特点是先杀后奸，还在墙上写字，比如“恨社会”等等。后来我见到他，才一米五九，个头很小。当初我们分析这个案子时，公安就问我这个人是不是变态，我说不是，因为从尸体来看，没有变态的行为，只是性侵害。他们又问为什么先杀后奸，我说一定是这女的活着的时候他打不过她。就这一点，我分析说这个犯罪人个头小。后来见到这个犯罪人，他才一米五九。他爸爸就是一个有问题的人，成天赌博不回家，因为经常彻夜不停地赌。这种人肯定找不着对象啊，最后没办法就找了一个精神有点问题的女人，然后生了这么个儿子。这个孩子很聪明，但是妈妈一发病就经常游走，不回家，而爸爸更是不回家了。他从小是由奶奶照顾，他感情最深的人就是奶奶。但是，奶奶在他 8 岁那年去世了，他 10 岁就流浪到外面了。广州警察把他收容后给他家打电话，他爸说：“你们爱怎么处理就怎么处理，我反正不去接。”当时这孩子听到这话了，警察说：“你们家怎么这样啊！”后来我问他小时候亲情印象最深的是什么事，他说：“我有一次发高烧，烧得什么都不知道了，等我醒来的时候，发现奶奶背着我正在爬山，带我去看病。当时下着大雨，我们俩一块从山坡上滚下去。我哭，奶奶抱着我也哭。奶奶当时已经七八十岁了……”说到这里，他的眼泪都要出来了。犯罪人是很少在我面前流眼泪的。当我听到这一幕的时候，脑子里就在想：“当人在弱小的时候没有被善待的话，你怎么能指望他大了以后会善待这个社会？”

傅剑锋：善与恨，我觉得都是相互传递的。

李玫瑾：对。犯罪人格是怎么出来的？就是从小有这种无助与挣扎的经历。因此我说，对未成年人的保护是个问题。虽然我们有部《未成年人保护法》，但事实上我们该怎么去做，在操作方面真的是漏洞很多。

在社会生活中，由于个人的家庭背景、遗传禀赋、地区经济水平等差异，也会造成人与人、家庭与家庭之间的较大差别。譬如，贫困交加的家庭、疾病缠身的家庭、残疾人的家庭、服刑人员的家庭就不同于我们生活无忧的家庭。而出生在前类家庭中的未成年人，他们尚不具有自己生存的能力，更无法帮助父母或其他家庭成员，有些孩子由此影响到就学。众所周知，对于一名未成年人来说，接受教育是他今后在社会生活中的立身之本。如果错过接受教育的关键期，他的知识与能力缺陷也将影响到他一生的生活。但是，这种家庭困境仅靠他家庭自身是无法改变的，这也需要得到社会的帮助，尤其是帮助困境家庭中的未成年人。修订后的《未成年人保护法》对此也作出规定，即要求各级人民政府应当保障未成年人受教育的权利，并采取措施保障家庭经济困难的、残疾的和流动人口中的未成年人接受义务教育。

当然，任何社会保护都会涉及资金问题。无论是对未成年人的保护，还是对困境家庭的少年给予帮助，都涉及资金问题。实质上，解决这一问题需要我们用发展的眼光来衡量。我们核算一下：如果一名少年犯因犯罪而被判刑，社会面临什么？我们不仅必须为其启动侦查、起诉、判决等活动费用，还必须为其付出监狱建设费、监管费、教育费、医疗卫生费等。不仅如此，违法少年的家庭将面临什么？未来的忧虑，父母晚年的赡养无靠等。还有少年自己面临什么？他的工作、婚姻等都会受到这种早年行为污点的影响，有的甚至会影响其一生。有些早年违法者就此踏上一条“不归路”，成为惯犯或累犯，进而使社会面临更严重的后续威胁。还有被害家庭的损失等等。如果我们在预算中将这笔费用提前支付，帮助那些困境家庭的未成年人，使其不流落街头、不辍学，让所有适龄学生接受基本的教育；设立奖学金去帮助那些穷困有志的少年；开办特殊学校，对异常少年进行强制性收留和教育，进行及早的社会干预；资助那些志愿从事少年工作的退休或下岗人员去替代忙于生计的父母关爱那些情感失落的少年等，结果将大为改观。显然，帮助困境家庭、建设福利性学校与建监狱相比，前者更有价值；用于对未成年人的社会保护投资与用于犯罪发生后的打击工作投资相比，前者更有价值。

——摘编自李玫瑾论文《营造社会保护的新境界》

“天生犯罪人”是白眼狼

窦文涛：国外好像有研究犯罪人格跟基因的关系。犯罪跟遗传有关系吗？

李玫瑾：有啊，就是反社会人格。有个学者叫龙勃罗梭[①]，他最早提出“天生犯罪人”的概念，这不是他拍拍脑袋想出来的。他曾是个军医，监狱里的犯罪人被执行死刑前要找个医生来验明正身，他就是干这活儿的。他是医生，但那个时代是不让对人体进行解剖的，哪怕是死后也不让解剖。这如同我们研究犯罪心理时一样，在诉讼程序中不让见嫌疑人，因此无法获得研究所需的样本。鉴于有些犯罪人要么没有家人，要么家里人已经嫌弃他并抛弃他，他即使死了，家人也毫不关心，这些人的尸体都由行刑官来掩埋，于是龙勃罗梭就跟行刑官说：“这个人反正死了也没人管，在掩埋前能不能让我先做个尸体解剖，然后你再埋？”行刑官一听对医学有帮助，就说：“好，你研究吧，我支持你。”他就这样解剖了 300 多具尸体，最后出了一本书叫《犯罪人论》，其中就谈到犯罪人一些生理上的特征。

傅剑锋：中国不是有面相说，也有颅相说吗？李老师说的这个“天生犯罪人”里边对颅相也是有研究的。

---

① 切萨雷·龙勃罗梭（Cesare Lombroso，1835—1909），意大利犯罪学家、精神病学家，刑事人类学派的创始人。曾任军医、教授和精神病院院长，重视对犯罪人的病理解剖研究。著有《犯罪人论》《天才与堕落》等。

窦文涛：那就是说，有些人天生就是要犯罪的？

李玫瑾：对，龙勃罗梭由此提出一个观点。在他之前，著名的刑事古典学派代表人物贝卡里亚[①]、边沁[②]认为，犯罪是理性的，是任性的选择，是追求快乐的表现。但龙勃罗梭告诉我们说，不对，有一部分犯罪人根本不是这个问题，他们就相当于是一头野兽走进城市，你亮着红灯对他们来说是没有意义的，他们想怎么走就怎么走。这类人对社会法律的意义是不会当回事的，他们只凭借自己的欲望和冲动行事。这类人就叫"天生犯罪人"。当然，"天生的"这个话是早期的学者说的，我们从心理学上的解读是什么呢？我们知道人类当中有一种现象叫作"痴呆"或者"弱智"，这是遗传问题，还有比如说工伤，大脑炎，摔坏了。但是，我们知道在心理上，人也应该天生有一种能力叫作"情感力"，后天抚养就是发展人情感力的途径。可是，也有一种人如同"弱智"不可开发智力一样，完全没有形成或发展情感的能力，说白了，你对他多好也没用，民间有一句话叫"喂不熟"，还有一句话叫"白眼狼"。这种人有什么特点呢？就是你无法用人类最基本的情感来制约他。我们知道人和人之间制约的力量有很多种，比如拿钱控制你，戴手铐控制你，拿职位控制你，但真正什么都不要的控制就是爱。为了爱，我情愿为你做所有的事情，所以爱是一个很重要的控制力，比如说对母亲的爱。我们发现很多犯罪人对母亲还是非常有情感的，这就非常重要。比如很著名的白某某[③]案子，当时有四个警察去抓他，他

---

① 切萨雷·贝卡里亚（Cesare Beccaria，1738—1794），意大利刑事古典学派的创始人。1758年毕业于帕维亚大学法律专业，1764年出版《论犯罪与刑罚》一书后成名。

② 杰里米·边沁（Jeremy Bentham，1748—1832），英国哲学家、法理学家、经济学家和社会改革者。律师家庭出身，牛津大学林肯法学院硕士毕业，是英国法律改革运动的先驱和领袖，并以功利主义哲学的创立者闻名于世。

③ 白某某，1958年出生于某市一个工人家庭，幼年丧父后母亲改嫁。1983年因犯盗窃、抢劫罪被捕入狱，服刑期间先后杀死两名狱友，但因证据不足未被定罪。1996年3月提前获释出狱后，多次在北京、河北、新疆袭击军警，并持枪抢劫数起、杀害数人，1997年9月5日在母亲家中被捕，于1998年被判处死刑并执行枪决。

本来想掏枪，结果他妈妈进来了，后来他这样说："如果不是我妈进来，你们都完了。"我们可以看到，他对母亲的一份情感救了那四个警察。什么叫"天生犯罪人"？就是他对母亲都不能形成情感。比如北京有一个很有名的案件是吴某某被绑架案，主犯王某某[①]就是这种情况。他在监狱里就想出来以后要大干一场，但是他说："我要是这么干，我妈肯定很痛苦，所以第一个念头是我出来以后先把我妈杀了，叫她瞬间不知道痛苦，然后我就能放开干了。"

窦文涛：这是什么逻辑啊？！

傅剑锋：逻辑跟我们不一样。科学家对这些"天生犯罪人"的研究发现，包括他们的脑波跟我们都是不一样的，听说他们的智力好像都是停留在10岁左右。

李玫瑾：对，反社会人格。

窦文涛：但是，他可能在实施犯罪计划的时候又表现得有智商。

李玫瑾："智"和"情"是两个问题。反社会人格的人都极其聪明，他不光聪明，还能驾驭别人，所以就带有团伙性质。比如某省"9·1"抢劫大案的张某[②]就是这种人，吴某某被绑架案的王某某和某市爆炸案的靳某某[③]也是这种人。这种人没有任何一个朋友，对谁都不在乎，没有情感，但是他在做自己

---

① 王某某，1977年生。9岁开始用金钱笼络人心当"老大"，常因偷钱被父亲打骂而怀恨在心，12岁那年逼母亲与父亲离婚。1995年因犯抢劫罪被判处有期徒刑九年，2002年因在狱中表现良好被提前释放。2003年开始绑架杀人，2004年2月3日在带人绑架了男演员吴某某之后被捕，于2005年9月被依法执行死刑。

② 张某，1966年生，渝湘鄂系列持枪抢劫杀人案首犯。1983年曾因犯流氓罪被判刑三年，1991年6月至2000年9月间，单独或伙同他人持枪械在重庆、湖南、湖北、广西、云南等地抢劫、故意杀人多达22次，共致28人死亡。2001年5月，以张某为首的该犯罪集团8名主要成员被依法执行死刑。

③ 靳某某，1960年生。1988年因犯强奸罪被判刑十年，1997年8月被减刑释放。2001年3月9日在云南用柴刀砍死同居女友，后返回某市原居住地报复所有被认为对不起他的人，于3月16日凌晨先后在多处居民楼内实施爆炸，造成108人死亡、38人受伤，被捕后于2001年4月29日被依法执行死刑。

的事情上绝对非常到位。这种人是天生的犯罪人，非常可怕。

窦文涛：完全没法防范。

李玫瑾：我的观点是，这种人只要一发动第一次犯罪，就一定要长期监控他。为什么我现在提出要做犯罪人的心理评估呢？每一个犯罪人，当他一旦进入我们公安、检察院和法院的视线范围，就要对他有一个评估。因为我们的判刑是罪刑法定[①]，但有些人可不是罪刑法定的问题，他这个人注定是不甘寂寞的，是不甘现状的，是不甘平淡的，是一定要做大事的。所以这种人一旦进入我们的视线就要长期监控，否则失控的话，对社会危害极大。

反社会人格又称反社会人格障碍，属于变态心理学或精神医学的术语之一，特指在个人行为中普遍存在的无视和侵犯他人权益的模式。具有反社会人格的人会频繁地对周围人有扰乱行为，并且显示出对他人权利的漠视。他们经常出现欺骗、攻击或不友好行为，最典型的表现是他们从没有自责感，从不会忠实于任何一个人。他们的行为易于冲动、烦躁、好斗，并经常出现不负责任的行为方式。这种人格障碍在15岁时就已经明显，有的在15岁之前就开始有相关的行为征兆，类似的障碍表现在童年或青春期就频繁出现，如好斗、虐待动物、毁坏物品、说谎、偷东西等，在家里或在学校就开始破坏规则等。概括之，如果一个人其稳定的行为模式经常与基本的社会规范（包括道德和法律）相悖，并由此给周围人或社会带来困扰、破坏和危害，就被称为具有反社会人格的人。

反社会人格是一种早年即开始表现的人格障碍，与后天的外部

---

① “罪刑法定”是中国刑法规定的一项基本原则。其基本含义是“法无明文规定不为罪”和“法无明文规定不处罚”，即犯罪行为的界定、种类、构成条件和刑罚处罚的种类、幅度，均事先由法律加以规定，对于刑法条文没有明文规定为犯罪的行为，则不得定罪处罚。

影响的关系并不十分密切，甚至看不出关系。他们最突出的特征是情感异常。所谓“情感”，即个体社会性需要满足与否的情况下产生的体验与表现。简言之，情感是个人对他人情谊的一种感知和回应，包括对父母因依恋养育而服从，对朋友因顾及友情而帮助，对所爱的人因爱而宽容……所以，有正常情感的人在感知到别人的情谊时会努力地回应，从而得以融入一个群体，学习群体规则，并与他人或社会形成互动。但是，有些人从最初的养育阶段就缺乏依恋表现，成长中他们不会有真心相处的朋友，成年时从不会真心地爱任何一名异性。他们对别人的感情从不感知，更不会为此去回报。他们只从别人那里得到自己所需要的。问题在于，他们的这种表现在他人无法通过行动感化予以改变的同时，也就无法通过他人的说服教育来予以改变。所以，具有这种人格障碍的人终身都是自私的人，难以改变的人。

我对这种人格障碍有一个比喻，即他们是“心理上的高位截瘫病人”。我们的身边如果出现一位“高位截瘫病人”，我们会设法为他找人陪护，他的身边不能没有人照看。但是，人们从来没有意识到：某些心理疾病也需要终身监护，这就是反社会人格。他们一生都需要身边有人监督和控制。如果监护得当，这种人不一定对社会产生严重的危险性；相反，放任或放弃他们，那就可能给社会提供一个危险的犯罪人物。

——摘编自李玫瑾专著《犯罪心理研究——在犯罪防控中的作用》

许多犯罪的心理实质是一种人生的迷失

傅剑锋：李老师，你说了很多让人触目惊心的案例，但我觉得你其实在研究中有一种慈悲心，你会用一种很慈悲的方式去看待这些人的犯罪。这是你给我的感觉，但是我做记者的时候会有一种感觉，就是接触到太多阴暗案例的时候，其实会让自己很不开心。你接触过那么多犯罪的案例，比如像你刚才说的一些可恨的人甚至你想扇巴掌的人，我觉得对你的心理会很有影响的。那么，作为一个研究犯罪的教授，你怎么来化解呢？

窦文涛：您的心理怎么能维持正常呢？

李玫瑾：哈哈，很多人向我提过类似的问题。我觉得这要感谢我早期的学科背景。我是学哲学出身的，而且我毕业论文写的又是黑格尔的哲学史观。我认为认识问题的思维涉及一个层次的问题。我们一般认识问题都是从空间开始的，而最优秀的思维是长度，是历史的思维，是时间的思维。所以，我在研究犯罪心理当中有一个最大的收获就是，很多时候你通过一个案件可以看出一种人生的迷失。当然，有些案件也是能看出社会问题的。为什么我不愿意简单地谴责社会呢？我认为最重要的是，我们要把人的问题、把自己的问题搞明白。一发生一些事情的时候，很多人就会去斥责这个社会。我个人的观点是，社会实际上是很抽象的一个东西，是你、我、他形成的一个平台，所以你去斥责这个平台是没有任何意义的，应该是我们大家都小心翼翼地来维护这个平台，而不是去斥责这个平台，因为你不可能拔着自己的头发把自己拔出这个社会。所以我们真正要去研究的是，我们每个在其中的人到底怎么了？为什么你把他伤害了？你为什么不好好地过自己的日子呢？你为什么不帮助他解决问题呢？我在研究这个问题的过程中发现：人这一生，你要是看一个点，它就会被放大了；但是，如果你跳出来，看一个长的人生，你就会觉得这个事你看明白了。

窦文涛：对，站在一个长的、高远的角度来看待。

李玫瑾：对，所以我觉得犯罪心理实际上就是人生的一种迷失。我有时候跟犯罪人谈话也谈到这个问题，跟他们说：“如果你早十年见到我，你可能就不是今天这个样子。”有些犯罪人自己也说这个话。只要我觉得这个犯罪人还有情感，我都要去做一些工作，比如告诉他：“一个人吃的苦和享的福是等同的，你不吃这个苦，你就享不到福，比如早年上学这个苦你不吃，你后来一定找不着好工作……”后来有的犯罪人就跟我说：“哎呀，我听你这话晚了！”

许戈辉：李老师，您虽然是个学者，但是经常会在一线接触到一些很恶性的案件，有的时候舆论也会形成压力，带来一些负能量，您自己的心理怎么调节呢？

李玫瑾：对于舆论，我也是慢慢学会成长吧。刚开始大家对我不理解，或者说一些让我很难堪的羞辱的话语，甚至是一些攻击，我当时也挺郁闷的，觉得我其实为谁呀？我也是为这个社会、为大家啊！但后来，因为我自己是研究心理学的，有一个基本的原则就是当你和外面发生冲突的时候，你一定不要到外面去找理由，一定要从自己身上找问题。这样你就会发现，如果你考虑一个问题时能够更周到，尤其是不仅要研究、了解犯罪问题，还要了解公众的心理，可能这个问题就能够化解。所以近两年我在谈一些案件的时候，我会更多地考虑公众的一些想法和视角了。

还有一个问题就是，我大量地接触这些黑暗的东西，我怎么来调整自己的心理呢？我觉得好像命中注定我就是干这行的。虽然我小的时候连杀鸡都不敢看，我对一些杀生的行为，包括现在一些特别硬的打斗，像原来香港一些电影中非常血腥的场面，我一般都不看。但是不知道为什么，只要法医把现场的卷宗或照片拿来，打开看时，无论多惨，我都会把它作为一个完全中性的客观研究对象，我会看它是什么伤口方式、它是怎么样形成的以及作案人会是在什么样的心态下做出这样一种行为。所以在这个过程中，我好像已经没有感受的东西，只有技术层面的思考，当这些东西一合上，我的心理也就合上了，我不会去回味这个东西。再一个可能也是我见得比较多了，见多不怪了。可能还有一个就是我本科的学历背景，我是学哲学的，这可能让我对生死看得更多一些。当你帮助了一个无辜被害人的时候，你的心里就没有什么恐惧之心了，我觉得这可能是我内心的一种平衡。

许戈辉：所以您就是自己最好的心理理疗师。

李玫瑾：所以我认为，我这一辈子从事犯罪心理研究对我最大的帮助就是怎么让自己健康。

许戈辉：而且作为补偿，上帝就没有让您的女儿再接触这些黑暗，而是让她接触最美好的东西。

李玫瑾：没有，她在很小的时候，我有时打电话跟人谈案子，她都在听。

许戈辉：她害怕吗？

李玫瑾：她会告诉我说："妈妈，你谈这些东西让我比别人更早地成熟。"她会知道社会上这些不好的东西。

许戈辉：您没有有意回避她？

李玫瑾：对。然后她会说："妈妈，我跟我的同学讲起来，他们根本不懂这些东西，我觉得我比他们早一步知道，我更成熟。"因为她会知道怎么样去防范一些侵害，或者有一些问题是怎么发生的。她有时也会跟我讨论，说妈妈你刚才说的这种事要是怎么做就能够加以防范，那我就会顺便跟她聊了，我基本上对她是不回避的。这也是我为什么有时候在外面跟人谈话也是不回避的，但有些人听了还是会很恐惧的。

——摘编自凤凰卫视《名人面对面》专访李玫瑾之《谜案背后》下集

遭到非议，只要你自己的内心纯净就好

窦文涛：碰见很多极端的恶性案件时，我都是认为人类当中有一些人是我所不能理解的，而李老师的工作就是设法去理解他们，可是因为这个，我们知道她也是受到了社会上很多非议的。

傅剑锋：我也对李老师有过误解，就是某音乐学院的药某某那个案件。

窦文涛：就是著名的“药某某的钢琴手”，是吧？你当时为什么对她有非议呀？

傅剑锋：我这个非议其实就是从网络那篇文章[①]来的。因为我也是学法律出身的，其实李老师以前有好多观点我是赞成的，但是药某某那个案子，当时您说杀人就像弹钢琴，我就觉得话怎么能这么说呢。直到后来把这个案子放在一个时间的跨度里，包括药某某被执行死刑的过程，我们后来也去做了了解和采访，回过头来看李老师的这个分析，我冷静地把很多文章搜索出来，也把您的视频全部看完之后，才知道您说的不是这个意思，您被误读了。

窦文涛：李老师，您内心深处对药某某会有同情吗？

李玫瑾：我说过，对所有大学生犯罪，我都会心生悲悯。因为我认为这个世界上最珍贵的就是天赋之才，比如翡翠就是天赋的，珍珠也是天赋的，尤其它们是天然的时候。那么，人的天赋之才是什么呢？就是他的智力和能力超出很多人，比如某大学的马某某非常聪明，药某某练琴练到这一步也非常不容易。所以只要是大学生犯罪，我很多时候都很为他们感到遗憾，觉得如果他们不走上这条道，他们可以为这个社会做出很多的贡献。而且，他们这种“才”有的时候并不是培养出来的。从心理学研究来看，智力的“才”是天赋的，技能的东西才是后天的。也就是说，言语是后天

---

① 指刘辉撰写的博文《教授，请勿在亡者的伤口上撒盐》。

的，写字也是后天的，但是解数学，绘画的线条感、立体感，这些是天赋的。当老天造了一个很优秀的人，他却用这个去犯罪了，我认为这真的是世界上最大的遗憾事了。

窦文涛：李老师讲得很好。但是，我想问问您，您经常在网上因为您的言论遭到非议，您对这个网络环境有什么感想？

李玫瑾：因为我是一个学者，我的想法是只要你自己的内心纯净就好。第一，你相信自己的研究。第二，你觉得你的研究是否有任何私利在里面，如果你没有私利的话，你真的是站在一个客观的角度在说话，那别人的误解你不要怕，因为这个社会是多元的。

窦文涛：但是，您会反思吗？比如说您当时对药某某的理解，您今天认为错了吗？

李玫瑾：你说的这个问题很重要。因为我是研究心理学的，我认为人心理的痛苦很重要的一点在于他只能认识外界而不能认识自己，能认识自己的人不痛苦。我对这个案件刚开始也有点郁闷，后来采取的方法是什么呢？就是认真反思。我反思完以后看到网上有篇文章谈到语境的问题，就写了篇博文表示赞赏。我认为我在分析这个案件当中走了一个很专业的思路，而忽略了老百姓的感受。因为我研究犯罪多了以后，就会对很多问题有区别对待的概念，比如知道哪个犯罪人更可恨，哪个稍微还有点可怜甚至有点可惜。我的这种感受可能跟我的专业背景有关，但老百姓不管，因为药某某的行为确实很恶劣，他把人撞伤了还扎人。所以我反思的第一个问题就是，我没有真正地去研究公众的心理，我只研究了犯罪人的心理，这就造成一个什么问题呢？就是你在这儿有一个话语权，但你没有说出大家的想法，你只说了你自己的想法，所以大家对你有意见，这是正常的。

窦文涛：但我还是不懂，李老师说药某某是因为弹钢琴而做出了这种动作，为什么群众就会有非议，就很不高兴呢？

傅剑锋：我从当时一个媒体人的感觉来说，会觉得药某某这个事情非常恶性，杀人就像弹钢琴的说法让人感觉好像是在为药某某辩护。从传播学的角度来说，这会引起大家反感。

李玫瑾：让大家感觉很荒谬。回头看，这件事是不完整的，我只说了其中一段，如果我把前后的话都解释了，大家可能就明白了，可是我后来没有这个机会，也就没法弥补了。

窦文涛：但实际上你还是觉得跟弹钢琴有关？

李玫瑾：对，他的行为跟这个有关。因为我这个分析的是行为心理学，而不是分析动机。

2010 年 10 月 20 日 22 时 30 分许，某音乐学院大三学生药某某在驾车返校途中撞倒了一名骑电动车的女子，下车查看时见她侧身躺在车后呻吟，担心她看到车牌号后会找他麻烦，就从随身背包中取出一把尖刀向她连捅数刀，然后逃离现场。经警方调查，这名女子所受交通事故损伤不足以致命，致命伤是其胸、腹、背等部位的六处刀伤。23 日早上，药某某在父母的陪同下到公安机关投案自首。

2011 年 1 月 11 日，该市人民检察院以故意杀人罪对药某某提起公诉。3 月 23 日上午，该市中级人民法院开庭审理此案。央视《新闻 1+1》当天邀请李玫瑾到演播室录制节目，一边看庭审现场视频，一边点评并讨论。此前李玫瑾给央视《法治在线》的记者设计了一份专门针对药某某的心理问卷，《新闻 1+1》主持人董倩对其中一个问题特别感兴趣："你拔刀刺向那个年轻女人的时候，她会有惨叫、乞求或呻吟，你当时是什么样的感受和心态，为何不停手？"董倩在演播室里就问李玫瑾为什么要提这样的问题。当时李玫瑾还没有拿到问卷调查结果，刚好前面播了一段药某某讲述自己从小被父母逼着练琴的视频，明白了药某某的犯罪心理问题由何而来，于是回答道："我们心理学上有一个词，就叫强迫行为。强迫行为是什么呢？

他做的这个动作往往不是他的一种兴趣动作，而是机械地在做。那么，这个动作往往会变成什么呢？替代行为。所以，我现在突然明白什么呢？你刚刚问我的这个问题，也是我要问药某某的问题。他拿刀扎向这个女孩的时候，我认为他的动作跟他在他心里有委屈、有痛苦、有不甘的时候却被摁在钢琴跟前弹琴是同样的动作。他这个动作不是报复，实际上是属于当我不满的时候，我弹琴本身是来发泄我内心的一种愤怒或者情绪。因此，当他再遇到这么一个不愉快的刺激的时候，他看到一个人被撞伤了，而且在记他的车号，他这个扎刀的行为实际上就类似于砸琴的行为。”

李玫瑾没有想到，这段纯粹站在专业角度的客观分析引来了铺天盖地的骂声。有人将她的点评总结为“弹钢琴强迫杀人法”，指责她是在为药某某脱罪辩护。那段时间，她的心理压力很大，因不被大众理解而感到非常孤独。

李玫瑾：很多时候我都会讲到，他该不该死不是由我来说话，那是由法庭来判断的。这个人可恶不可恶，这个并不重要，重要的是他为什么这样。

许戈辉：但是，恰恰大家的愤怒来源于大家觉得你没有是非黑白，你在为这个施害人做辩护。这是大家所不能容忍的。

李玫瑾：其实我也不是在为他做辩护，但大家觉得你既然给他找犯罪的原因，那就是在给他找理由。我觉得这是让我这些年最为痛苦的。但是，我觉得这两年有所改变，尤其是我在一些媒体上更多地介绍一些相关的研究之后。

许戈辉：你觉得大家会越变越理性？

李玫瑾：对，我现在看到网上很多人能够理解我了。让我特别欣慰的是，甚至有很多年轻人主动在网上给我留言，说当初对你有误解，对你的言论很不敬，现在向你道歉。当我看到这些话的时候，真的心里觉得特别满足，终于得到大家的理解了！

——摘编自凤凰卫视《名人面对面》专访李玫瑾之《谜案背后》上集

男人长得丑不怕，你一定要肯吃苦

傅剑锋：李老师，我跟你刚好不一样，我是做记者的，采访的很多是底层的犯人，我觉得大学生犯罪很值得同情，但是很多底层的犯罪人其实也非常值得同情，因为他们本来就缺少关爱，然后可能有很多的不公正压在他们的身上，这个时候就爆发出来了。一方面，他们确实很可恨，但是另外一方面，我觉得他们太可怜，我有时候会觉得我们这个社会亏欠他们很多。

窦文涛：比如像农民工、小贩这种人犯罪，是有一个社会背景的。

李玫瑾：你说得对，这给我一个很大的纠正。但是，我也接触过很多的底层，我有时候感觉有一个什么问题呢？刚才我们讲到一个遗传的问题。我记得在分析某大学马某某案件的时候有很多大学生骂我，说给你 10 块钱，你在校园里走一走，你就知道贫困的滋味了。我后来给他们回话说，你们拥有资本即“智力资源”而你们没有意识到，你们不是最贫困的人，真正的贫困者是那些在没有很好的家庭背景和其他社会资源的时候还缺乏天赋资源即智力的人，他们要比那个只有 10 块钱的大学生更可怜。你刚刚说的这个，其实我很在乎这个问题，因为我接触到很多底层这样的人。有的时候你看见某个犯罪人，你会觉得他很可怜。可怜在哪儿？就是他连天赋之才都没有。比如我曾经在浙江接触到一个系列奸幼的案件，很可恨在哪儿？他把一个女孩的肚皮都剪开了。女孩几个小时后得到家人的解救，活下来了。这个犯罪人被抓到以后，你会发现他长相畸形。他住在什么地方呢？就在山底下搭了一个棚子，他就住在棚子里。他的姐姐结婚了，他的父母已经去世了，他上到小学三年级就不上了，他学不懂。他怎样生活呢？村里给他一些救济金；同时，村里谁家需要修剪果树的活儿找他去做，也给他一些钱。这些虽然能解决他的生活来源问题，可是他到一定年龄后有了男人的需求，只能欺负比他更弱的，因此就选择中小学生下手，做了多起奸幼案件。当我遇到这种人时会有一个感受：这类人才是最底层的人，他们不仅物质上贫困，最重要的是生理上也“贫困”，心理上也“贫困”。我记得 20 世纪 80 年代陕西商洛有一个侏儒杀了 40 多个人，也是这样啊。这些人是很可怜，我觉得这确实是我们社会该怎么去做的问题。

窦文涛：所以说，很多时候人不是生而平等的，人真的不是生而平等的。

傅剑锋：从体质到地位等等。

李玫瑾：这类人基本上就一个方式最好：把他们养起来。同时，社会不重视优生优育的话，这个问题就会一直存在。而且，这部分人在犯罪人群当中至少能占到 10% ~ 20%。

傅剑锋：这么高啊！

李玫瑾：你到监狱里去调查，比如有不认识字的，没上过学的，或者听不懂的，连钢笔都不会拿的，我见过很多这样的人。所以，你对他们除了同情之外没有别的办法。我当时就在想，对这种人只有一个办法，就是养起来。

窦文涛：养起来，那还有一个精神的问题。

李玫瑾：性的问题，他们有性的需求。

窦文涛：唉，真是！很多犯罪人，包括投毒的大学生，我后来在他们的日志里都发现找不着女朋友是一个很大的问题。

傅剑锋：包括韩国那个赵承熙。

李玫瑾：就是有性格缺陷。

窦文涛：他们好像表现得特别渴望找女朋友，但是找不到。

李玫瑾：你知道男人这个问题失败在哪儿吗？

窦文涛：教教我们，哈哈！

李玫瑾：我曾经概括过男人吸引女人有几个角度：第一个，长相；第二个，长相不好不怕，你只要能说会道；第三个，有钱；第四个，有权；最后一个，如果前面四个你都不具备，你有情有义也行。什么叫有情有义呢？就是你待人实在，能吃苦，能为人付出。那么，这种男人也会有人爱。什么人最糟糕呢？就是前面几个条件都没有，又特自恋，自尊心很强，心高气盛，而且自身能力又很差，不能吃苦耐劳，达不到目的时就容易愤怒，这种男人就很麻烦了。

窦文涛：取到真经了，哈哈！

李玫瑾：所以我就说，男人长得丑不怕，你一定要肯吃苦。

窦文涛：对对对，您说的对我们男人很有用。

第三章　信仰是经过生活实践的

通过行为可以推测长相

窦文涛：今天[①]我把著名的犯罪心理学家李玫瑾老师和“无业游民”陈丹青老师凑一块，感觉有点不搭边，但实际上我觉得你们俩也算一种同行，都叫“画家”。陈老师是画家，但你画的是表象，画的是人像，而李老师画的是犯罪心理。李老师，你那个学科叫什么？

李玫瑾：就叫犯罪心理画像。

窦文涛：这是一门科学吗？

李玫瑾：科学的东西一定是可验证的，但犯罪心理画像是一种分析和假设。我们是干什么的呢？有的时候现场没有目击证人，被害人又死了，在侦查走到僵局的情况下，就用心理学的方法来试一试，看他是怎么作案的。当然，前提是我们对人的研究到一定程度了，知道什么样的人会做什么样的事情。我分析到最后的结果，就会给出一些关于犯罪人生活形象的描述和建议，比如这个人应该是什么年龄、体型，包括他的活动场所、兴趣爱好、婚姻、受教育程度……类似于这样的一个描述，实际上就如清代文凭上对人的描述文字“面白、身中、无须”一样。“面白、身中、无须”不就是在描述一个人的形象吗？陈老师是属于画出来一个形象，我们是属于用话语描述一个形象。

窦文涛：你能从这个人的心理推测出他的长相吗？

---

① 本期节目于 2014 年 1 月 2 日播出。

李玫瑾：不是从他的心理推测长相，是通过他的行为。犯罪人的行为有很多种，比如有一个人作案是夜间潜入室内用锤子去砸睡在炕头的被害人的头部，然后去做其他犯罪行为，那我们就要分析他那么多场合都是这种作案方式，而作案工具还可以有刀、棍子、枪，他为什么要选用锤子砸人脑袋呢？他在黑暗之中潜入室内去摸被害人的头和他右手用锤子最上手，那我们考虑一下床头的高度，就知道他应该是多高了。你想，一米八的个儿要干这个就比较麻烦，他要弯下身子再弄一下，而相反，矮个儿摸一下就得手。我们就这样来判断他的身高是多少。此外，还有很多方法。

窦文涛：龙勃罗梭认为有些犯罪人存在脸谱化，他都能勾勒出来，比如说刺客下巴突出、颧骨的间距比较大，攻击者脖子比较短、头盖骨比较圆、手臂长，强奸犯手短、前额窄、头发颜色淡、鼻子和生殖器往往有畸形，抢劫犯头发粗硬、头盖骨不规则、胡子重，纵火犯头小、四肢长，骗子下颌宽大、体重大、脸色苍白，盗窃犯黑发、个子高、手臂长、胡子稀疏。您跟他是同行，觉得这靠谱吗？

李玫瑾：有一点点靠谱。人的体型和犯罪没有因果关系，不是说某种体型必然犯罪，而是指这种体型一旦犯罪会是哪一类。比如我们说“家庭不正常，人就会出现异常”，这是因果关系，你去看犯罪人都有这个问题。可是体型，比如说贼吧，做贼的一定是瘦小的，因为他在很多场合靠近你的时候，你的余光是看不到他的。他要是一米八的个儿，腰围三尺多，一上车块头老大，往你跟前一贴，你就能看到他这个人了，就别想动手了。相反，瘦小的人就很容易贴近你，对吧？

陈丹青：逃脱也容易。

李玫瑾：暴力犯罪，像抢劫，首先得有一个爆发力，而有爆发力的人往往骨骼都是筋骨型的，弱小的哪有爆发力，胳膊像细柴棍似的。一个犯罪人要是块头很大，又好吃懒做，他绝对去抢劫。我们有个同行是专门画犯罪人形象的，而很多目击证人都是性犯罪被害人，后来人家就说他怎么画的都一样。我说，错了，不是画的都一样，是这类犯罪人就长这样。

窦文涛：都是同一类脸型？

陈丹青：什么样的？

李玫瑾：尖下巴，小细眼，嘴唇厚。

陈丹青：这有意思。

李玫瑾：人家都说他怎么画的都一样，其实是这类人有相像的地方。

窦文涛：陈丹青老师，公安局常说一个罪犯长什么模样，你要是去画，能比他们画得更像吗？

陈丹青：不一定，那是一种经验，我也得画好久才能慢慢进入情况。

窦文涛：我觉得很难，比如同样是说这人眼睛大，那细微处还有多少个不同啊！

陈丹青：对，大有一百种大法。

李玫瑾：我们这个同行画像能像到什么程度呢？他先听被害人讲述，然后画出犯罪人的体征，再让被害人看哪张最像，在这基础上再改，改完以后给刑侦人员，他们就拿着这个走街串巷去查。有一个被害人看到画像以后，眼泪唰地就下来了，虽然时隔好几年了。她说如果在什么地方再稍微宽一点，眼角再长一点点，下巴再稍微怎么一点点，那就更像了。这种对人物的刻画，他是听完描述以后把它变成一个心象，然后再画出来，我觉得也很厉害。

窦文涛：这跟画家相通吗？

陈丹青：在古代真是要靠画像，比如把伍子胥的像搁在城墙头。在人类还没有现代传媒以前，绘画是很重要的。

窦文涛：现在有了现代传媒都不用画画了，直接就用图片。

陈丹青：还是有，是电脑做的，更精确，但我不知道效果怎么样。

社会自身有一种循环的东西

陈丹青：我曾经有过一个念头，还存了好几年，就是我蛮想进监狱去画犯人。

窦文涛：为什么？

陈丹青：并不是因为心理的原因，而是死刑犯或者被判刑二十年的人，他们的脸有意思，我们寻常看到的脸太平庸。

窦文涛：你怎么知道死刑犯的脸一定不平庸呢？

陈丹青：我在电视节目和照片上看过死刑犯的脸，我自以为敏感到可以分别出那么一点点，因为他知道自己不久于人世，而且是怎么个死法，但我后来不忍心去画。有人帮我跟监狱联系了，他们说可以，但是我后来就放弃这个计划了。

窦文涛：不忍心？

陈丹青：是。我觉得你从外面来，你是自由的，然后你要求给他画画，就是不平等嘛。

窦文涛：你这心思有点跟李老师相通。我注意到她研究犯罪心理，有时候对罪犯也有作为人的那种理解甚至是同情。

李玫瑾：我是这么看的，就是很多时候我们看起来各不相干，但其实社会自身有一种循环的东西。什么叫循环呢？大家彼此都很冷漠，都很冷酷无情，那最后你得到的一定是这个。如果我们大家都有善意，在尽可能的范围内释放我们的善意，大家会很舒服的。就像德国柏林墙被推翻之前，有一个人翻墙过去，被士兵开枪打死了，后来法庭审判时，法官说："你可以开枪，但你应该向上一点点。"这位法官给了我们一个什么样的东西？就是精神的东西。我认为，如果我们都善一点，有什么不行呢？你干吗要把他打死？

窦文涛：对罪犯、对杀人狂也讲善意吗？

李玫瑾：对，一样。我刚开始研究犯罪问题时也不能理解，那时也读一些西方的法律思想，诸如“毒树之果”[①]“无罪推定”等原则，我就在想：他们为什么这么向着犯罪人，有那么多规则却没有一个是帮助被害人的，全是在帮助被告人？那个时候我特别不能理解，到现在我出差去一些地方，发现有这样想法的同行还很多。包括我在网上看到大家对犯罪人的那种愤怒情绪，知道有这种认识的人还很多。可是，你要看到另外一个角度，如果我们都是简单地把犯罪人愤怒地推到对立面去，那么有一天可能你也会遇到类似的问题。并不是谁生下来就肯定要犯罪的，很多人往往有着这样或那样的一些原因，所以说“可恨之人必有可怜之处”。国外有关司法审判的一些原则，你接触以后会发现，它的观点是：所有的法律、警察、法官都是国家的力量，当一个人因为犯罪成了被告，所面对的是一个非常强大、很有力量的国家，那么法律思想就是“我要帮助你，不能让你太弱，要让你强一点”。

窦文涛：哦，是这么个逻辑。

李玫瑾：这是我个人的理解。法律的观念，很多人认为这是对的那是错的，这是被害人那是犯罪人，但在现实社会中，法律的功能实际上是在平衡一种社会关系：哪边低了，我恢复高一点儿；哪边高了，我压下去一点儿。平衡是最重要的。比如说你干了一件坏事，但是当大家都惩罚你的时候，你特别可怜，你也走投无路了，这时候我给你一线生机，你可能反而知道忏悔。它是这样一个思想，所以你看挪威那个杀手[②]，他们居然允许他上大学，说不能因为他的暴力而来改变我们的信念。也就是说，不能用杀人来解决问题。

---

① “毒树之果”是美国司法中用来描述非法获得的证据的一种法律隐喻。“毒树之果”原则是一种非法证据排除规则，指执法人员以违法手段获得的证据为非法证据，由此（毒树）获得的衍生证据（毒果）亦为非法证据，在审判中不具有证明力。

② 指布雷维克。2015 年，尚在服刑的布雷维克经申请获得攻读奥斯陆大学政治学学士学位的资格，但他需要留在狱中单独学习，不能与其他学生和教职员工有接触。

窦文涛：我觉得李老师这个思想对中国来说过于文明了，是吧？

陈丹青：她说的这一切是启蒙运动以后的事情，还是一个人权平等的概念。

李玫瑾：但是，你体会这个结果是需要时间的。如果我们大家都能够这样有意地克制自己的那种冲动，克制自己那种简单的报复心态，可能最后的结果是更多的人受益。

窦文涛：像您经常接触现在一些案例和罪犯，您觉得这里边有什么统一的东西吗？

李玫瑾：我认为还是有区别的。有些犯罪人可能觉得“我就这样，你能拿我怎么样”。当然，我也看到很多人犯罪是有原因的。记得有一个犯罪人叫杨某某，他流窜四个省，做了26起灭门案件，杀了67个人。我们警察抓了他以后，给他弄了一身新衣服，他说：“我长这么大，第一次有人给我买新衣服。”你想这个案件，你留着他吧，我们怎么去告慰这67个亡灵？可是，你听完他这句话，你就知道他为什么会变成一个杀手。

窦文涛：我还看过一个犯罪学者的研究，他说在他所接触到的所有变态杀手里边，有一点是共同的，就是他们没有一个人从小家庭是好的，都是不健康的家庭。

陈丹青：用不着家庭是不好的，也用不着跟犯罪有关，我回国以后看到这么多底层的老百姓那种不讲理、冷漠、粗暴，我很快明白其实他们只会这样对待人，因为没有人用别的方式对待过他们。比如我进小区，因为在国外养成的习惯，我本能地会点个头，眼睛看他一下，说一声“你好”，十个里头只有两个会有回应，其他人可能会想：“咦，这怎么回事啊？”因为以前可能没有人跟他打招呼，根本没有人看他。

李玫瑾：刚刚陈老师在讲的时候，我脑子里想到一个东北的案件。他是我采访过的一个嫌疑人，拿锤子专门砸人家后脑勺，他的作案方式全在楼道里，就找女的下手。我问他一个问题：“你有没有遇到过没砸的？”他说："有。有时候我会遇到这样的女性，我跟她走楼梯快碰面的时候，她会跟我说'你回来了''你下班了''辛苦了'，这种人我就下不去手了。"就像刚才陈老师讲的，有的时候，我们人与人之间缺少一点点善意和温情。

陈丹青：但过去不是这样的。三十年前，人跟人之间不是这样的，就是现在才这样啊。我很奇怪怎么会变成这样。

窦文涛：你知道前一阵一个聊得很热的话题叫"坏人变老了"吗？当时就有这样一种观点，但这种观点不一定站得住脚。当时因为连续发生了多个老头暴躁打人的新闻，或者年轻小姑娘不让座，老头就敢坐在她大腿上，然后就有人说这些人都是从十年内乱中走过来的，他们为什么动不动爱暴力相向，因为他们就是在那样一个环境里长大的，斗斗斗，他们就是这样对待人的。你觉得这种观点有道理吗？

陈丹青：不，不，不是这样的，甚至在内乱最糟糕的时候，底下的人际关系也都跟今天不一样。那个年代是很困难的一个叙述，太多事情你很难单一对待。我想起另外一个案子，就是中国有个留学生叫卢某[①]，在美国把老师、同学一枪枪打死，最后他也自杀了。当时美国有个女作家，我就不点她的名了，立刻就发表文章说这个就是十年内乱的后遗症。我觉得正好相反，当时是另一种可怕、粗暴，而卢某案是接近今天犯罪的一种人际关系，就是太以自我为中心，不能受半点委屈。他首先打死的是跟他一起来的一个中国穷孩子，成绩非常好，然后再冷血地打死那几个教授。内乱时期还没有这样的事情，那是另一种恐怖。

李玫瑾：有的时候，一些犯罪人的想法虽然看似是他一个人的想法，但其实是有社会背景的。比如药某某那句"农村人难缠"，这不是他一个人说的话，这是有社会背景的话。还有些犯罪人的想法是："我杀一个也是

---

① 卢某，1963 年出生于一个普通工人家庭，1985 年从国内某大学物理系毕业后，以交换生身份公费赴美攻读博士学位，就读于爱荷华大学物理与天文学系。1991 年 11 月 1 日下午，已获博士学位的卢某在校内开枪打死 5 人并致 1 人重伤，而后饮弹自尽。

杀，杀十个也是杀，多杀一个我就多赚一个。”这也是一句“社会”的话，不是他自己的话。所以，我刚才为什么讲社会是一个有规则的东西，它有一个循环的问题。

陈丹青：这种规则是这二三十年才有的。

李玫瑾：我倒觉得有些规则是以前我们也有的。

陈丹青：有些是永恒的。

李玫瑾：比如我们有句话叫“杀人偿命”，这就是我们这个社会的一句话。“多杀一个我就多赚一个”，我认为也是。

窦文涛：杀一个够本，杀两个垫背。

李玫瑾：这个话实际上就是在“杀人偿命”那个话的基础上发展出来的，逻辑是反正我也是一条命，我一对一也是死，我不如一对多赚了。所以我说，这就有一个我们如何去对待犯罪的理性的问题。

窦文涛：这里边有个社会意识在一直贯穿着。

李玫瑾：对。大家可能会觉得这本来是有道理的话，可是不知道依着这个“道理”再往下演绎会是什么结果。这也就是我所说的，有时候看一个问题，如果你只是看到现在，看到一个点，这就是一种空间思维，你要是看未来，你就会想怎么往前走。

陈丹青：这个还是理性的问题，只有在一个理性的传统中才能实现。

李玫瑾：我有时候就觉得中国缺少这种思维，比如说我们的养老问题。

窦文涛：按下葫芦浮起瓢。

李玫瑾：对。所以我说社会有一个循环的理念，不要只考虑一个点。

窦文涛：我前一阵在微信上看见有人说，中国人的民族性格没长大，像个孩子，东一榔头西一棒子的，一时兴起怎么都行，但是到最后实在收束不住了，就像孩子怕一个权威的父亲，父亲给他一下子，他就老实了。

陈丹青：陈寅恪讲过这个问题。他说中国人聪明是聪明，在解决眼前的麻烦时特别有办法，过一关是一关。因为他也在西方留过学，他说西方人跟中国人的聪明不一样，西方人想的是一个长治久安的框架，想事都是往后想，往二十年、三十年、两百年去想。

做与不做在一念之差

窦文涛：去年有人说中国社会有两个主题：一个主题是孩子成新闻了，新闻热点全是孩子遭虐待，甚至有些是亲生父母干的；还有一大主题就是“气功大师”王某[①]被揭出来了，又出来一股风，就是打五迷三道的。这两件事加起来，我有一个什么联想呢？我就想到宗教信仰这件事，因为一说到对孩子都下得去手，有些人就开始呼吁了，说中国人是什么精神世界啊，怎么能干出这种事情。所以人们很容易就聊到“心理危机”，说今天的中国人是不是社会转型太快，所以会出现这些事。有的又说中国人没宗教信仰，没宗教信仰就不知道敬畏，不知天高地厚，为所欲为。可是，老实说我也有一个疑惑，就是宗教这事真就管用吗？你觉得中国人缺少信仰吗？

陈丹青：我也不简单地说中国的所有问题都是因为中国没有信仰，或者说中国没有宗教、没有哲学。我只能有保留地认同这个说法。中国有另外一套东西让中国文明这么多年至少能够不坠，虽然问题多得一塌糊涂。跟几大文明相比，中国文明是特别延绵的。

窦文涛：对，没有中断。

陈丹青：虽然当中有种种断层，有种种问题，但我不能说中国有了宗教就会更好一点。我总是非常审慎地认为，在外国和中国的问题上，你不要套，套不上的。同样，中国的问题拿到外国也是套不上的。你不能想象

① 王某，以气功表演成名，曾与众多明星和企业家有过交往，人称“气功大师”。2015 年 7 月因涉嫌绑架杀人案被警方带走调查，8 月以涉嫌非法拘禁罪被逮捕，2017 年 1 月因病取保候审，2 月 10 日在医院病逝。

一群德国人全部接受中国以后德国就会更好，这是不可思议的事情。

窦文涛：中国人缺不缺上帝呢？

李玫瑾：我是研究心理的，尤其是研究犯罪，有时候也会涉及这个问题。我们常说一句话："做与不做，一念之间。"这个问题再往深了引申，是一个什么问题呢？你去研究人会发现，人就像一辆汽车一样，有发动机的同时，必须也有制动系统。也就是说，人也是动态的，他要去做很多的事情，但他也得有一些事情不去做，如果做了的话，就车毁人亡。比如像那个摔死孩子的韩某[①]，就因为没有停手而导致"车毁人亡"。那就有一个问题了：人怎么去制动？人的心理上哪些是"发动机"，哪些是"制动系统"？我在研究中发现有三个心理制动问题[②]：

第一个问题，我们叫观念。观念，它对人有一个做与不做的重要影响，就是我们说的"一念之差"。所谓观念，我认为它是在观到的同时形成了念。也就是说，我们看到的东西，那是不需要教育的。生活中往往就是一件事，比如你小时候惹祸，因为你的麻烦惹大了，你妈妈已经没钱了，为了这事发愁到哪儿去弄钱，你知道以后再也不惹这种事了。这在你脑子里就有了一幅画面，就是妈妈的悲哀。有时候在饭桌上谁说了一句话，以后你只要一说到这个，就想到这顿饭。有一个女孩说夜间打雷她害怕，吓哭了，她爸爸来了以后没有把她抱起来，而是坐在旁边说："孩子你听，这就像交响乐。这是鼓，那是镲，多好的一场交响乐啊！"她说以后到了雷雨交加的时候，她脑子里就出现这幅画面。所以，观念的东西往往是人在成

---

① 韩某，1974年生。2013年7月23日晚，韩某乘坐朋友李某驾驶的汽车时，在一公交车站旁因停车问题与一女子发生争执，随后对这名女子进行殴打，并将她两岁多的女儿从婴儿车内举起来摔在地上，而后和李某一起逃离现场。两天后，该女童因重度颅脑损伤死亡。韩某此前因犯盗窃罪被判过刑，在出狱九个月后又犯故意杀人罪，最终被判处死刑。李某此前因犯抢劫罪被判刑，在假释考验期限内又犯窝藏罪，被撤销假释，数罪并罚。

② 三个心理制动问题是指观念、信念和信仰。

长过程当中随事随景的一幅画面，这幅画面可以在瞬间让你做出某个反应。观念也包括一句话，比如说“农村人难缠”。某音乐学院的药某某事实上并没有接触过农村人，他也不需要过程来印证农村人是不是难缠，只这一句话就够了。观念，它有一个问题就是发生得越早就越稳定，跟言语一样，你一生可以学很多话，但是早年学的话特别稳定。不过，你后面还在“观”啊，所以“念”也在变。早年的观念，它是第一道防线。

第二个问题，我认为就是信念。信念和观念区别在哪儿呢？信念就需要认识了，比如你经历过一件事，确定这事以后再也不能做了；你觉得善是最重要的，你要善待别人，我们对这个社会要有善意。这些东西可能是你在经历过一系列事情之后才形成的。我跟我的一个学生讲过：“不要人家怎么对你，然后你就怎么对别人，你永远要坚持正道，到老的时候就会想我这一辈子没有对不起一个人。”

窦文涛：可我这辈子很吃亏啊！

李玫瑾：不吃亏，因为会有回报的，绝对会有的。

窦文涛：这也是一种信念。

李玫瑾：对，像这就叫信念了。如果你相信，你就这么做。你不相信的话，那你就不这么做。

许多成年人做完某种不良之事后会出现“不安”的感觉，这种不安感就源于人内心的观念存在。有人在某事面前会说：“这种事打死我也不能做！”这一定是与他的观念相冲突的事。心理学家弗洛伊德在分析人为什么会出现潜意识时，经常提到“观念”。他认为，观念不仅在人清醒的时候对人的内心具有约束力，甚至在人睡着时仍然检查着梦中的情况。所以，观念是人内心的一种重要的自我管理力量，也是自我约束力量。

人的观念一旦形成，就会让人出现“不意识就反应”的行为。

譬如，有人见孩子落水，立即跳下水去救孩子。事后，有些人想写篇表扬稿，经常会问救人者："你当时怎样想的？"许多救人者都会说："我什么都没有想就跳下去了。"他说的是实话。因为在那种情境下没有想的工夫，多耽误一秒都会危及落水者的性命。这种没有想就行动的内心动力就是观念。

观念，是人的一种看法。这种看法往往发生在"观"的同时或"看"的同时。人们通常认为，孩子的看法是在父母对其教育、对其讲道理之后才会形成。但多数人不知，孩子在听得懂道理之前，已经在形成某种看法。比如，孩子在幼小的时候生病，孩子的父亲或母亲轻轻地走近孩子身边，用温暖的大手摸摸孩子的额头，轻轻地坐在他身边，给他掖紧被子，陪伴着他……在这种情境中长大的人，当其身边有人生病时，他也会以同样的方式照顾别人。相反，父亲经常在家中拳脚于家人，这种家庭长大的男孩在处理自己的家庭冲突时一定有相关行为；母亲经常对邻居破口大骂或对人骄横跋扈，其子女长大后也会出现人际关系的相关麻烦。

我们有太多的行为是我们自己也不知道为什么会如此行为的，这就是父母的身教影响。当然，随着年龄的增长，我们不仅有看到的观念，还会有听到的观念，这就是父母的唠叨，父母所强调的、坚持的东西，如"咱人穷志不短""人活脸，树活皮"等。这些话语在孩子成年后都会成为其做人的观念。孩子成年后，甚至会用这种话语再去教育自己的孩子。

如果我们知道，心理抚养需要亲自抚养，那么我们还必须知道，在父母的亲自抚养中，你的孩子就在复制抚养者的观念与性格，复制他最亲近的人的各种行为方式与态度。早年最重要的模仿人是母亲，然后就是父亲。一般而言，人的长相大多取自遗传，但人的性格和观念则完全取决于父母的言谈举止。所以，为了孩子的健康成长，父母一定要好好修养自己的言谈举止。

同时，我也想告诉那些成天担心、害怕孩子出问题的父母：只要你们夫妇相亲相爱、相互尊重，只要家庭和睦，只要你们在日常生活中遵德重礼，处理问题时有理有节，你们身边的孩子差不到哪儿去！

——摘编自李玫瑾随笔《幼小时的耳闻目睹决定人的观念》

人的生命和我们所感知到的东西是有限的

窦文涛：丹青老师，我一直没问过你宗教信仰问题，现在简单粗暴地问一下。

陈丹青：这是我最难回答的问题。

窦文涛：你觉得你是无神论者吗?

陈丹青：我不会说我是无神论者，但我也不是任何宗教的信徒。我每次跟大学生见面，他们都会让我谈谈信仰问题，我不知道该怎么说。

窦文涛：那你凭着什么在这个世间为人处世，决定做什么事或不做什么事?

陈丹青：我不想这个问题，因为我相信所谓起码的伦理道德。就像刚才李老师说的，我相信我从小在家、在幼儿园、在当时的社会所受的教育蛮好，它足够让我用到现在，可以让我决定不做什么或去做什么。但那既不是宗教，我也不会说那是道德，其实都是一些挺起码的事情，比如不要撒谎、对人有礼貌、勤劳、克制之类。在我的记忆当中，这些一直奏效。但是，我不会把它说成是一个道德教育，或者是信仰带给我的东西。

李玫瑾：我觉得陈老师刚才说的问题，实际上是他早年家里的这种教育给了他非常好的观念。越早年的观念，越会变成我们骨子里的东西。刚才我讲了从观念到信念，最后就是信仰问题。因为我的专业就是研究犯罪，我经常会去跟犯罪人谈。你会觉得他考虑问题也很现实，但你知道他不对，不对在哪儿，他为什么非要做这个。研究职务犯罪时，你会发现这些人在智力上没问题，他们不是认识的问题，不是认识不到位。比如说有些农民吧，他可能没有接受过很好的教育，或者他对这个事根本不懂，在不懂的情况下做了这个事，他觉得不会被发现。有时候我们在电视机前会看到笨贼，他在那儿作案，不知道上面有监控器，是因为他不懂这个东西。但是，我们有些干部不是这样的人，他懂得这个，他有认识的过程。那么，他缺什么呢？我觉得他缺信仰。信仰这个东西，我认为它和信念相同在哪儿呢？就是它不是一幅画面，它是经过生活实践的。不同在哪儿呢？信念是真实的，信仰是超现实的。超现实就有个什么问题呢？既然不可验证，你干吗要相信它？这就是信仰的核心问题。因为高嘛，不可攀。谁见过基督？谁见过真主？谁见过释迦牟尼？当然，也有说真有这个人。但是，包括观音菩萨、玉皇大帝这些，都是我们无法去验证的。另外，宗教还有一个来世问题，我觉得能不能解释现在还很难说。

窦文涛：说到来世，有时候犯罪分子在法场上就说二十年后又是一条好汉。

李玫瑾：对。我记得曾经有一个同行问我怎么样做人的思想工作，我当时的原话就是："你去研究宗教吧，看看宗教怎么把人弄得服服帖帖。"

窦文涛：有点意思。有调查说，在中国人里面只有 15% 是坚定的无神论者，剩下的人都有过某种叫作"类宗教"或者"类信仰"的行为。我还记得有 3.62 亿的中国人，也就是将近四分之一的中国人，去年都算过命。你说中国人信，其实大部分中国人信什么呢？信风水，信财产。

陈丹青：宗教和迷信是两回事。你要说宗教的话，我告诉你，我现在认识的很多"80 后"年轻艺术家都是坚定的基督徒，他们真是跟别的孩子不太一样，蛮诚心的。

李玫瑾：信仰这个东西，高不可及，人们为什么还要相信它呢？因为人的生命和我们所感知到的东西是有限的，所以我们自认为很聪明。我觉得很多人之所以出问题，就是因为他认为自己很聪明。那就有一个问题了，就是你会审时度势，如何躲过一些风险，如何躲过一些不良刺激，然后你就会铤而走险。我举个最简单的例子吧，你开车到郊区时遇到一个路口，周围没车没人，但是有红绿灯，这时候红灯亮了，你是停还是不停呢？你停下来也没有什么意义，因为你不需要让其他人过去，可是你不停下的话，它毕竟是红灯啊。在这种情况下，很多人可能会先看看周围有没有监控器，没有监控器就过了，反正谁也不知道，有监控器就别过，因为被拍下来是要罚款的。这个红灯存不存在就属于可验证的，它属于我们常说的“科学”的范围，是你看得见摸得着的。那么，这时候就有两种理念了，一种是如果头上没有监控器我就开过去，还有一种是只要红灯亮我就不过，因为我认为上面存在监控器。这个监控器在哪儿呢？不在上面，是在心里，就是我们说的“头顶三尺有神明”。如果你本着这样的方式做人做事，你一辈子都不会因为“闯红灯”被罚，虽然它不可验证。

窦文涛：您实际见到的罪犯是不是都没信仰呢？

李玫瑾：我跟犯罪人聊过这个话题，问他们相信不相信佛或者鬼神。有几个犯罪人跟我讲过，其中一个是系列强奸杀人案的案犯赵某某[①]，他说：“我这人不能去寺庙，我这辈子就去过三次寺庙，结果就被你们警察抓过三次。”他最后一次被抓是因为他跟一个40多岁的女性在一起，这人给他钱，还给他事做，可他同时还跟幼儿园里一个20多岁的女老师好了，这个女老师不知道他还有另一段情感关系，非要跟他结婚，就把他领回家让她妈妈看看，她妈妈看完也很满意，然后这个女老师为了成就这段婚姻，就拉上他一起去拜佛，结果他一回来就被警察抓了。还有一个犯罪人是酒后奸杀一个女中学

① 赵某某，1972年生，人称“微笑杀手”。1996年4月至2005年7月间，赵某某在呼和浩特、乌兰察布两地连续实施故意杀人、强奸、抢劫、盗窃犯罪共计21起，共致10人死亡，并强奸12人，于2015年被判处死刑。

生，然后他跑掉了，那时候没有监控器。他被抓住以后，我问他相信鬼神吗？他说：“就在被你们抓到的前一个晚上，我做梦走到村头那棵树下，有个老头站在那里说：‘你作孽，你到头了。’第二天，我回家就看到警察在我家门口。”这些犯罪人都在事后告诉我，他们认为存在这种东西，因为应验了。

窦文涛：他们最后信因果报应，是吗？

李玫瑾：对。最典型的还有一个案件，我觉得真的是有点神了。山西阳泉曾经有一个系列扎刀案，这个犯罪人一共扎了十多个女性，我们2006年抓到他以后让他去指认现场。他当时穿着一身我们过去那种藏青色的工作服，然后他拿了一张纸遮在脸上，还戴了一顶帽子，手上戴着手铐，就这么遮盖着下车。他下车以后就开始狂风大作，那么大的雨点带着泥就打在他身上。我们当时全程有摄像。然后他去指认第一起案件的现场，指认完以后，走了几步就到了女孩的家门口，人家就说：“你看，这女孩差这么几步就到家了，结果被你捅在那儿了。”他扑通一声就跪下了，在那女孩的家门口磕了三个头。当他磕完头站起来以后，天马上就晴了。这幅画面我们谁都不能解释，但事实真是如此。因为他刚开始到另外一个现场去指认的时候还有阳光，到这儿以后就狂风大作，然后他磕完这三个头，太阳就出来了。公安人员跟我讲这事的时候，我问这个犯罪人信不信，旁边预审人员说他不敢不信。我还不明白是怎么回事，后来再看这段录像，真的是没法解释。

窦文涛：这种应该拿来做监狱教育。

陈丹青：你说的这个是神迹。

李玫瑾：说句实话，我因为是学哲学出身的，并不是很盲从的，但我认为人类真的是聪明有限。我们自己老觉得人类很聪明，我们能发现科学，很多东西我们能验证。比如像现在的手机，为什么你在这儿能和在美国的人说话？你看见什么了？我们说有磁场，但你看得见摸得着吗？那是科学发明之后才知道的，也就是说，它是先存在的。有的时候有些人会说，亲人生病的时候我就特别难受。我认为这跟两个人的生物电可能有关系，在同一个频道上。

窦文涛：谁心里都有这么一种感应，就是好像存在着一些咱们不知道的东西。这个真是没法解释。我觉得好些犯罪的人或者这个道上的人，他们好像格外讲究这种忌讳，比如格外忌讳一些数字，或者有一阵阴风就觉得今天不能干了。

陈丹青：你还在说迷信，不是在说宗教。

窦文涛：那你怎么理解？你说宗教是什么？宗教是制度化的？

陈丹青：我理解宗教，它是门学问，它是很专业的事情。你要是去读基督教的书，那有太多典籍了，佛教也不用说了。所以我不太敢说这个话题，因为我不懂。我在美国经常见到一些神职人员或者很好的基督徒，他们跟我说一会儿，我就觉得我什么话都不能说，因为我不懂。基督教有一大套东西，它不叫理论啦，反正有太多学问我不懂，佛教我也不懂。但是，你偶尔在哪个作品里看见人家引用一两句，上下文一看，你觉得真是了不起，人家宗教早就想到了，早就说出来了，而且你不可能比它说得更好了。所以跟信仰、宗教有关的话题我通常不介入，我怕我说错，因为我不懂。

窦文涛：宗教真是一门很大的学问，我觉得从一个旁观者的角度来看，它实际上是要解释一切。不管是基督教、佛教还是什么宗教，你只要进入它那个系统，就会发现它自圆其说地解释了一切。

陈丹青：但是，另一方面我又觉得，比如我那么喜欢托尔斯泰，可他后来大量引述宗教的东西，虽然他所引述的东西让他的作品更美，却远远不如他所描述的东西更吸引我，或者对我更有说服力，我觉得宗教在他面前显得简单了。《红楼梦》也是这样。我觉得佛教在《红楼梦》面前不如曹雪芹复杂，我更愿意看曹雪芹。我可能不会去看佛教的典籍，但我愿意看曹雪芹的作品。

第四章　圈养的孩子容易玩阴的

最基本的问题是把它调查清楚

窦文涛：李老师，最近[1]某市有一个小男孩才一岁多，他奶奶先出去了，他还在电梯里，然后有一个女孩就打他，还把他抱到25楼她家里，最后他从25楼掉下来了，现在还在医院里，伤得非常严重，生命垂危。[2]因为大家都在骂，她妈妈带着她就搬到新疆了，大家就说这不是在逃避问题吗？当然，公安说这个女孩是不需要承担刑事责任的，所以也不能把她怎么着。但是，我记得你那个时候就呼吁要调查清楚。调查清楚什么呢？

李玫瑾：现在我看到一些信息，已经有了进一步的判断。这个案件，我认为它伤害的是我们人类的基本情感。一个完全无能无助的这么小的孩子，居然被一个10岁左右的女孩这样来伤害！因为我们知道女性是有母性的，

---

① 本期节目于2013年12月24日播出。

② 2013年11月25日下午4点多，家住某小区的吴女士带着一岁半的孙子下楼玩耍时，在一楼电梯门口碰见放学回家的10岁女孩李某某。在吴女士将三轮玩具车推出电梯的时候，李某某把还在电梯里的小男孩抱了起来，然后电梯门合上了。李某某摁下25楼的电梯按钮后，就不断对小男孩拳打脚踢，还带回家中继续殴打，最后把他抱到阳台护栏上，导致他摔到一楼灌木丛中。李某某走出家门时，在走廊里碰见上来寻找孙子的吴女士，先是谎称他被一个男孩抱走了，被追问后又改口说是被一个女孩抱走了。然后，李某某和吴女士一起下楼，在电梯里还安慰吴女士说孩子没事的。到达一楼后，吴女士先到小区保安处调看视频监控，李某某则绕行至小男孩坠落处，把他从灌木丛挪到七八米外的小道上。小男孩被发现后，吴女士在围观人群中看到李某某，发现她非常镇定，好像这件事跟她一点关系都没有。送医时，小男孩出现重型颅脑损伤、右侧顶叶脑挫裂伤等并发症状，随时有死亡的危险，后来做了开颅手术。

母性是天性，所以这个案件发生之后，无论是大人还是小孩都感到很意外，而且我们最受不了的是这种情感上的伤害，我们怎么能容忍这种事情发生！那么，这个案件难在哪儿呢？就是我们不能简单地把这个女孩抓起来，因为她还不到刑事责任年龄，我国规定 14 周岁是最低点。她不到 14 周岁，我们就不能作为一个刑事案件来处理，可是她的危害结果又构成刑事，我们社会好像就不知道怎么反应了，所以我当时就呼吁什么呢？我们按照法律是不能抓她，也不能判她，甚至不能用社会的刑罚来处罚她，但是这个事件要调查清楚，弄清楚她为什么要这样做。现在我们只停留在她父母的一个回答上。

窦文涛：你看她现在的道歉信是这样说的："我是李某某。那天我不该打小弟弟。在家里和小弟弟玩耍时狗狗叫了，小弟弟摔下去了。让叔叔阿姨伤心了，请叔叔阿姨原谅。"结果受害者那一方完全不能接受。陈老师，你听说这件事以后，你的感觉是什么？

陈丹青：我觉得还有更多类似的事情没有进入媒体，我相信会有很多。李老师，你刚才说女的有母性，但据我小时候的经验，内乱当中有打人的、攻击人的，而女孩特别厉害。

窦文涛：女红卫兵，有拿着皮带打老师的。

陈丹青：男的固然也有野蛮的，很多野蛮事件阻绝女孩子参与。

李玫瑾：这符合弗洛伊德的观点，也就是人早期实际上更接近动物的本能。不过，我现在还是持这个观点，觉得这个案件应该调查清楚。因为如果你不明白她为什么会这样，就好比一个得了重病的人被拉到医院，没来得及救他就没了，我们就不管了，那么还会不会出现第二个、第三个病人呢？你怎么防止人不得这个病呢？如果又有病人来了，你能及时抢救吗？所以，一个危险行为发生了，我认为有一个最基本的问题就是我们应该把它调查清楚。我记得美国弗吉尼亚理工大学赵承熙的案件，这个人在现场自杀了，可是当时美国还成立了一个专门的调查委员会，把这个案件的情况一一说明。我认为我们也应该这样做，这是第一点。第二点，从我专业的角度来看，我认为这个女孩的反应是比较异常的，跟绝大多数人不一样。她母亲说她头部曾经受过重伤，再加上她后面有个表现，就是当时这个男孩的奶奶下楼找到孙子以后，发现她面无表情地站在旁边，再结合她说过“他向我扮鬼脸”这样的话，我觉得她可能患有严重的脑部问题。因为我现在没有机会接触这个孩子，只看到一些消息和材料，也不知道我这个判断对不对，只能根据刚刚说的“浪花”来判断一些问题。我们在研究犯罪当中发现有一类叫癫痫，它的发作是间歇性的，发作时有两种表现，一种是吐白沫、抽羊角风，还有一种就是暴力行为。如果这孩子真是有这个问题，她母亲现在还不了解，不带她去做心理评估，不对她进行治疗，那她后来还会有类似的非常可怕的危险行为。一旦发作的时候，她完全不知道自己在做什么，很可怕。

打架是人成长过程中一个必要的环节

窦文涛：你说小孩子好像不可能攻击人，但是像我们小时候经常会折磨小动物，你看这个女孩也是表现出一种残忍。那么，施加于小动物的这种心理和可能会施加于人的心理是一回事吗？

李玫瑾：不是一回事，因为人和动物还是不一样的。一个人在成长过程中，如果早年有“他人的身体就是我的快乐来源”这个感受的话，他自然会有情感反应的，就是我们常说的“不忍”，如果没有这个的话，那他至少在被抚养过程中是有问题的。孩子对动物的态度有什么特点呢？就是好奇。比如我小时候也会蹲在那里看蚂蚁爬，然后把水弄上，把土挡上，甚至拿根棍杵上。当然，我看到身边的同学也有把蚂蚱串根线的，他们会觉得这只是一个动物，因为它就像个玩具这么大。

窦文涛：对，我们小时候还解剖青蛙呢！

李玫瑾：这是对待动物，但如果是对待人，只要一个人在成长过程中是正常的，他是下不去手的。

陈丹青：可是，小孩子打人太多了呀！

李玫瑾：打人是可以，但他打的是陌生人。

陈丹青：没有一天不发生小孩打小孩的。我们小时候的弄堂经验主要就是怎么打和被打，差不多要持续到13岁前后。

李玫瑾：其实，个人的成长过程就像人类的成长过程。你看人类早期爱打仗，你打我，我打你，抢这块地，抢你的女人；然后人类进入到中年期，慢慢变得理性，在桌子上面握握手，在下面踹一脚，人到成年才这样嘛。但是，这个孩子是无法用刚才说的本能来表达的，她是比较特殊的。

陈丹青：今天在都市层面，我观察到小孩打架少得多了。但你说的那个女孩的情况跟打架不太一样，她有问题。

李玫瑾：您说的打架特别重要，我认为那是人成长过程中的一个环节，如果一个人早年经历过打架，他到成年就不会特别有暴力性。

陈丹青：这是必要的暴力。

窦文涛：为什么呢？

李玫瑾：如果一个人早年老被教成乖孩子，很老实，他其实会有情绪的，但是他没有机会跟人家拳脚相向，没有那种甩开膀子干一仗摔一跤的感觉，那他会怎么样呢？他对你的愤怒从身体上表达不出来，就全回到心里去了，于是就会积攒仇恨。那些变态的、搞爆炸的基本上都是这种人。从小跟人打过架的，绝对不去搞爆炸。

窦文涛：那就是说，适度的这种暴力，孩子像游戏一样的打打闹闹，其实还是必要的。

李玫瑾：你看小猫、小狗、小狮子不是也都这样吗？

窦文涛：你说的是适度的动物性。

陈丹青：萨特写过他小时候每天同样的节目是，只要转过街角看到另外一帮孩子走过来，放下书包就打，没有任何理由，打完了大家分头去上学。你去看路易·马勒[①]有部电影叫《再见童年》，贯穿其中的就是小孩打架，都是好人家出身的小孩，大人在那儿讲话，俩小孩就开打，打一会儿大人都走了，他们也就走了。

窦文涛：你这么说呢，我觉得像我们小学的时候有点野生疯长的倒健康，而且扛揍，长大了皮实。

李玫瑾：但是也有打得重的时候，比如说一个孩子把人家眼睛打伤了，把人家皮肤弄破了，然后爸爸妈妈揪着他耳朵揍一顿，告诉他下次不许这样，那他就知道下次别把人打伤了。现在社会变化以后，我觉得这个阶段尤其在城市化的孩子身上是越来越缺少了。

窦文涛：这事有意思。我们家有仨儿子，我记得小时候我们整天有把人脑袋打破的，然后到吃晚饭的时候，另一家的家长就领着孩子到我们家来，那孩子头上裹着绷带，我爸一看，二话不说就打我们。现在的孩子，其实反倒“文”。

陈丹青：你可能赶上最后一代，还是属于“草狗”，现在的孩子全是“家畜”。

李玫瑾：圈养。我们有个学者曾经研究不同国家的幼儿园，发现在日本孩子打架很少有告状的，他们打的时候，老师也不劝，如果打到有一方哭了，老师就把他们叫过来，双方站立，互相鞠个躬道歉就完事了，也不说谁对谁错。这是在鼓励他们相互之间有这样一种小的摩擦。

窦文涛：我们老说要乖，乖也有可能是压抑人性的，是吧？

李玫瑾：是。现在我们很多人在成长过程中没有这个经历，功夫都用在学习上了，就会出现一个什么问题呢？就是像大学投毒案那种情况。

---

① 路易·马勒（Louis Malle，1932—1995），法国电影导演、编剧、制片人，执导的影片经常获奖。1987 年根据童年经历编导的自传电影《再见童年》（又译《再见，孩子们》），获得第 44 届威尼斯国际电影节金狮奖等多个奖项。

窦文涛：玩阴的。

李玫瑾：对。

窦文涛：我觉得这个女孩就很阴，她是等大人出了电梯，电梯门关上了，就剩她和一岁半小男孩了，就开始虐待他。你刚才说她头部受过伤，我在报道里也看到了，还有人反映她头部受伤以后性情确实有改变。

李玫瑾：对。以前有一个案件，犯罪人叫张某某[①]，他也有这个问题，就是他曾经骑摩托车受过伤，受伤以后性情大变。他有一次在房间里和人一块看电视，发生争吵就把那人弄死了，然后把他塞到床底下，住了几天就走了。癫痫这类问题，它往往是有一个伤，但是有时候我们没有看到它内在的变化。当这种人出现病情的时候，他的表现不是抽搐，而是暴力。这种人发案是非常快速，没有自我保护性行为，木然，也就是没有情感表现能力。这种人是需要药物的，需要治疗的，甚至需要隔离的。为什么我说这个孩子应该做心理评估呢？因为她真的有罪，我们要把导致她犯罪的原因找出来，比如说是教育不得当或者是家庭有问题。我们现在发现她的家庭虽然有过几次搬迁，有一些什么问题，但她父亲还是比较温和的，她母亲是有点急，但他们夫妻感情还是正常的，不足以造成她这么异常，所以我个人的判断是她应该是有癫痫这个问题。她这么小，刚 10 岁，又受过这样的伤，所以我特别希望能调查一下，给她做一个心理评估。这个孩子如果真的有病，那要赶快治疗，否则她今后会不会再发生另外一起案件，又去伤害别人呢？这才是关键。我觉得我们不能光是以处罚来解决一个问题，最最重要的是我们如何预防，要减少这样的危害。

---

① 张某某，1968 年生。曾因犯拐卖人口罪被判刑，后在 2003 年 10 月至 2006 年 1 月间作案 9 起，杀害 10 人，其中一人为孕妇。2007 年以犯故意杀人罪、抢劫罪被判处死刑，次年 9 月被执行枪决。

“喂肥了再杀”是一种法律错位

窦文涛：有人说中国法律实际上有点简单粗暴，咱们就划一个 14 岁的界限，14 岁以前就是犯罪也基本上不管，14 岁以后基本上是严惩。

李玫瑾：喂肥了再杀。

陈丹青：这是一种错位。现在法律错位是因为，中国一方面都市化也好，各方面的硬件也好，似乎已经进入现代社会了，但另一方面，中国人的集体生活其实还处在前现代社会。先进国家也会发生各种事情，但他们在事后的补救也好，或者通过传播让大家注意到，甚至把它变成一种机制，这些我们远远跟不上。

窦文涛：我们真是谈不到这个。

陈丹青：我们现代化的速度和我们人群的现代化根本跟不上。

窦文涛：我看了一些香港的和外国的材料，他们青少年犯罪的刑事责任年龄比咱们还低，香港的好像是 12 岁①。

李玫瑾：不同国家的法律是不一样的，比如说英国，像苏格兰就规定 7 岁，但它不是刑事的起点，它是一个法律的起点。刑罚和法律的区别在哪儿呢？刑罚就是刑事处罚，它相对来说是比较重了，比如说长期或者无期徒刑。还有一种是关于未成年人的一套法律规定，就是未成年的孩子出现问题以后该怎么办，其中包括向被害人的家庭道歉，甚至给被害人的家人做点什么事来补偿，然后还有一个过程就是责令这个孩子的父母去上家长学校，或者改换监护人。国外是有这样一系列的法律处理。

窦文涛：对，它是很细腻的，我虽然没判你刑，但是我要干预，社区、感化院对这个少年要采取措施。

李玫瑾：它不是不处理，它是有法律的规定。英国法律规定从 7 岁就开

① 此处说法有误。2003 年以前，香港规定最低刑事责任年龄为 7 岁，从 2003 年至今为 10 岁。

始介入。它能介入是因为它有程序法配套，而我们现在没有程序法，程序只有刑法，所以就不能逮捕他，那就不能作为一个案件来处理，怎么干预呢？没法干预，你又不能对他进行治安处罚。这个就是我们在未成年人立法方面的缺陷。我们现在社会发展太快，有很多东西没有跟上。

犯罪预防可以有许多角度与方式。英国 1998 年出台的《犯罪与扰乱秩序法》把预防的重点放在了未成年人身上。这部法案规定的“反社会行为令”和“性犯罪令”，其刑事责任年龄为 10 岁。关于刑事责任年龄，世界各国的规定有所不同。我国《刑法》规定：14 周岁是最低的刑事责任年龄（主要是对 8 种严重犯罪负刑事责任）；而英格兰和威尔士将最初的刑事责任年龄规定为 10 岁；苏格兰则更早，最初的刑事责任年龄为 7 岁。英国的这一法律规定是以实证调查为背景的。根据实证调查，英国少年初次出现违法行为的年龄主要在 12 ~ 17 岁之间。这一结论与我国的相关调查非常接近。这意味着，对人而言，预防其出现违法行为的关键时期就在未成年时期。显然，犯罪预防也要有法律根据，社会必须依法采取各种具体的预防措施。在英国，10 岁以上的少年只要一出现违法的行为，社会就可以立即根据法律启动相关的司法程序，对少年进行法律教育或矫正。

该法不仅涉及 10 岁以上的未成年人，对 10 岁以下的儿童也作出相关的犯罪预防性规定，即“儿童安全令”“本地儿童宵禁”以及针对这一时期少年监护人的“养育令”“警察移交逃学者的权力”等。

儿童安全令适用于 10 岁以下的儿童。当儿童出现以下几种情况时，就要采取儿童安全令：1. 如果儿童的年龄已满 10 岁或超过 10 岁，那么只要其实施一件坏事，就将被视为违法行为；2. 如果儿童的行为使人感到具有违法的可能；3. 当儿童的行为可以视为对当地居民构成扰乱或破坏性时；4. 当儿童违反“本地儿童宵禁”时。这一法令由地方的家庭法庭发出。法令判决后通常持续三个月的时间将儿童置于社会工作者的指导之下，遇特殊情况可持续十二个月。法庭还可以做出使某一孩子得到相关的照顾、保护和支持的决定，使其服从适当的管理，以避免出现某种恶性循环的违法行为。如果一名孩子不能完成规定的要求，法庭将考虑这名孩子是否需要进入特别照顾。这一规定的目的是预防儿童陷于不良行为中，及时对其进行社会干预。

本地儿童宵禁是针对10岁以下流落街头、无人看管、容易出现反社会行为的儿童。地方政府根据本地的情况可向内务部提出实行儿童宵禁的项目，一旦项目被批准，这一地区将通过发行宵禁通告的方式实施“本地儿童宵禁”。宵禁通告要求的时限最长为90天。具体要求是：禁止10岁以下的儿童（或由当地政府决定年龄）在公共场所停留，除非有父母或18岁以上的成人带领。一般宵禁的时间是固定的，即晚6点至早9点，这期间儿童必须离开公共场所。根据这一法令，警察有权寻找违反宵禁规定的儿童并将其带回家。如果发现一名儿童破坏宵禁规定，警察也可以通知社区的社会工作部门，而社区的社会工作部门一旦接到通知，就必须在48小时内负责评估其家庭是否需要干预或帮助。依照法律的规定，他们的意见将一并提交给家庭法庭进行审理，或根据1989年的《儿童法》开始看护程序。

养育令是通过法庭对父母或监护人作出的判令，目的是帮助那些10～17岁已出现某种违法行为的少年的父母。如果父母不能保证他们的孩子按照《1996年教育法》第443、444条去正常上学，那么法庭将可对此作出判决和处罚。其判决包括以下几项内容：第一，父母必须参加一个咨询或指导活动，由此接受与教育孩子相关的帮助。父母将学习如何树立规范行为以及如何使自己的孩子学习规范行为，如何对孩子的青春期做出适当的反应。第二，法庭还可以要求父母学习控制孩子行为的方法，这部分的学习要求最多可持续十二个月。法庭将任命当地的一个工作人员、一名缓刑官员或一名少年违法特别工作组成员去执行这项规定工作。在此期间，家长若不能遵守上述规定要求，将被视为犯罪，并被处以最高1000英镑的罚款。

警察移交逃学者的权力源于一项调查报告。1998年5月，英国专门研究“社会排斥”的部门公布了他们对逃学问题及学校排斥情况的调查报告，提出要减少未成年人的违法行为，必须解决少年逃学的问题，进而提出了解决这一问题的目标，即到2002年，要减少三分之一的逃学者和学校排斥者的数量。措施之一就是在《犯罪与扰乱秩序法》中给警察增加了一个新的权力规定，即发现逃学者并移送相关教育部门。这项新的权力既不是逮捕权，也不是使逃学者成为罪犯的权力，其立意只在于促使当地各个机构认真处理那些被警察发现的逃学者，学校与当地教育部门必须认真地对待并且采取相应的措施来解决这一现象。此项条文规定：当警察发现一名儿童或少年，有理由确信他仍是一名学龄儿童或少年，没有任何法律许可的情况可以脱离学校，警察就有权将其送回学校或送到当地教育部门指定的某一具体地方，并通知这一地区的巡逻警官负责人。这一权力并不用于那些合法的学校之外的教育形式，如在家学习。如果能有一种有意义的教育来代替，这些孩子也就不会违法地逃避学校教育了。

如果仅就犯罪预防而言，上述《犯罪与扰乱秩序法》中的各项规定（除刑事责任年龄规定外）与中国《预防未成年人犯罪法》中的规定并没有本质区别。然而，中国的《预防未成年人犯罪法》中有“罪”的规定，却缺乏相应“罚”的规定，若行为人年龄不到《刑法》规定的刑事责任年龄，除“少年管教”以外，几乎没有其他的处罚方法，甚至放任自流；而当违法少年达到刑事责任年龄时，其刑事处置又基本上按《刑法》规定的刑罚进行减轻处理，在这里只有程度的减轻，没有形式的变化。客观而言，成年人的《刑法》处罚并不完全适合未成年人的身心特点，而不处罚又不利于他们的行为矫正。在这一问题上，我认为英国的《犯罪与扰乱秩序法》中相关的法律规定值得我们借鉴。

针对未成年人的违法或犯罪行为，英国的《犯罪与扰乱秩序法》中制定了多种形式的惩戒项目，如最终警告、补偿令、行动计划法令、吸毒治疗与测试令、拘留与训诫令、本地监管宵禁、短期遣返监狱。具体如下：

最终警告。该项目是提供给警察在处理少年犯罪中除起诉之外的一种处理方式，确保少年在实施违法行为后将遇到预防再次发生的反应措施。它包括警察对违法少年的训诫和最终警告。“训诫”(reprimands)是口头形式，只用于第一次轻微的违法者；如果再一次违法，将受到最终警告（warning）；如果少年第一次就实施了较为严重的犯罪行为，也可直接进行“最终警告”。受到最终警告之后如果再出现任何违法行为，都将被起诉。警察在对一名少年发出“最终警告”后，将迅速通知当地少年违法特别工作组。少年违法特别工作组成员将对其进行了解和评估，以判断其是否能够悔改，不再重新犯罪。在大多数情况下，少年违法特别工作组要提出一项计划。

补偿令。这是一项新的规定，主要用于 10 ~ 17 岁被确认构成违法的少年，由法庭判决，命令其对所破坏的东西予以补偿。这种补偿具有以下双重目标：其一，考虑受害人的情感与愿望；其二，为了预防少年进一步违法，让其面对自己违法行为的后果，允许其对自己所破坏的东西予以补偿。当然，受害者同意被补偿是判决这一法令的基本要求。在少年违法者接到补偿令之前，必须首先听取受害人的意见。如果受害人不想再见到加害人，就不能发生这样的补偿联系。如果受害人准备接受来自违法少年的直接补偿，还要进一步确定受害人准备接受何种补偿以及何种补偿更为合适。补偿行为也可扩展到社区等更大的范围。在这一规定下，任何补偿要求都可以持续24小时，而且在法庭判决后三个月内必须予以实施。补偿的方式有写信道歉，或当面向受害人道歉，或在监狱里向受害人道歉，并补偿犯罪带来的损害，还可进行那种少年有能力完成的劳动补偿，如清除在墙上的涂鸦、清除垃圾等。遵照补偿令的规定，补偿一般以实物的方式而不是以金钱的方式进行。如果法庭认为以钱补偿是合适的，才可以判决用钱补偿。法庭将指定一名官员负责指导少年完成补偿规定的要求。如果少年没有完成规定的要求内容，这名官员有权提醒法庭。

行动计划法令。这也是由少年法庭作出的一种判决。它主要针对10～17岁被认为有违法倾向的少年，当法庭考虑到"如此做能够预防其重新犯罪，并使违法者能够恢复正常生活时"就可作出这一判决。这是一个短期的却很重要的，尤其是对正在发生的违法行为的个别反应。它重视的是违法行为发生的原因，并致力于将这种违法原因遏制在萌芽之中，其方式是对少年提出一系列的要求。一个行动计划令一般持续三个月。在规定的有效期内，一名少年将接受被法庭安排的全面指导项目，包括教育和各种活动。具体内容有：1.参加指定的活动；2.定期到指定的地方；3.定期到指定的社区中心数小时；4.不去某些明确禁止的地方；5.完成指定的特殊教育项目；6.对受害者或社区做出补偿；7.出席法庭在21天内固定的法律听证会，并服从法庭做出的各项决定。法庭在做出一个行动计划令之前，将考虑环境是否对少年违法行为发生作用，并确保以后的行动计划能否在一个预防重新犯罪的环境中实施。如果滥用毒品跟少年违法有直接的联系，那么行动计划里就应该有相应的项目来帮助少年解决这一问题；如果逃学已是少年问题的症结，那么行动计划令必须首先保证少年能完成教育计划。法庭将指定一名官员负责指导少年完成行动计划规定所提出的要求。当少年未能达到规定所提出的要求时，这名官员有责任提醒法庭。

吸毒治疗与测试令。这也是一项新的法律规定，目的是切断青少年吸毒与犯罪的联系。研究者根据调查发现，使用药物的人比一般人的违法率要高得多。因此，吸毒与犯罪的联系是显而易见的。吸毒治疗与测试令规定：当法庭确信一名16岁（或16岁以上）少年在违法滥用药物，就会判决他接受治疗。吸毒治疗与测试令将强制违法者进行为期六个月或三年的戒毒治疗。治疗可在一个居民中心进行，也可在家里进行，或者这两个地方结合进行。吸毒治疗与测试令还有两个事先附加的安排，其一是被告必须定期接受测试，检查是否还在吸毒；其二是法庭必须在执行规定期间定期观察被告的情况。对少年进行吸毒测试和治疗的人，必须向法庭提出戒毒治疗的方案和戒毒者对治疗反应的报告。法庭由此了解并确信戒毒者正在遵守戒毒规定，还可进一步督促其戒毒。如果违法者拒绝接受吸毒治疗与测试令，或表面接受但不真正遵守，将受到其他形式的判决，其结果将是被关押。

拘留与训诫令。这主要是由法庭针对那些年龄在12岁以上从事较严重的违法或重复违法活动的青少年所作出的处罚决定。拘留与训诫的方式是，根据少年危害行为的程度将刑期分为四、六、八、十、十二、十八或二十四个月不等，每个刑期的一半将在拘留所里执行，另一半时间则到社区，在缓刑官员、社区工作者或少年违法特别工作组的指导下执行。这一法令还有关于提前或延期解除拘留与训诫的规定，这将取决于延期判决和特别判决计划的进程。这些判决一般在八个月或更多一些时间，但都低于十八个月，一般在进行到一半左右时予以解除。那些判决在十八个月或二十四个月的拘留与训诫令，也在快到一半进程前的一至两个月时解除。立法者还设想将提前释放作为对违法者在这一时期表现好的一种奖赏方式，反对一成不变的判决方式。同时，延期解除拘留与训诫令也将针对那些在这一过程中仍然有不良行为的少年违法者。

本地监管宵禁。这一规定允许被判有期徒刑的青少年在服刑的最后两个月内，每天有九个小时可以佩戴电子跟踪器回到原居住地，其目的是帮助犯人完成从监禁到社区的转变过程。它的意义在于部分地限制违法者的自由，若不以宵禁完成他们的刑期，就要回到监狱。犯人在本地宵禁的时间长度取决于其原有刑期的长度。实行本地宵禁最短的刑期一般不少于十四天，最长不超过六十天。只有短期刑的犯人（那些被判三个月至四年以下的关押者）可考虑进行本地监管宵禁。然而，某些类型的犯人不能适用本地监管宵禁。这包括那些因性犯罪和暴力犯罪而被判长期徒刑的犯人，以前曾未完成法庭宵禁规定或没有完成本地监管宵禁规定的犯人，在已判决过程中有附加规定如精神健康规定的犯人。此外，犯人如果能够很容易地从英国逃走的，也不能进行本地监管宵禁。性犯罪者只有在极例外的情况下才被判本地监管宵禁。所有享有本地监管宵禁的犯人必须经过监狱部门对其进行的风险评估，包括违法者遵守宵禁的可能性、重新犯罪的可能性以及违法者可能的伪装等。如果犯人不能完成宵禁，或者监督部门对其失去电子监控，或者被认为对公众有进一步的威胁，那么对其本地监管的许可将被收回，必须返回监狱。撤销许可的决定由监狱的假释部门做出。这种本地监禁的犯人如果出现任何破坏规定的行为，包括又实施了新的犯罪，都将被当地法庭决定送回监狱。

短期遣返监狱。该法令是针对那些正处于本地监管宵禁的短刑期犯人，其不遵守宵禁规定，或者在这一时期又重新实施犯罪。根据这一规定，这种人将被重新送回（召回）监狱。对于短刑期的犯人，批准其假释要有一系列的条件，包括“不能实施任何进一步的犯罪”。任何破坏条件的代价，都将是被送回监狱。《犯罪与扰乱秩序法》第103条规定还修改了以前的一种做法，遣返监狱的权力不再由法庭决定，而是由假释部门决定。

上述法律处罚具有明显的由轻到重的层次，既体现了对未成年人的不同情况采取不同的处罚，重在教育和制止其违法行为的进一步发展，也体现了刑罚改革的趋势，尤其是补偿令、行动计划法令和吸毒治疗与测试令，都不仅仅是针对违法者，还涉及违法者与周围环境、与受害人关系的处理。总之，这些规定体现出刑罚以教育为主，以回归社会为主，而监狱的监禁重在隔离反复危害社会者的思路。

——摘编自李玫瑾论文《犯罪预防的新思路与实践——英国〈犯罪与扰乱秩序法〉述评》

从熟人社会走向陌生人社会的罪与罚

窦文涛：我看过国外的一些研究，如果这个孩子真是大脑有一些问题，提前用药治疗可以减少百分之三四十的再犯罪概率。

李玫瑾：如果真的是癫痫导致她攻击人，这种暴力行为是非常恐怖的。我以前见过一个案件，那个人跟人下棋的时候，因为有一步棋走错了就悔棋，人家不让他悔棋，他就急了，掀完桌子就开始攻击。大家知道他有病就跑了，他就找来一把火点房子，因为他觉得他那个气没出去。点完火以后，房子里跑出来一个孩子，他把这个孩子抓起来扔回去，然后就在那儿站着，跟没事人一样。所以说，这种人的攻击行为是非常可怕的。只要他犯一次，我们确定他得了这个病，就得监控他了。这可不是一个道歉就行了的问题。

窦文涛：我看见艺术史上好多艺术家最后都被归结为是癫痫促进了他的创作。

陈丹青：有这样的。我不知道中国古代社会是怎么解决这个问题的。我们离先进国家还有一段距离，可是我相信从前也不是这样的，因为从前的宗法社会是家庭、家族、邻里这种关系，它会适度缓解这种突发的暴力冲突。

李玫瑾：我觉得跟现在比起来，中国古代的生活环境可能不像现在这么艰难。我觉得现在中国人的压力挺大的：第一，人口这么多；第二，生活压力大，很多贫困家庭是非常艰辛的。再加上现在受伤的机会又特别多，比如我们现在每年发生的交通事故，死亡的不说了，光残疾的就有多少人啊！这些伤呢，有的是看得见的，像缺胳膊缺腿的，但脑子里的伤害有时候看不见，却会导致人出现一些异常。

陈丹青：还是跟居住文明的变化有关。过去中国是村落式的，就是城市也很小，所以学者说那叫熟人社会，叫家族社会。以前村子里有个傻子、疯子，有管着他的人，现在不一样了，数万数万的人群投入城市中，街坊邻居已经失去了，都是公寓。可是，只要有人的地方，而且密度又那么高，一定会有疯的、患癫痫的这些人，某一天就会发生某市电梯里的这种事情，那个时候怎么办呢?

窦文涛：大家都是陌生人，又如此紧密地在一起。

李玫瑾：现在社会因为发展很快，会面临很多的问题。比如说一个最简单的问题，我们十年前盖的楼房很多是没有车库的，这让我看到我们连提前十年的思维都没有。所以我认为，我们在改革开放过程中不要太关注眼前，应该关注更远的东西。我觉得这也是我们学者的一个职责。我在 20 世纪 90 年代看过一本书叫《第四帝国的崛起》，有一个印象非常深。这本书讲的是第二次世界大战期间，在德国人打得最强盛的时候，有一个德国经济学家却有个断言，说蛇不能吞象，这种打法，德国早晚要战败，战败以后一定很惨。所以他当时就在思考：如果德国战败了，将要做的第一件事就是恢复经济，应该怎么来恢复呢？你这边虽然看着很强大，他那边却在研究你战败之后经济如何复苏。他就跑到山上找了几个学者，办个小沙龙，天天在研究方案。后来苏军和盟军同时进入战败的柏林，把德国一分为二，一边是东德，一边是西德。结果真的如此，德国战后食物、毛毯什么都没有，天气又很寒冷，苏联离东德很近，东西从陆地上就运过来了，可是盟军这边就糟了，隔着大洋，所以司令员说我打仗可以，但是我不知道现在该怎么办。后来有人说，你去找一找艾哈德[①]教授。最后这个教授拿出一个方案，盟军就照这个做了，然后大家看到德国在短短几十年间崛起了。所以我认为，我们中国需要什么样的学者呢？我们真的需要一批人能坐下来潜心研究中国十年、二十年以后该怎么样发展。

---

① 路德维希·艾哈德（Ludwig Erhard，1897—1977），德国政治家、经济学家。富商家庭出身，1922 年毕业于纽伦堡高等商业专科学校，1925 年获得法兰克福大学经济学博士学位。二战期间不肯加入纳粹组织，致力于研究德国战后经济重建的问题，曾因此失去工作。战后成为盟军在德国西部占领区的经济顾问，通过一系列改革来践行社会市场经济理论，为西德日后的“经济奇迹”打下基础。在 1949 年德意志联邦共和国成立后，历任经济部长、副总理、总理，1966 年因发生财政危机被迫辞职。

第五章　中国不缺精英教育，太缺生存教育

现在的学生太乖

窦文涛：李玫瑾老师和陈丹青老师，你们俩有什么共同话题？

李玫瑾：我觉得我们都关心教育。

陈丹青：你还在教书？

李玫瑾：对，我在当老师。

窦文涛：陈丹青老师，你已经把自己开除了。

陈丹青：对。

窦文涛：但是，你们都当过老师嘛。李老师说过一个话我觉得挺有意思，她觉得现在的学生太乖。

李玫瑾：嗯，我就是觉得他们问题少。我在工作中接触过很多记者，我觉得记者很优秀在哪儿呢？他能提出各种各样的问题。当然，这也是他的职业要求。

窦文涛：这都成优点了？

李玫瑾：对，有时候我觉得我的学生特别乖。

陈丹青：记者也一样是从现在的大学生中来的呀。

李玫瑾：但是，他能提出问题。

陈丹青：不，我现在遇到最痛苦的问题是，我这十多年跟记者打交道发现，他们的问题都是一样的，问法也是一样的，连词语都是一样的。

李玫瑾：所以你感觉无语？

陈丹青：对。

窦文涛：记者问的问题也是一种呆。

李玫瑾：还好一点，他起码能问啊。

陈丹青：这是他的工作，没办法。

李玫瑾：我最发愁的是学生的问题少，有时候本科生可能比研究生要活跃一点。

陈丹青：一个是问题少，一个是没有感觉，没有反应，就一股呆相。

李玫瑾：那您怎么改变他们？

陈丹青：我没有办法改变他们。独孩政策以后太宠孩子了，受宠的小孩一个是娇生惯养，还有一个是不知所从。接着就是考试，一路考到大就考傻掉了，只知道四个选项中哪一个是对的，当他被扔到生活里面，被扔到活人面前，他经常不知道该怎么反应。还有一个就是权力结构，他太早就明白谁是不能得罪的，谁是可以忽略的，所以他在人群中只有一个技能，那就是辨别谁对他有用，当这个情况不明显的时候，他就不知道该怎么反应。

窦文涛：是。我举个例子，像凤凰卫视主办的中华小姐选美比赛，那都是大学生、小姑娘啊，你会发现她们一点都不呆，她们只是有着中国人的生存之道。你看她们在一起的时候完全是聊她们爱聊的，很活泼，但是突然领队来了，或者老师来了，就做出一种老实的样子，上台问她们对国家是什么感情，她们就说“祖国啊，我的母亲”。你觉得她是幼稚，我倒觉得她是成熟或者世故，她只想怎么对付你这个场面。你可以想见，她对校长也是“我不能犯错误”这样一种想法，她就是这么一种人。

陈丹青：模式化。

中国一直是搞金字塔型的精英教育

李玫瑾：我最早知道陈老师是因为学生考外语过不了关，不能被清华录取，然后您就拒绝当导师。[1]包括看您的绘画，我都有一种感觉：您是一个很本真的人，您绘这幅画并不是为了达到一个什么样的成就，而是自己心里有什么就表达什么，自己能做什么就表达什么。我认为人的最高境界是什么呢？就是他不是被人逼着去干什么，而是发自内心，由内向外的。我记得钱老去世之前，在温家宝总理去见他的时候说过一段话，要研究一下为什么我们出不来人才。[2]我认为这跟我们现在这套教育有关。孩子从小就开始被规范了，比如见到老师要怎么样，包括他上学的目的就是要考分数，他不是出于本来的那种喜欢。我记得我上大学时崇尚一句西哲名言，叫“我爱我师，我更爱真理”。我觉得学术界应该是这样一种状态，就是我认同你哪些观点，我不认同你哪些观点，然后我个人是什么观点。这是在前人的基础上去发展自己，而不是像我们现在你讲一就是一，你讲二就是二，考的就是这个，没什么好商量的，你有自己的观点不行，必须照这个来答。

陈丹青：与过去完全相反，现在是“我怕真理，我更怕我的老师”。

李玫瑾：我觉得您的绘画，包括我自己做研究也是这样，有时候没有那么多想法，我该去研究什么就研究什么。你就随着你的本性去走，如果

---

① 2004 年 10 月，时任清华大学美术学院教授、博士生导师的陈丹青提交了辞职报告，其中写道：“我之请辞，非关待遇问题，亦非人事相处的困扰，而是至今不能认同现行人文艺术教育体制。”陈丹青认为，中国现在人文艺术学科的研究生招生过分注重外语和政治的成绩，很多专业课成绩很好的考生因这两科分数不够而未被录取，这种制度严重滞碍并扭曲了艺术教育的品质与性质。陈丹青递交辞职报告后，经校方约谈挽留，又续签两年合同，直至 2007 年他所带的研究生全部毕业才离职。

② 2005 年，时任国务院总理的温家宝去探望钱学森时，钱学森感慨这么多年培养出来的学生没有一个能跟民国时期的大师相比，然后提出一个疑问：“为什么我们的学校总是培养不出杰出人才？”这后来成为著名的“钱学森之问”。

你的兴趣和你的这个特长结合在一起了，我认为这就是你的价值。

陈丹青：问题是今天的教育都是在扼杀你的天性，你喜欢什么，它就剥夺什么。另一方面，它又很功利，太小就让你知道你这么混是不行的，告诉你这个很要紧，你如果不好好弄，你将来怎么办。我听过最差劲的一句话是："你不好好考，你永远就是农村户口。"农村户口变成了原罪。这就是今天的教育，而这个教育非常奏效。

窦文涛：我也有一种好像活在世上很难的感觉，为什么呢？在中国，好像你从小就会受到一种训令，你要干你自己喜欢的事，那对不起，你得搭配一大堆你不爱干的事，你得通过干一堆你不爱干的事才能干一个你喜欢干的事。

李玫瑾：你这话真的是一语中的。

窦文涛：为什么干一个自己喜欢干的事就那么困难呢？

李玫瑾：我觉得我们现在教育当中最值得反省的是，我们一直有一种精英教育的思维模式。我认为我们的教育是金字塔型的，这有一个什么特点呢？就是过了塔身一半以上，人就越来越少，下边的人全是挫折感。还有一个问题就是，选拔性教育不能解决人最基本的生存问题。我曾经听过一个故事，也不知道是真的还是假的。有一个德国青年跑到中国来想当老师，我们立马就把他安排到外教，他说不，我不是来干这个的，我要去基础教育学校。然后我们想把他放到中学里，可是中学说我们用不着德语，因为不考德语。后来教育局说，我们这儿没法接收你。他说，你们哪个学校缺老师，我可以去那里，语言问题我自己解决。最后我们给他安排了一个特别偏僻落后的农村学校，问他去吗，他说去。他去那儿干吗呢？他上的第一节课就是：你能告诉我你们村庄是什么样吗？然后他教孩子们怎么画地图，最后孩子们就画出来了。他提的第二个问题是：如果村里要修路的话，哪条线画完了，所有人的门口都能有路？第三个问题是：这个地方能不能亮电灯，该怎么架线？发电是什么原理？他教了几年课，家长都说好，孩子上学以后门口有路了，知道怎么描述东西南北了，知道电灯是怎么回事了。

我就在想，我们国家这么多贫困地区，像这种生存性的教育认真搞过吗？我们现在的方法是把农村地区的人通过考试吸到城里来，有些人来了城里找不着北，然后也回不去了。曾经有一个大学生很优秀，以当地第一名的成绩考到北京，他爸妈就跑到广东去打工、捡破烂，一个月给他寄2000块钱。他爸妈自己还得吃住呢，这钱不够他花，于是他自己也出去打工，结果耽误了很多课。他很聪明，觉得补考应该没问题，结果延期两三年，最后有一门课没过，拿不到文凭，也不能再补考。他第一个想法就是自杀，因为他在北京找不了工作，县城也回不去了，什么都干不了。但他又想，我要是这么死了，对不起爸妈，他们给过我这么多。他的想法是抢一笔钱，给父母寄去，然后就自杀，结果他抢钱时被抓了。这是很值得我们反省的，这么好的人才真是可惜了。我们知道真正能改变落后地方的，最原始的就是生产力中人的因素，结果我们的高考把穷地方的人全部拿走了，穷地方就没有可以改变的因素了。穷地方最活跃、最优秀的人都走了，然后城市又装不下他们，他们也回不去了。比如有人学计算机、学管理，回那个地方怎么干？为什么我们不去搞生存教育呢？我这个地方是山区，我就研究山区出什么，比如出矿，我就去研究矿。像我去普洱市就讲，你们可以建一所普洱大学，从种、摘、熏到茶道，这一系列的东西足够撑起一所大学，而这所大学又可以把这个地方养得好好的。

窦文涛：就是跟当地的条件、环境结合起来的一种教育。

李玫瑾：对，生存教育。我们现在不是搞生存教育，你学那东西跟你现实生存没关系。像我们考数学，生活中有几个人用得到那些高中数学知识？你整天讲比特币，有几个人能听懂？你花那么多时间让大家都懂，有什么意义呢？

“故乡”将来是个古典的概念

窦文涛：陈老师是真在农村广阔天地大有作为过的。

李玫瑾：待了几年？

陈丹青：我待了八年。我不愿意去想这件事情，现在农村处在被不断掏空的过程。我在农村的时候是20世纪70年代，本乡本村已经穷得一塌糊涂，但是都还有小书生、中医，还有能说会道的人，当然也有很能干的、很有责任心的人。我这些年怀旧嘛，喜欢画农村的人，西北去过，河北去过，南方也去过，我发现每个村子都被掏空了，就剩老幼妇孺。就像你说的，他回不去了，所以乡村在消失，故乡在消失。你说办个普洱大学，或者造公路造福一方，可是谁愿意回去啊？他不爱那个地方了，那个地方也没有什么值得爱了。你找得出现在哪个农村子弟爱故乡，想故乡，这辈子要给家乡干点事？没人有“家乡”的概念了，他巴不得离开家乡，别跟我提家乡。

李玫瑾：20世纪改革开放之初，香港人、台湾人还都给家乡投点钱，好像我们现在没听说谁富裕了去给家乡投点钱。

窦文涛：不存在了。

李玫瑾：现在很多农村是房子有了，就是没人。

窦文涛：没有“故乡”这个概念了，“故乡”将来是个古典的概念，因为城市化以后就面目全非了。

李玫瑾：而且，第二代也进城了。

窦文涛：不说别的，前几年农村的留守儿童就已经达五六千万之多，这都是犯罪有可能发生的土壤。你看这些孩子流浪都不在家乡流浪，警察一次次从别的城市把他们运回来，关在村里或者县、乡、镇收容儿童的地方，他们都能从四楼跳下来，又跑到城市去。连孩子都讨厌农村啊！乡村、故乡不在了，家庭也不在了，这些纽带都没有了。留守儿童的父母亲都在远方打工，也不管他们。有个警察在街上捡着一个孩子，他的手机里有一百多个电话，但没有他父母的电话。这孩子完全不跟他父母联系。我理解你所说的掏空，不光是物质环境被掏空了，心里的东西也被掏空了。

陈丹青：对。

李玫瑾：其实，有些孩子也想回去。我有一次遇到一个嫌疑人，他也是十几岁就出来流浪了。我们聊到最后气氛比较好了，我就问他："如果你没有走上犯罪这条道，你觉得你最理想的人生是什么？"他当时歪着脖子就笑，说："其实，我的想法很简单。给我一点启动资金，我包上一片山林，养上一些羊，然后娶个老婆，有几个孩子，这就是我最理想的状态。"他就是山区出来的，他家很穷。他说的这个愿望要是真能做到的话，我认为他养活自己应该是可以的。我们在发展进程中只顾GDP，没有考虑到大多数孩子接受教育的目的是什么。我真的希望我们的教育能够现实一点，让精英教育只占一小部分。其实，我自己也是恢复高考的受益者，但我还是这个观点：高考有它历史的功劳，之前我们的教育已经混乱了，你不知道人才在哪儿，然后你通过一次考试选拔出来，但是如果你已经按部就班地搞教育了，那就不要再把考试作为重点了。重点是什么呢？每个人都找到自己最快乐的事情，然后能养活自己。有时候我就讲，你在厨房里做饭和在实验室做科研有什么差别？

陈丹青：你说的这个背后还有更大的一个真实，那就是这么多年下来，一个草根的民间慢慢消失了，大家为什么还要回去呢？这三十多年是中国百年来发展最快的时期，甚至超过一些先进国家了。我们原来造交通系统是为了把城里的东西输送到乡下，带动当地发展，可是现在的情况是有了这个交通以后，当地人往外跑，反而加速了掏空的过程。被掏空还在其次，我最在乎的是人不爱他的故乡了。你刚才说的这个罪犯，他说希望回去养一片林子，这还是一个相对古典的理想，有几个人有这样的理想呢？今天谁有这个理想谁完蛋。今天最高理想是我到城里去，我这辈子再也不要做农民。我听说过这句话："我不要再看到泥土。"

李玫瑾：你说有没有这种可能，就是当城市发展到一定程度了，大家反而想离开城市了？也就是说，现在城市需要一个饱和的过程。

陈丹青：你从前在农村有很多乐趣，除了自然的乐趣，陶渊明的那种乐趣，还有很多文艺活动。这些在古典农村都有，甚至到了五四时期，所有文化人的文化都来自草根，来自民间，并不是来自大城市。

李玫瑾：而且，那时候住在农村的人没有觉得自己低人一等。

陈丹青：我们小时候在上海长大，最开心的事就是到农村去，吃的也好，还有各种乐趣，现在有吗？我不知道还有没有。

李玫瑾：你说的故乡情，我觉得这些年确实不知道怎么就淡化了。

窦文涛：主要就是你梦想中的生活是什么，你已经完全找不着北了。什么是梦想中的生活？那就是有个好房子。你看现在有了钱就是这样想，甚至反认他乡是故乡，移民到外国去，觉得自然环境是外国的好，空气什么的也好，一切都是外国好。然后在中国留下什么呢？经济发展之后就是乌烟瘴气，乱七八糟。我在台湾人那儿学到一词，叫“生活品质”。人应该讲点生活质量。我觉得咱们现在有很多钱，可是生活品质太低。比如说，你住在北京就有生活品质吗？

李玫瑾：这个我认为是节奏的问题了。我觉得人们现在的节奏太快，像现在微信里说的那样，很多人都被摁了快进键，老板要求快，上司要求快，每天上班八小时，路上要赶要快。像您搞艺术创作的，说劳动创造文化，其实我个人觉得应该是休闲创造文化，如果没有闲人，是不可能出文化的。你得有钱养一部分人，然后他摇摇脑袋哼哼，诗就出来了。

窦文涛：这话他最爱听，今天的画家没人养啊！

李玫瑾：发明也需要闲啊，爱迪生要是被整得像我们现在年年要考试，他肯定发明不了那么多东西。

第六章　暴力伤医折射出一个生死观问题

我们现有的医疗制度造就了很多矛盾

窦文涛：最近你听说有一个医生被砍了吗？[①]然后我看到上海有一个医生发起“中国百万医师联合签名：拒绝暴力！”行动，已经征集到60万个签名。过去讲是“医闹”，现在叫什么？

李玫瑾：暴力伤医。

窦文涛：现在怎么到处砍医生，发展到这种程度了呢？

马未都：我觉得现在是一个社会矛盾的爆发期，显然是这个问题出在事情本身，而不是出在那个人身上，那个人只是一个末梢神经，他突然不适，出来显现了。我们现在的医患关系跟我们的医疗制度有很大关系。因为我最近老是往医院跑，就发现了好多问题。

窦文涛：可是我觉得挺奇怪的，今天中国社会不光是医患关系这样，你看看每天的新闻，从语言暴力到身体暴力屡见不鲜。这个社会现在怎么这么喜欢暴力呢？

---

① 本期节目于2015年7月24日播出。2015年7月15日上午，某县人民医院神经内科女医生欧某某被一名廖姓男子用刀砍伤。此人脑部患有肿瘤，2013年曾因心跳加剧到该院就诊，服用欧某某开的药后出现头痛症状，今天因头痛难忍特地来找她看病。当时欧某某正在住院部医生办公室写医嘱，就叫他按规定到门诊部去看病。但他认为自己的头痛是欧某某前年所开药物副作用较大所致，觉得她现在有推搪之意，便生气地从随身携带的挂包内拿出菜刀追砍她，后被闻讯赶来的公安人员控制住并带回去审查。7月21日，此人以涉嫌故意伤害罪被逮捕。

李玫瑾：我加入了一个医生微信群，他们在里头也有讨论你说的这个话题。我认为如果是一起两起，那可能是个人心理上或者精神上有问题，但是我们发现在很多地方都发生这样的事情，这里头就有我们现在医疗一个大的背景问题了。

窦文涛：什么问题？

李玫瑾：我昨天跟大夫讨论过这个问题，我觉得伤医事件频发涉及三个问题。第一个问题就是，我们现有的医疗制度造就了很多矛盾。比如昨天有医生跟我讲，一个医生看一上午病，本来应该是 10 ～ 15 个病人，但事实上经常要超过这个数量，这样医生跟一个病人交流的时间就非常短，所以很多对医生不满的人就觉得你对待我的病不认真，你根本不当回事。这个问题看似是医生和病人之间的问题，但我认为这实际上是我们对整个医疗体系的问题研究不够造成的。比如说现在空气污染这么严重，你想耳鼻喉科的病人就会大量增加，你这方面的医生应该有多少，你不把这个问题研究透的话，病人呼啦啦一下全部压到医院去，他一上午坐车到医院花了多长时间啊，然后到医生跟前不到三分钟、五分钟就被打发了。医生一上来就先给你开一条子去做检验，根本不问你问题，说我没时间，你赶快去做检查，然后你去拿药、吃药就完了。

窦文涛：你说中国的医改比较失败，我看世界上也没几个国家敢说成功的，咱们就算不好吧，肯定也有一些国家的医疗状况比咱们更差，但是为什么咱们引起来的事情这么狠呢？

马未都：我认为这事其实并不复杂。我们先说发达国家，像在美国、英国看病是分三六九等的，病人事先都知道。我们过去看病没有分三六九等，就连最好的医院，比如说协和医院，从赤贫到最高领导人都可以在那里看病。美国不是这样的，它首先有社会等级观的建立，每个人知道自己该去哪个医院看病，比如有钱人就去最好的私立医院。我们改革开放以后有了一些私立医院，但依我的观察，这些医院大部分是为外国人服务的，中国人也是极少数特权阶层才去的。

窦文涛：太贵了。

马未都：对，很贵，但是你知道它这个贵的背后是公平的贵。我们现在的公立医院是不公平的贵。什么意思呢？就是你作为一个没钱人进去的话，你什么都享受不到，但你要是一个有地位的人，可能是有多少人的医疗资源都扑在你一个人身上。这是非常不公平的一件事情，会导致今天社会压力很大。现在的病人比过去多，一是因为疾病发现的多，过去没什么检查手段，不到最后你都不知道病了；二是因为现在人开始惜命，过去人有病都扛着，谁花那个药钱啊，所以医院就没那么挤。我从小就在医院长大，看着医院一天一天变成“电影院”，人越来越多，所有的医院一到早上……

李玫瑾：比菜市场还乱。

马未都：全中国现在人最多的地方不是火车站，是医院。

窦文涛：你说是因为咱们人口多、资源少吗？

马未都：有资源问题，医生的流失也是一个问题。现在我认识的很多医生都不愿意从医了，觉得没尊严、没好处。而且，学医是很难的。但是，比如我国台湾的医疗问题就解决得非常好。

李玫瑾：改革开放这几十年，你看商场增加了多少啊，可是医院呢？数得上名字的医院，像人民医院、北大医院、协和医院，还有个中日友好医院还是后来出现的，剩下的就是所谓社区医院了。也就是说，真正叫得响的医院并没有随着社会发展而增加。我的感觉就是我们的医院事实上并没有特别增加，而新增加的一些医院呢，硬件上去了，但软件不行，缺好医生。去年我父亲生病，在急诊部住了两个多月，医生就说你应该到住院部去，最后我们跑到北京一个能住院的地方，结果发现那儿的护士扎针技术什么的都不行。所以我觉得，首先是我们医疗的人力资源没有与时俱进。

许多人对疾病和生死缺乏一种顺其自然的态度

李玫瑾：刚才讲伤医事件频发涉及三个问题，我认为第二个就是社会态度问题。我觉得许多人现在对疾病、对生死好像都没有一种顺其自然的态度。

窦文涛：怎么说？

李玫瑾：有一次我出国跟一个朋友聊天时，他讲到他们开车撞了一个人，后来那个人死了，他们很紧张，就怕人家闹事，于是领导带着车队，让外交人员去交涉，结果到了那里，人家很自然地搞了一场仪式，然后就把人埋了，说："你们回去吧，他已经死了。"我们的人就说："不用赔偿吗？"人家说："人死了就是死了，还要干吗呢？"人家的脑子里没有那么多其他的东西，而我们现在只要出个事，比如说医疗出一点点问题了，包括有时候监狱中死个人啦，第一个想法就是背后的其他东西。

窦文涛：对，算账，找责任。

马未都：打官司。

李玫瑾：不是想着怎么让这人先安安稳稳地入土。当然，这个问题我觉得比较复杂。我们动不动就想在一件事上做点其他东西出来，这是现在社会的一个问题。

马未都：这是所谓的法律意识加强。今天对于公众来说，不是法律意识加强，而是防范意识加强。我们是利用法律的意识在加强，明白吗？比如医生给我看病时出现什么问题，我第一件事就是要诉讼，我要想办法拿这个事来挣一笔钱，结果把医生搞得很恐怖。我做过一个胆摘除手术，那责任书长得你都没法看，最后你得签上字。医生跟我说得很明确，就是因为前面发生过这种事。

李玫瑾：对，它每出一起事故就增加一个协议。

马未都：你也甭看那东西，你要是看了，也就签不了字啦。比如说，第一条是麻醉可以致死。有人打麻醉因为过敏死了，但这不代表说一旦麻醉就会致死，就成医疗事故了，其实它是有概率的。所有的事情都有一个东西叫概率，当你赶到概率上，你就得认。我觉得我们社会应该多用救济机制，比如由保险公司来赔付。谁也不愿意死，但你要是赶上了，比如出了车祸，保险公司就支付你，这个事情就按社会正常的程序去走。西方大概是这样做的，所以大家都觉得这事挺简单，但中国不是这样的。中国为什么交通事故逃逸者特别多？有人的逃逸态度很简单，说我再不逃逸的话，村民一出来，我就被打死了，我只好先跑了，然后给公安局打一电话说我跑了。它背后是有这些复杂的社会问题的。

李玫瑾：所以我就说从现在这个医患问题中能看到一些社会的问题，比如我们对待死亡的态度，还有我们对待医疗的态度。大夫肯定尽力了，哪怕他有失误，我们也应该允许吧。比如你去剪头发，也不是每一次都能剪得特别好看，对吧？包括你自己做件衣服、做个菜，你也不是每次都做得那么成功的。为什么我们现在整个社会形成了一种风气，喜欢用诉讼、上访或者类似这样的方式来解决问题呢？它没有一种宽容，没有一种大度。

很多家属潜在地觉得医生不是好人

窦文涛：因为我们家也有人在医院，我就老听病人的家属聊天。我有一个很突出的感觉是，很多家属潜在地觉得医生不是好人，医院就是在骗钱。你跟他聊吧，他就说医生又开了什么药啦，那个医生怎么样啦，反正他已经假定医生肯定要对他的家人不利。你到商店买东西也会跟售货员有冲突，但是很少发展到像伤医这样想弄死你，捅你一刀。咱们净出这种事，是不是也因为当关联到生死的时候，或者生病痛苦的时候，人就比较容易出这种狠招呢?

李玫瑾：对。

马未都：我觉得这个事不是太复杂。我们从大部分案例可以看出来，伤医的人都是在走投无路的情况下，首先激怒他的是费用，因为他没钱。有钱人不伤医，你看富豪们没有一个去伤医，为什么呢？钱可以减轻很多压力。前一段时间我岳父突发脑溢血，进了ICU，待了四百天。ICU里面的病人都是处在濒临死亡的状态中。因为我老去探视岳父，就发现来ICU探视的那些谈笑风生的人一定是公费的，你都不用问，那些哭哭啼啼的就没钱，甚至还有人在那儿喊："你快死吧！你不死，我们都扛不住了！"

窦文涛：还有这样的?!

马未都：对。我刚开始不明白这人怎么这样说话，就不能接受，最后一问，已经倾家荡产了，每分钟都在花钱，他扛不住了。

李玫瑾：您说的这个问题，还是跟中国人对待生死的态度有关。去年我父亲也是重病在身，我就跟大夫讲，不要做多余的治疗，只要让他不痛苦就足矣，因为他已经这把年纪了。有些大夫特别好，他就把握好这个分寸，要用什么药之前会征求你的意见，而有些大夫却左一个进口药右一个进口药地向你推荐。在我看来，一个人到一定年龄了，器官处于整体衰退的状态，你不要看他得的是心脏病，你把他的心脏治好了，他的肾又不行了，你把他的肾治完了，其他地方又不行了。在这种状态下，我认为不要以治病为主，让他减轻痛苦才是主要的。对待生和死应该顺其自然，我认为这是关键。

马未都：我觉得在短期之内要让全民族变成这样一种想法是不大现实的。

窦文涛：这个观念是比较现代的。

李玫瑾：但是，我认为很多人都很假。

马未都：对。有一类人是公费支持的，花多少钱都不心疼，什么都用最好的，他想他为国家工作一辈子，反正医药费全报。还有一类人是花自个儿的钱，他有钱不怕，花吧，就算把他尽孝这事扯平了。

窦文涛：在 ICU 里待着，那钱花得你嘬牙花子，一天两三千块钱！

马未都：那都是便宜的，现在的 ICU，你要是做一个正常的维持，一天大概要万把块钱。

李玫瑾：一个星期就得五万。

马未都：我看过一个例子：老爷子有四个孩子，其中一个考上大学，出人头地，嫁了一个好丈夫，在北京扎下根，剩下那仨全在农村。老爷子就来北京为女儿看孩子，然后一头栽地上了。这个女儿还不错，把房子卖了来为他治病。但问题是这个房子卖不了多少钱，才卖了一百多万，在理论上也就能支撑四个月，他在 ICU 里头待四年都是有可能的，到后来没钱了就得等死，而他女儿呢，多年打拼下来的这点东西也没了。说来说去，这是个制度问题。为什么有人可以在那儿花多少钱都不心疼呢？是我们的制度说这些人可以不花钱的。那么，为什么这种制度不能普惠呢？

窦文涛：能普惠吗？那得花多少钱哪！

马未都：要是不能，那就所有人都不能；要是能，那就都能。为什么我们说人是平等的，到这块就不平等呢？还有一个问题是，什么叫大病？我去了那么多次医院，都闹不懂什么叫大病。对我们来说，涉及死全叫大病。大病有的是统筹的，有的是不统筹的，你要是赶不进那大病统筹，你那病就是等死的病，小病也能等死了。我们现在可是跟老百姓说公立医院是不赚钱的，是为人民服务的。话当然是这么说的，我们从小都知道医院不是为了赚钱，是救死扶伤的，可是今天哪个大医院不赚钱？如果你说全社会的医疗体制是为全民族服务的，不管你是什么人，不可能不给你治病，那我觉得这个矛盾就会缓和很多。世界上是有国家这么做的。

医患之间知识不对等容易积怨

窦文涛：我听北京宣武医院的医生说，如果老人家真的不行了，那就不要插管了，不要做一些太残酷的治疗。你要是跟年轻一点的讲，还能讲得通。但是，很多老伴儿，你知道他那个感觉就是要用尽一切手段，哪怕老伴儿已是个植物人，他也要救到底。实际上，很多时候他是有一个丧偶之后不能接受的问题。只要老伴儿喘着气，就还维持着他的一个信念，他就觉得所有的孩子就是倾家荡产也得让爹妈维持着这个生命，要不然你就算不尽心。但是，你知道中国老人又最抠门了。为什么很容易发生这种暴力事件呢？他天天看着 ICU 的账单，你知道他心情那个矛盾哪！

李玫瑾：这还是人们的一种态度问题。我见过一个病人，他的血有栓，是一种血毒，需要做换血治疗，他家里拿不出这么多钱，也说要把房子卖掉，后来给他申请了基金会的赞助，换了五次血，但是也没救过来。我看到现在很多孩子得了白血病，会在网上发布一些消息，包括记者也会发善心，发动大家去捐钱。可能我是学哲学出身的，相对来说比较理性，我看到这些就在想中国人对待生死应该有一种什么态度。电视台播过一个节目，有一只狼生了一窝小狼崽，它把其中一只叼到水边去了。有个小伙子人很好，一看那儿有一只小狼很可爱，就把它抱回宿舍，每天给它喂牛奶，给它各种爱护和照顾。小狼大了以后，这个人就把它送回狼群。但是，小狼回狼群以后抢不着食物，到了成年发情期的时候，很快就被别的狼咬得一塌糊涂。后来因为它受伤了，这个人就哭着把它杀了埋掉。所以我在想，这实际上是有一个自然法则。你救下它，只是看了它的病，你有没有想过它的一生怎么过？因为它本身的遗传基因带有缺陷，它这个命是救下来了，可是它大了以后要生存，它面对的压力有多大啊！最重要的是，如果换作是人，他将来要结婚，要不要生孩子也是个问题，他生的孩子是不是也会有遗传缺陷问题呢？

窦文涛：很多时候是不是因为我们感情上很难接受呢？

李玫瑾：我们怎么去认识生命的问题，我认为这是我们现在特别需要讨论的一个问题。

马未都：您这命题太大，老百姓不考虑哲学，只考虑现在我能不能过这关。我觉得医患之间最大的问题还有一个，就是知识不对等。医学是最难学的，你跟我说那病，你开的药方我连字都不认得，我哪知道是怎么回事。一个朋友有一回来找我咨询，说他要告某个医院。怎么回事呢？他爹不行了，插着各种管子，最后全家悲痛地做出决定，就是拔了这些管子，让他安乐去往天国吧。结果把这些东西拔完了，他爹醒过来了，还坐起来说饿得不行了，后来又活了好长日子。原来是药把他拿住了，因为给他输了各种药嘛，结果他想说话说不出来，饿了也说不出来。我朋友就要打官司，说："这叫什么治病啊？！"我们现在过度医疗是很多的，这就是典型的过度医疗。我跟朋友说："你这告不了，你听我的，别瞎告。你说你什么诉求啊？你爹是拔了管子，可他好起来了，对不对？"但是，他愤怒得不行。他为什么愤怒呢？当然，他是一个有知识、有钱的人，不会冲上去闹事。但是，如果他是一个没知识、没钱的人，他就会闹事，对不对？

窦文涛：他归咎于这个的话，那医生成凶手了，是吧？我老觉得这个跟丧失亲人的痛苦需要宣泄有关。而且就像你说的，医患之间知识不对等，你要是怀疑医生的话，你可以找出太多理由来，比如他某一次用的药该用不该用，这就很容易激起怨愤，再加上你本身就有悲伤。

马未都：还有就是迁怒。我认为各种不平等的事件反复出现，这个人除了在医疗这儿直接发生问题，他可能还遇到一些其他的问题，就全在这儿爆发了。伤医事件越来越频繁，越来越狠，导致现在医生联合起来去做这种反暴力的呼吁。我觉得这个不是我们今天在这里谈谈就能解决的，应该是国家要有一个全盘考虑。

很多伤医事件都跟鼻炎有关

马未都：为什么说病特别可怕呢？我告诉你，病有一个特征，就是它不管你地位高低，不管你是否贫穷，不管你是否富有，一分钟以后它就来，所以大家都恐惧，这很正常。

窦文涛：那天我看一部去古巴采访的纪录片，听见古巴卫生部的一个讲话就开心了。那个人说:“看病为什么要花钱？”这是一个很朴实的问题。您怎么看这事?

李玫瑾：看病要花钱，我觉得这个还是可以接受的，因为药毕竟有一个成本，它还有一个开发研制的问题。你们有没有发现一个特点，就是很多伤医事件都跟鼻炎有关？我刚才说伤医事件频发问题一共有三个角度，第一个是我们医疗体制的问题，第二个是社会公众对待生命的态度问题，第三个就是医生在治疗过程中，比如我治你鼻子就光治鼻子，而忽略了其他的事情。因为从心理学的角度来讲，人的知、情、意，也就是认识、情绪情感和意识活动，这三者其实都起源于人的感官活动，比如说认识起源于感知觉，情绪起源于体验，意识则在于能不能觉知，有觉知就有意识。人体的眼、耳、鼻、舌、身是相通的，比如鼻子和嗓子是通的，鼻子和耳朵也是通的。我记得我在 20 世纪 90 年代得了过敏性鼻炎，有一个女大夫跟我说南方有一种治疗方式，就是把鼻子里头的一根神经切断，就不会再有这个过敏问题了。我回去一问我父亲，他就说千万不要做，这是三叉神经，这个地方的神经很微妙，你不要随便给它割断了。我觉得我父亲就是有哲学眼光，他这个建议让我记忆深刻。后来我看某市砍杀医生的那个病人[①]，当时央视做了一个采访，他就说自己做完这个手术以后，每天都不能入睡，必须把一个笔帽两头弄通后插在鼻子里才能通气。所以有大夫说，这种感觉在器官上是查不出问题的，它是神经问题。因为神经通路那么复杂，切断一点会不会导致回路阻断，那个信息回不来？所以我认为，这个角度应该是我们的医学要去研究的。

窦文涛：对，我也看过这个说法，这个人觉得自己生不如死，但到所有医院去检查都被裁定为没事，说你手术成功，你不应该感到痛苦，可他说我就是痛苦啊。这你怎么解释？

李玫瑾：神经通路的问题，只有他自己能意识到，你有时候从器官上看不出来。所以说大自然的智慧深不可测，像我们大脑里的神经通路问题，那真的不是一个局部的问题。

马未都：以后不要去医院了，就自我疗伤。

李玫瑾：我觉得中医还是比较好。

窦文涛：现代医学才一百多年的历史。

---

① 指连某某，1980 年生。2012 年 3 月，连某某在医院接受了鼻内窥镜下微创手术，术后时常感到鼻子通气不畅。连某某多次到医院投诉，医院组织医生为他进行了两次会诊，但未找出原因，后来还邀请另一家医院的专家前来会诊，结论为手术良好，无需再做手术。连某某也去过其他医院检查，诊断结果都是不需要再动手术。但连某某认为多家医院串通一气在骗他，遂于 2013 年 10 月 25 日上午携带榔头和尖刀来到该医院，寻找目标医生进行报复，最终导致 1 人死亡、2 人受伤。2014 年，连某某以故意杀人罪被判处死刑，于 2015 年 5 月被执行死刑。

第七章　心理也会感冒

身体莫名疼痛可能是脑神经在作祟

窦文涛：您最近[①]有什么让您印象深刻的案子给我们说说吧。

李玫瑾：各种各样的都有，比如前不久我见了一个案子，有个犯罪人把二十一年前教过他的老师杀了。

马未都：怎么这么记仇呢？

李玫瑾：他说他也找过心理医生求助，但他就是没有办法走出来。他曾经想跟这个老师当面讲，就把老师拦住说："我要跟你谈谈。"结果老师没认出他来，说："谈啥？"老师不明白，最后没谈成，他很气愤，回去就决定要杀老师。他为此很长时间春节都不回家，目的是想让周围人全部不认识他，然后再实施杀人。这个案子我当时也是觉得很怪异，后来跟他谈的时候才知道，他很聪明，曾经考上名牌大学，上了一年半就不上了，他说他所有的人生痛苦都跟这个老师有关。

马未都：那就是精神病的一种呗。

窦文涛：这是精神病吗？

李玫瑾：是心理疾病吧。他关键是什么问题呢？后来我问他有没有遇到过好老师，他说有。也就是说，他并不是对所有老师都有偏见。他说他本来学习非常优秀，唯独这个老师不知道为什么老看不上他，经常损他，或者说他不行。然后他一直也很努力，但他觉得这个老师还是没看得起

---

① 本期节目于2015年8月7日播出。

他，所以心里的怨恨存了二十多年，就把老师干掉了。这是一个稀奇古怪的案件，估计老师到死都不知道自己是怎么死的。他才教了这个学生一年，二十多年没见了，走对面都不认识了。所以谈到这个病的问题，我有时候就在想，人和人之间的关系吧，碰上的时候给人一点微笑，给人一点鼓励，别老损人家。

马未都：我二十几岁的时候在东北五七干校碰到过一个事，是我先发现的，其他人都没发现。有一个朋友老说他胳膊疼，我就拽他，问他疼吗。反正我们检查不出来，他就到医院去了。医生也是很认真地给他检查了，X 光片都拍了，还是检查不出来。但他老说疼，最后没招了，医生就给他一个伤湿止痛膏贴上去了。他说不管用，出来以后特认真地把它揭下来，然后贴在医院门口的玻璃上。他说："这是我对资本主义卫生路线的控告。"一开始我认为这是个玩笑，后来我发现他不是开玩笑，他是很认真地在做这件事的。我发现他有一只胳膊什么都不能干，另一只手却可以去拿极烫的杯子，那杯子烫得连我们都不敢摸，他拿着没事。也就是说，他两只胳膊不一样，这只啥事没有，那只他老怀疑有病。后来我就说这个人精神有问题。这种人就很容易走极端，对吧？当时因为精神病学这一块是受国人歧视的，国人不太承认自个儿有病。我看一个美国学者写过，人得精神病跟得感冒一样，容易得也容易好，大部分人都有短暂的这种经历。

李玫瑾：心理感冒。

马未都：心理感冒了，好不了的、恶化了的就出现那种情况。我们过去认为中国人说的"武疯子"才叫精神病。像我朋友这种，只对一件事神经，其他都很正常。

李玫瑾：现代心理学最早是从物理实验来研究心理现象的，也就是说，实验心理学的起点是物理学的研究。人把青蛙解剖开以后，用电极去刺激它不同的神经，结果发现有的青蛙是腿动了，有的是头动了。猫也是这样，你拿电极去刺激它的丘脑地带，有的地方刺激完以后它不吃东西，多好的东西放在那儿，它看着喵喵叫，但就是不吃，而有的地方刺激完以后它玩命吃。您朋友这个病可能是出在脑神经里头，也就是控制这个地方的哪根神经出问题了，所以他这个地方就很痛苦，但你在器官上是看不到的，他实际上是病在脑子里。像我们有时候脑有血栓，脚就不能动了，看似是脚的问题，但实际上是脑子的问题。像这种病，可能现代心理学才能解决。当然，心理学的技术也得达到一定的程度才行，因为得检测他的神经问题。

语言完全可以控制人的心理活动

窦文涛：现在发生的很多案子让咱们觉得，很多地方好像隐藏着一些潜在的精神病杀手，说不定什么时候就发作了。像前一阵一个人拿着猎枪把警察打死了，后来说他曾经看过精神分裂症，还吃过药。[①]你说这种人在村里活了几十年也没干过这事，你怎么防这样的人呢？

李玫瑾：精神疾病是比较复杂的一个问题，它有一部分是跟遗传有关，还有一部分是跟后天的环境刺激有关。我们看到精神病的症状一般都在青春期前后表现出来，有的家人就放弃他了，他基本上就成了一个无家的人，或者没有亲人管。这种人有个什么特点呢？生活上，可能队里可以给他送点钱，送点吃的，这都没有问题，关键是情绪上。我们知道情绪有时候还跟荷尔蒙有关系，如果他没有正常的性生活，可能他的荷尔蒙就往别的地方走了。我们知道暴力是跟荷尔蒙密切相关的，荷尔蒙会变成暴力。也就

① 2015 年 6 月 8 日 23 时许，某村村民刘某某持一把双管猎枪开始行凶，致邻居 2 人死亡、3 人受伤。次日凌晨，刘某某在逃避追捕的过程中又开枪打死和打伤警察各 2 人，后被发现死于老宅中。据当地人介绍，刘某某 55 岁，平日脾气暴躁，离群索居，十几年前被诊断出患有精神障碍，常年在服药，病情时好时坏，几年前曾拿着刀在大街上追打其他村民，当时很快就被制止了，后来没有再出现类似的情况，所以大家对他没有太多的戒心。

是说，他的荷尔蒙可能就往暴力那方面走了。所以这个问题复杂在哪儿呢？我们知道病是可以治的，但问题是治了也不一定能好，有时候就会带来一系列的问题，比如家人对他的放弃，朋友对他的疏远，工作上的不顺心，然后他觉得生活没有价值。因为没有人关心他，没有人认可他，他活着干吗？有一天不高兴的话，他就想我要是不痛快，我让你们也不痛快，那就很容易出现这类问题。

马未都：“我不痛快，我也不能让你们痛快”，这种想法其实是社会提供的。每个人的意识都是由社会提供的，自发生成是很难的。如果没有人提供这种意识，他本人是不会这么想的。在这种情况下，他会产生一种报复心理。我们现在的问题是什么呢？我觉得今天人类很悲哀的是把高科技的东西全都用来研究如何杀人了，也就是用来做武器了，而在疾病的研究方面是非常弱的。现在不是老有人找“大师”吗？我告诉你为什么那么多人找“大师”，就是因为科学不能解决问题。他得一病，或者有亲人得病了，医生说治不了，等死吧，他立马就去找“大师”了，因为“大师”说他能治病。“大师”到底能不能治病呢？不是每个人都能治病，但有的就能治病，就能缓解病痛，我碰见过呀。他为什么能缓解病痛呢？是因为他有极强的语言系统，能让人获得一个心理安慰，这样人就感觉良好，就能吃饭能睡觉了。有的人就说了：“大师给我治一次，我确实胃口开了，我这么多个月都吃不下饭了。”所以他就觉得“大师”管用。出现这种情况，就是因为科学太不能提供帮助了。

窦文涛：犯罪心理学里边有没有研究这种对人的精神控制的？我们现在净出一些“大师”或者邪教的教首。

李玫瑾：刚才马先生说的一句话特别对，就是语言的控制。弗洛伊德在他的著作中有一句话非常有名，他说“谈话能治病”。这其实在心理学上非常容易解释，因为我们知道所有心理活动的发生都跟刺激有关。巴甫洛夫[①]研究狗时已经告诉我们了，狗的行为模式就是在先天的神经通道上经过后天重复训练形成新的神经通道，比如狗一给肉就流口水，这是先天神经通道。但是，每次给狗喂肉时也给铃声，由于铃声与肉总是同时出现，最后不给肉只给铃声，狗也照样流口水，出现了新的条件反射。从这里我们可以看到，形成条件反射的关键在哪儿？就是信号替代。也就是说，铃声替代了肉。那么，在人的心理活动当中，最重要的信号是什么？绝大多数是“铃声”，也就是声音。我们的文字是由什么组成的呢？音、形、义。无论你是在看文字（形），还是在听人说话（音），实际上，音和形都是一种“替代”，替代了具体的刺激。所以，语言是完全可以控制人的心理活动的。什么叫气功？气功实际上也是一种语言。好的演员怎么演戏？你别看他在那儿不动声色的，他的表情一层一层在变呢，他实际上是心里在说话。

窦文涛：那也是一种语言。

李玫瑾：对。心里有话的演员，他的脸上才有分量。心里没语言的演员，光摆某一个姿势表现悲哀，你一看就知道他是演的。但是，如果他在想一个很悲哀的事情，他的脸上自然就出东西了。所以说，语言可以控制人的心理。

窦文涛：比如最近出了一个邪教组织案件，教首叫吴某某[②]。他跟“气

① 巴甫洛夫（1849—1936），俄国生理学家，1904年诺贝尔生理学或医学奖得主。他在研究狗的消化系统时发现了条件反射现象：每次在给狗喂食前发出一个信号（如铃声），起初狗只有在吃到食物后才会分泌唾液，后来只要这个信号一响，狗就会分泌唾液。也就是说，当一个中性刺激（如铃声）与一种能引发自然反射的刺激（如食物）建立固定的联系以后，只要这个中性刺激一出现，也能引发一样的反射（如分泌唾液）。与无条件反射不同的是，这种条件反射是后天习得的，不是天生的。

② 吴某某，1967年生。早年曾因涉嫌诈骗和流氓行为被公安机关收容审查，1990年自创某邪教组织，2000年因擅自发行股票、公司和企业债券罪，以及非法经营罪被判刑十一年，2010年出狱后继续从事非法活动，于2014年被逮捕，次年以犯强奸罪、诈骗罪和组织、利用邪教组织破坏法律实施罪等罪被判处无期徒刑。

功大师”王某一样，王某以前坐过牢，他也坐过十年牢，也没人知道。他说自己是佛的化身。大家感兴趣的是他那些女弟子怎么会被骗。他说要男女双修，双修完了，女弟子怀孕了，他就给一杯什么水让她打胎，结果弄得她下身流血。女弟子问他为什么流血，他就说你的修行又上了一个台阶。这些女的到底是要双修还是要成佛啊，为什么这么容易受骗呢？

李玫瑾：骗术吧，首先是用语言符号操纵你，然后它还有一个特点，就是一定要你隔绝其他信息。你看传销和其他骗术，都是先给你封闭起来，让你先不接受其他东西。然后它怎么来让你上套呢？它往往不是用眼前的东西，而是用以后的东西来引诱你。这也是所有宗教使用的一个方法。

窦文涛：许诺。

李玫瑾：对，像什么来世啊，或者你的子女啊，或者你的未来啊，包括上天堂啊，都是许诺给你很遥远的一个很美好的东西，然后再一个套一个套地往上走。这套路跟电话诈骗是一样的。电话诈骗是先给你制造一个紧张，让你电话放不下来，你一紧张，再听着电话里的话，你的心就跟着他走了，然后他就一步一步地把你套进去，越套越紧。

窦文涛：没错。比如吴某某先给你讲某地要闹大地震，然后说你要怎么躲呢，买我这个东西就成。他的信徒就买了，然后问他怎么大地震没来呢？他说你买了我的东西，我就把地震给你转移了。

宽恕别人也是在宽恕自己、善待自己

窦文涛：我跟李老师聊多了有一个感觉，她是研究犯罪心理学的，她就提醒你平常尽量给别人送温暖，少得罪人。

马未都：尤其你要是服务行业的，就不要去刺激人家。

窦文涛：我也不是说崇洋媚外，但我有时候去美国或者其他一些发达国家，就觉得人家那里是个基本善意的社会，咱们这儿人跟人之间的暴力太狠了。为什么咱们现在会是这种气氛呢？

李玫瑾：我觉得有两个问题，一个是跟我们的宣传有一定的关系。现在我们打开电视一看，杀啊、抢啊，这种东西特别多，甚至以英雄的名义出现的基本上也是一种暴力的宣传。我认为我们缺乏一种意识。曾有一个德国商人在中国全家遇害，最后不是要求把三个犯罪的孩子判死刑，而是要到他们的家乡去发展教育。我认为这是一种理性的东西，也是一种善。光善良没有理性，那是愚昧，很容易被人骗，所以善良一定还要有理性。这个理性让我们知道大家都需要什么，然后我们应该努力去做什么，而不是简单地把人杀掉。我们现在就只有一种愤怒。愤怒有时候让人感觉是一种比较初级的认识。

窦文涛：您说这个让我想起美国黑人教堂枪杀案，有个女孩在法庭上说的话让咱们中国人太难理解了。她的亲人被打死了，她还在法庭上说我们原谅你，我们宽恕你，我们不要让仇恨获得胜利。①

马未都：这某种程度上是宗教在起作用。宽恕别人也是在宽恕自己、善待自己，他们是有这种宗教的力量在灌输。宗教也是一个语言系统，也是一种文化系统，也对人的教育起作用。

---

① 美国当地时间2015年6月17日21时许，位于南卡罗来纳州查尔斯顿市中心的伊曼纽尔非裔卫理公会教堂正在举行祷告会，21岁的白人至上主义者狄伦·鲁夫(Dylann Roof)突然拔枪大开杀戒，共导致9人死亡。在6月19日召开的保释听证会上，狄伦·鲁夫以视频连线的方式出庭。有受害者亲属在法庭上表示要原谅他，其中一个叫阿兰娜·西蒙斯（Alana Simmons）的女孩说道：“仇恨无法获得胜利。我的祖父和其他受害者死在了仇恨者的手中。每个为你灵魂祈求的人都证明，他们活在爱里，他们的精神也将永存。”2017年1月，狄伦·鲁夫被判处死刑，后因认罪，被改判九个无假释终身监禁。

霸凌者的家庭教育一定有严重的缺陷

窦文涛：前一阵有好多视频传出来，往往是中学女生的霸凌行为，比如几个女生一起凌虐一个女孩，把她的衣服脱光了，打她，羞辱她，还拍下来到处播放。前一阵美国法庭不是审了几个中国留学生吗？[①]在美国的法律里，像这样的行为可能要面临终身监禁，刑罚非常重。您觉得中国孩子为什么就这么放肆呢？

李玫瑾：凡是这样的孩子，他的家庭一定有问题。我们不要简单地认为这只是一个社会现象，实际上孩子走到这一步，在青春期能这样去羞辱别人，他的家庭教育一定有严重的缺陷。

窦文涛：但是，我们在很小的时候也折磨过小动物，那好像是每个孩子都会有的一个阶段。

李玫瑾：对，青春期这个阶段更容易出现暴力。个人的成长过程和人类的演化历史特别相近，人类的早期就像我们个人的早期，你看人类早期都是在打仗，现在战争就相对少了很多。人在第二个十年时涉及转型的问题。从 12 岁到 18 岁这个青春期阶段，人从仰视别人到平视别人，从依赖别人到独立，而为了显示自己的成熟和独立，往往就有各种各样的表现，比如学抽烟，学喝酒，带着一群兄弟当黑老大，还有就是要说话算数。所以说，这种欺凌现象实际上是人成长过程中的一个体现。但是，如果学校发现不了这个，有时候就很难去管。因为很多事都发生在校外，有的是发生在宿舍里，孩子连

---

① 2015 年 3 月 30 日，因为男女之间的争风吃醋，两名中国女留学生在洛杉矶一个公园内遭到 12 名中国学生的攻击，其中一人被折磨了 5 个小时，遭受了被逼下跪、扒衣服、拍裸照、烫乳头、剪头发、吃沙子等暴行。根据美国加州的法律，酷刑折磨是一项重罪，可以判处终身监禁。这些涉案学生年龄在 14 ~ 20 岁之间，未成年人到案后在少年法庭受审。据警方透露，有一名未成年人的父亲涉嫌贿赂证人，已被追究法律责任。2016 年 1 月，该案三名已成年的主犯与检方达成认罪减刑协议，检方撤销对其酷刑罪的指控。2016 年 2 月 17 日，三名主犯以绑架罪、攻击罪等罪名各获刑十三年、十年、六年。同年 7 月 12 日，另一名已成年的涉案学生被判刑三年。

爸妈都不敢讲，学校也发现不了。如果我们有这方面知识的话，比如孩子上学时遇到什么样的情况，我们要教他怎么做。我们要告诉孩子，你可以跟别人打架，但你不能羞辱别人，如果别人欺负你，你可以怎么做。我们现在是家庭和学校两头都不管。有的家长怕孩子吃亏，就让孩子去打打打，老让孩子占便宜，等到孩子真打出事来又急了，说你怎么能这样。所以，现在我们这个问题出在哪儿呢？我个人认为是很多家庭现在没有家规，过去中国的家庭规矩很多。

马未都：在社会的三大教育体系中，过去家庭起主导作用。

李玫瑾：对。

马未都：比如说我们小时候铅笔盒里多一块橡皮，爹就板着脸问："这是哪儿来的？你是拿同学的吗？明儿给我送回去！"这是最简单的教育，可是今天的家长才不看那个。李老师很清楚现在犯罪现象是一村一村的、一县一县的，互相传授，都是同一类犯罪。

李玫瑾：还有爷爷、爸爸、儿子都这么干的，一家三代。

马未都：这个就很可怕，家规全没了。原来家庭教育是承担我们社会最主要的教育的，因为过去我们的公共教育系统很差，历史上读书人也就百分之一二，大部分人道德的形成全是靠爹妈教的，所以过去爹妈是最好的一个示范。我小时候觉得社会很舒适的那种情况，都是由爹妈在教育方面占主导地位。今天这个系统没了，而现在的这个系统很势利，就是拿钱说话。孩子哪有什么辨识力？他为什么想学黑社会呢？因为我们这个社会对黑社会的打击往往是不力的。

窦文涛：现在连成年人的是非观都是乱的，怎么教育孩子呢？我觉得现在的父母亲不知道该怎么办。你看现在的孩子好像还是㞞的多，有时候父母亲去接孩子，看见别人把自己孩子打成那样，自己孩子都不知道还手，就说："他打你，你怎么不打他呀？"

李玫瑾：这是另外一个问题，就是对孩子过分保护。有些家长说我这孩子老被人欺负，我倒是说这种被欺负的孩子吧，只要他不惹是生非，你关键就教他怎么保护好自己就行了，要是他老欺负别人，那你可要当心了。

马未都：给你惹大娄子。

李玫瑾：我经常跟家长讲一个办法，就是让孩子去发展体育运动，只要他有肌肉感了，他就有爆发力，就不会再轻易地被人欺负了，就能保护好自己了。

马未都：先学一跆拳道。

李玫瑾：这是一个方面，还有一个方面是什么呢？孩子一定要有朋友。尤其是到了中学，如果他孤立一个人的话，就很容易被欺负，要是能交上三四个朋友，比如他在班里有四五个关系特好的，这时候别人要欺负他就得掂量了。

窦文涛：这个办法好。要是他欺负别人呢？

李玫瑾：关键就是这个问题，他们一成团伙就去欺负别人，这事很麻烦。

随着社会的发展，家庭功能在淡化、削弱。这虽然是一种客观趋势，但我们绝不能等闲视之。家庭功能淡化最突出的表现就是：由于工业生产带来了生活都市化、职业社会化的趋势，使得社会的最基本单位——家庭受到前所未有的冲击。从结构上看，家庭已由大变小，如中国已从四世同堂、三世同堂变成核心家庭（只有父母与一个孩子的小家庭）。从时间上看，家庭时间（指家人在一起的时间）也在由长变短。在农业社会里，人们日出而作，日落而息，背着孩子下地，同出同进，家人相处的时间很长。进入工业化社会后，生活都市化，职业社会化，父母上班要出门在外，还经常工作在白天、应酬在晚间，导致许多孩子在出生后不久就要每日与父母特别是母亲分离，要么找人代为照顾，要么被送进幼儿园。上学的孩子也是如此，每日与父母相处的时间平均也就 4 小时左右。

家庭功能被淡化的结果是：首先，孩子在一天24小时内经常要面对不同的抚养人，这种抚养人的变换不利于孩子依赖情感和社会交往情感的培养。其次，父母的榜样作用也被削弱了，取而代之的是代管人员，如保姆、幼儿园里的老师，甚至是电视。许多牙牙学语的孩子最初的言语竟然是广告词。儿童在成长过程中认同对象的不确定，导致现在少年儿童的价值观认同和行为认同混乱，并由此导致越轨行为和犯罪行为增多。美国频频发生的校园枪击事件已充分表明一些少年有异常的情感和行为。在中国，一些孩子的违法犯罪也常常超出父母的理解。在父母眼中，孩子仍是那种“依赖的、听话的、自家的孩子”，结果有一天孩子因犯罪被警察带走时，才发现孩子已变得陌生、可怕，甚至不像是自己的孩子。

中国有句古话：“七岁看老。”也就是说，从7岁孩子的身上可以看出他一生的行为发展模式。现代心理学在研究人的心理发展过程中也指出：人格的核心部分——性格，其形成的主要时期就在人出生至青春期之间（0～12岁）。为什么这一时期对人格具有如此重要的意义？心理学研究发现：人类个体在生命的早期是相当脆弱和无能的，其生存本领甚至不及一些低等动物。人在出生后最初的几个月里完全要依赖他人，不仅需要他人提供一定的食品和衣物，还需要他人提供情感抚养，而情感抚养恰恰是人格形成的关键所在。

心理学实验发现：在给初生婴儿提供的各种图片中，婴儿对人脸给予更多的注视和微笑。当抚养人与婴儿接触一定的月龄后，婴儿会对其产生依恋关系。每当亲人离去，婴儿会出现负性的情绪反应，而当陌生人出现或走近时，会出现警觉或恐惧反应。婴儿这种社会性微笑、恋亲反应以及对陌生人出现的拒绝反应等，都表明人在出生后的早期最先发育的是情绪情感活动。当婴儿这种最初的情感需要得到良好满足时，就会产生安全感，并形成友好、温和、亲社会的种种性格。反之，婴儿就会形成情绪不安、易惊易躁、敌视和怪异等性格特征。这就要求在婴儿出生后的一段时间内必须保持相对稳定的抚养人，经常更换抚养人不利于婴儿的情感教育。

对于婴儿的情感需要，抚养人不仅要给予微笑、拥抱，还要给予一定的言语刺激。对婴儿的轻声细语既是情感抚育的一部分，也为婴儿今后的思维发展和社会交往能力奠定基础。如果抚养人缺乏对婴儿温柔的言语刺激，孩子在以后的成长中就容易出现语迟、不善于表达等特点，并由此导致不善于与人交往、心理活动内倾的孤僻性格。许多变态人格和精神疾病患者具有这种内向性格。

既然人格形成的关键期在生命的早期，那么，它的关键环境也就不言而喻。家庭，可谓人类的摇篮。我们每个人都是在家庭中从一个不谙世事的“生物体”（婴儿）被抚育成能够独立进入社会生活的“社会人”。尽管在我们的成长过程中还会经历幼儿园、小学、中学、大学及工作场所，但无论我们走出的社会圆圈有多大，家庭永远是这个圆圈的轴心，也是我们的归宿，直到我们成熟、独立，然后组成一个自己要负责任的家庭。因此，家庭是人格教育的关键场所。要进行良好的人格教育，必须有一个稳定的家庭。

每个有幸福童年的人都会回忆起一个幸福的家庭。父母恩爱和对子女慈爱，是每个儿童幸福成长并形成良好人格的前提条件之一。道理虽然非常简单，但是现实生活中却不尽然，常有各种各样的因素在破坏它。比如，为了追求所谓的个人幸福而插足他人家庭，游戏般地结婚而后离婚，或者未婚先孕，出于各种功利目的的婚姻，见异思迁的爱情，等等。更为危险的是，一些“社会性的赞赏”也起着误导作用。比如，一些大众传播媒介为了追求利润而编排、制作一些爱情文艺作品，这些以“社会态度”出现的作品常常以一种大众欣赏的姿态出现，赞扬某些不强调责任的爱情行为，致使一些涉世不深的少男少女去崇拜、模仿，诱使一些情感冲动、修养水平不高的人去效仿、追赶，从而破坏了人们对家庭的信念和应有的承诺。

当一个家庭出现裂痕、残缺时，受害最重的就是那些深深依赖父母和家庭的儿童。中国曾有学者调查发现，在那些有人格障碍、出现行为问题的儿童中，约有42.5%的人拥有家庭破裂或残缺的背景。儿童难以理解父母的情感变化，看到父母不和，会由最初的恐惧不安发展到厌烦家庭；看到家里缺父或少母，会由最初的悲哀、委屈进而产生一种被最亲近的人抛弃而无颜见人的感受，并由此产生怨恨、不信任感乃至敌视。这就是那些在破裂或残缺家庭中长大的孩子容易变得怪僻、冷酷、愤世嫉俗的原因之一。婚姻虽只是男女二人的结合，然而，有了孩子的家庭却不再是二人的世界。人类在自身发展的历史过程中想必早已认识到这一点，所以才使用法律的手段对男女两性的结合予以约束和限制。不仅使用法律手段，人类社会还通过宗教信仰、道德规范、社会舆论等对婚姻施以压力，使其保持稳定。

家庭稳定是塑造青少年良好人格的前提。在这一前提下，父母的修养水平又决定着孩子未来的人格。父母是绝大多数人来到世上的第一任教师，他们不仅教我们基本的生活常识，还会有意识或无意识地教我们如何做人。由于人是高级的社会动物，要能够独立地进入社会、自我生存，除了必须经过学校的教育来掌握必要的知识和技能之外，还必须经过种种非知识方面的培养，比如对生命意义的理解，对人与人关系的把握，判断是与非、善与恶的能力，如何体谅他人、理解他人，如何尊重他人，如何关心和帮助别人，如何应付恶人等。此外，还要形成对法律的敬畏、对个人行为的责任感等。这些非知识性的内容大多涉及行为，而不是言语内容。它们无法通过考试的方式来强迫人学习、复习而接受，只有靠影响、潜移默化来进行。

从人的心理发展来看，人在出生后的 1 ～ 2 岁内主要发展的是行动能力和言语能力，其间的行为大多是自发的，并在大人的奖赏或惩罚中得到鼓励或抑制。但是，人从 3 岁起就开始出现一种认同倾向，即不自觉地模仿身边的大人，将他看到的大人的种种行为复制出来，并逐渐变为自己的行为方式，比如照顾小娃娃、模拟大人的说话口气等。这时的行为模仿犹如在一张白纸上画出的最初印迹，深刻而难以抹去。父母或其他抚养人是否具有同情心，是否乐于助人，是否坚持原则，是否自信，是否具有良好的品德，甚至他们喜欢看的电视节目，都会决定孩子未来的人格发展方向与道德水准。这种最初的印迹往往伴随一个人终生。所以，从一个成人的行为举止可以看出他父母的影子，从一个人的修养可以看出他的家庭背景。我们在强调“优生优育”的同时，还必须强调要优化父母的修养与品德。

——摘编自李玫瑾论文《家庭在青少年人格教育和犯罪预防中的作用》

暴力片会喂大孩子的攻击性

马未都：我们的三大教育体系——家庭、学校和社会，过去最好的情况是三项指向一致，家里说的话和学校、社会说的话是同一个方向，今天则是三个方向，所以孩子就很功利地选择什么对他有用。

李玫瑾：关于社会的影响，现在我们给孩子看的动画片，基本上都是你杀我、我打你，没有一种怎么比较好地去处理人际麻烦的教育，比如该怎么样去缓和冲突，怎么样通过言语的方式让对方得到安慰和帮助。我们往往都是你杀我，我就杀你。

马未都：最后出来一个强壮的把事摆平，老大就出现了，所以很多人就想当老大。现在家庭、学校和社会的指向不一致，你让家长怎么去教育孩子？这个事情，家长是这样教育他的，但老师不这么说，而老师教育他的，当他走向社会时是一个傻子，不管用。

李玫瑾：你别小看这些动画片，一般爸妈把孩子接回来以后要做饭，就把电视一开，让他看吧。孩子从小看的都是这种东西：你要是不强壮怎么办？你得让自己强壮起来，然后把他人制服。

窦文涛：攻击性强。

李玫瑾：这都是学习来的。社会心理学专门做过这种实验来验证。美国当年有一个很著名的实验，就是不分年龄、不分家庭背景，把孩子们混合在一起，然后分成两组，让他们看电视，一组放的是温情片，就是家庭和睦的，看人家怎么处理一些矛盾；另一组放的是暴力片，就是你打我、我打你之类。然后干吗呢？把孩子们放出来，院子里摆着现成的家具，那些看完暴力片出来的就开始踢，你碍我事，我就揍你，而看完温情片的则是把倒置的家具扶起来，还互相搂一搂，拍拍对方的肩膀说话。当时有摄像机把这些都录下来了。实验证明，暴力片对孩子的行为有明显的影响。

窦文涛：你看现在的文化人辩论起来都什么架势啊！

马未都：对。我现在几乎不看电视剧，偶尔看一下，发现里面就没一个正经说话的，比如女孩跟妈妈说话都火药味十足，全是要杀人的感觉。整个社会传达出来这种暴力的信息非常不好。

窦文涛：而且都是哭爹喊娘的。

马未都：我们看不见那慢慢腾腾的电视剧，全是急三火四的，比如媳妇跟婆婆打翻了天，不动手的电视剧就没拍过。

窦文涛：它可能也是真实家庭的反映吧。

马未都：不是真实的，是社会的一种提倡，我认为我们今天的社会不至于这样。

李玫瑾：以前有一部宋丹丹演的电视剧就非常好，也是家庭剧。

马未都：是《我爱我家》[①]吧？

李玫瑾：对，我认为那个剧才是我们现实生活中的剧。但是，类似这样的剧在我们国家太少了。

马未都：《我爱我家》是早期的电视剧，你看那里面首先是家庭规矩的建立，比如爸爸怎么说话，妈妈怎么说话，孩子犯上的话也是适度的。现在的电视剧，我受不了女儿指着爹说："你说这话还算有良心。"我们小时候打死也不敢说这话！你怎么能说爹妈有良心没良心呢？还轮不上你说这话，可是现在的电视剧台词就这样。我看完都愣了，说这台词太厉害了。我们现在社会提供的都是这种，在这样环境里长大起来的孩子可跟我们不一样，我们毕竟以前受过一些教育，而他们以为这个社会就是这样，所以不尊重父母现在变成一个非常普遍的现象。

窦文涛：真的是这样，而且我觉得还不光是不尊重父母。当然，社会太分等级了也不好，我觉得尊重长辈适度就好。相比之下，像韩国、日本还保留着比较多的尊长之礼。

马未都：我们老是说要跟美国人学，有时候父母想跟子女做朋友，孩子可以直呼爹的姓名，叫"迈克"就可以了。

窦文涛：像美国这种教育孩子的方式算不算放养呢？

李玫瑾：我认为美国文化是多元的，像这种直呼其名的可能只是一类家庭，不代表美国所有的家庭都这样，比如有些家庭就规定孩子在晚上 9 点之前必须回家。

窦文涛：也是有规矩的。

---

① 《我爱我家》是由英达导演的一部情景喜剧，讲述北京一个六口之家及其邻里、亲朋各色人等的故事，对 20 世纪 90 年代初中国社会的底层生态和市井智慧进行了细腻的描摹。全剧共 120 集，前 40 集于 1993 年首播，续集于 1994 年播出，均大受欢迎。

李玫瑾：非常有规矩，比如规定孩子多大之前不许沾酒，如果孩子要出去的话，一定要告知他到哪儿去了。因为美国有来自各种国家的人，所以它的文化背景差别非常大。

马未都：但是，美国最重要的文化还是英雄主义的文化，让我说就是黑社会的文化，所有的事最后都是黑社会老大出面来摆平，包括美国人打到宇宙也是这个概念。

李玫瑾：但他们讲规则。

马未都：它是在一个规则之下运行的。实际上，我们过去的黑社会也是有规则的，只是这些年黑社会都不黑了，所以它就没规则了。过去黑社会是这样的，就问大家听见了没有，如果大家都听见了，那就用不着写了，摁手印什么的都不用，这就叫规矩。

由于我的专业是研究犯罪心理问题，所以我对家庭教育的看法和角度较为特别。在进行大量的相关研究后，我得出一个最简单的结论：犯罪预防要从未成年人做起，而对未成年人的工作则须从家长们做起。

古人曰：“人之初，性本善。”的确，绝大多数家庭是健全的、温馨的，绝大多数父母是爱孩子、教孩子的，绝大多数孩子是懂事的、可爱的。然而，仍有例外。北京曾发生一起四少年绑架杀人案，人们在震惊之余也在探讨他们犯罪的原因。结果发现，这四名少年都是父母双全，家庭经济状况良好，家中没人有过不良前科，父母自称也一直在管教孩子。可是，这些孩子还是犯了罪。这一实例说明，家庭健全不等于健全的家庭教育。

家庭教育是一门学问，需要智慧和技巧，需要探讨，需要学习，需要掌握相关的知识。许多经验可以给我们知识，但在家庭教育中，等父母有经验时，孩子已经长大，教育的机会已经错过。所以，我们要重视家庭教育的研究和相关知识的宣传。其中，家庭教育的理念极为重要。

第一，人的心理发展有顺序性，未成年人的心理问题有滞后反应性。

任何生命都是过程，任何过程都有开始。生命发展是轨迹式，人的命运取决于早期。人的成长大致有三个时期，即 1 ～ 6 岁、6 ～ 12 岁、12 ～ 18 岁。12 ～ 18 岁时，人已经进入青春期，其独立意识与逆反心态决定了这一时期已经不是家庭教育的优势时期。所以，家教的最佳时期是 12 岁之前，即依恋期。在依恋期中，1 ～ 6 岁又最为关键。

由于人的心理发展具有逻辑的进程，所以人在成年时出现的许多心理问题往往源于未成年时期。2007 年发生在美国大学校园里的一起枪击案，枪手赵承熙的犯罪心理就属于他在未成年时期（8 岁）因移民造成了心理创伤，这种心理创伤导致他在 23 岁时无故杀人。人在幼年时最重要的需要之一是安全感。对一个幼小的孩子来说，熟悉的环境、亲切的伙伴比富有的房屋、汽车更容易让他形成阳光与健康的心理。如果做父母的能够了解这些道理，就不应该以自己的意志去生活。这一案例告诉我们，父母要了解孩子的心理，否则父母的一切努力都会成为泡影。

第二，未成年人是被动的弱者，其弱小和被动决定其一切是成人造成的。

客观地讲，抚养人对被抚养人具有生命的决定权、物质的提供权、照顾的程度权、个性的决定权。如果替孩子问一问大人："我是怎么来的？"就可以发现，我的胃口是喂出来的，我的脾气是带出来的，我的观念是唠叨来的，我的残忍是孤弱无助熬出来的，我的无耻是百般迁就溺爱出来的。

一些孩子出走、自杀、犯罪，看似是孩子自己的选择，其实是父母行为的反应或结果。譬如，自杀就是因为父母的过分宠爱给孩子形成了错误判断：“既然你如此爱我，现在我的要求再不合理，你也要答应我，否则我就用死来回应你。”孩子不知生命只有一次，逝不可复。这一错误是谁造成的？仍是父母。父母应该在孩子3～5岁时就找机会给孩子一个明确的态度展示：“如果你做得不对，我就不爱你！”当然，这需要相关的知识与操作的技巧。

第三，家庭抚养不仅是物质的，更重要的是心理抚养。

曾有一位父亲勤奋努力地挣下了万贯家财，却突然发现长大了的儿子已经变得不可理喻，沉溺于网络。无奈之下，他找到一位少年问题专家，说：“你帮我教育好我的儿子，我就给你10万元！”我当时曾撰文告诉这位父亲：你错了，教育孩子是你作为父亲不可推卸的责任，更何况对人的心理教育是从情感开始的，而最基本的情感就是亲情。如果没有亲情，就不可能形成人的基本情感反应。没有正常情感反应，一个人又如何会被教化？

所以，给孩子挣钱的时间不如自己陪伴孩子的时间，给孩子存钱的努力不如教给孩子做人做事的努力，找奶妈带孩子不如自己辛苦带孩子。这是家庭教育很重要的理念，即抚养与情感、情感与教育息息相关。

第四，人性教育比智力教育更重要，性格才真正决定命运。

在现代家庭教育中，很多家长在浮躁与欲望的社会背景下越来越偏重于孩子的智力发展，似乎孩子的分数和所读的重点学校就决定了孩子的起跑线，就决定了孩子的一生。这是家庭教育认识中一种严重的偏差。智力、分数、学历虽然重要，但是纵观人类历史，绝大多数被人们敬佩和记住的成功者一定是有人类最基本的情感，他们有责任感、同情心、博爱，他们能自制，能付出，能与人合作。

而责任、自制、合作、付出等，均为人的性格，不属于智力的范畴。

第二次世界大战时，一位从集中营幸存的中学校长曾写信向所有老师提出一个请求，这也是所有家长应该听到的话：“请帮助我们的学生成为具有人性的人，你们的努力绝不可以制造出学识渊博的怪物，多才多艺的心理变态狂，成绩优良却杀人不眨眼。读、写、算只有在能使我们的孩子具有人性的时候才具有重要性。”

第五，对子女的爱护，其前提是尊重，家长要知道儿童和生命的基本权利有哪些。

由于孩子的弱小，由于孩子需要引导，这也就造成了一些家长的认识误区，认为自己有权替孩子作决定，有权决定孩子的全部生活，甚至将自己的理想强加在孩子头上，将自己的意志强加于孩子心中。比如，一些从不懂电脑和网络的成年人居然极力呼吁在孩子面前消灭网络。在这种家庭教育背景下的孩子，或在这种成年人身边的孩子，虽然衣食无忧，但却不快乐。

许多孩子虽获得高学历，却以自杀了却一切。每当此时，痛不欲生的父母都会问道：“这是为什么？”原因很简单，一个从小没有感受快乐的人怎么会有健康阳光的心态？一个从小没有被亲人或社会善待过的人怎么会温情地善待别人？一个从未体验过被尊重的感觉的孩子怎么会有自尊而自制，又怎么会尊重别人的权利和生命？即使我们成年人给予他们生命，给予他们成长中所需的物资，“被给予者”仍有独立的人格，他们仍需要被尊重，需要平等地商量、理解和沟通，包括我们在为未成年人的立法中都应坚持这一理念。所以，未成年人的问题取决于成年人社会的努力程度。

第六，改变孩子的行为须先改变大人的行为。

我认为，家庭教育的首要工作是如何对家长们进行教育，如何让父母了解孩子的成长心理过程，大人们如何在孩子出现问题时能够有意识地主动发现自己的问题，先调整自己。能做到这一点，家庭教育才具有真正的价值。

曾有一个真实的案例，一个男孩在接触网络后略有些成瘾，先后用作业本写了数本网络日记。此事被家长发现后，爱孩子的家长责骂了这个误入歧途的孩子，烧掉他的网络日记，并明确地表示出严厉的制止态度，而孩子也答应不再上网。但在这之后，孩子仍然出现了一次“身不由己”，又去了网吧。尽管此次食言后家长并没有马上责骂他，可他在第二天竟选择了自杀。伤心的家长不明白为什么在没有责骂的情况下孩子要自杀。其实，家长如果不烧掉孩子的网络日记，如果能认真地读一下孩子的网络日记，早就可以发现孩子存在沮丧与自卑等心理问题。可是，家长没有这样做。所以，改变孩子的行为必须先改变大人的行为。

——摘编自李玫瑾论文《家庭教育的六个理念》

第八章　高学历不代表不会得精神病

心理上、精神上的问题可能与社会变化有关

窦文涛：格子[①]，我觉得最近[②]咱们应该多请教李玫瑾老师，因为我越发感到中国人的精神状况不太正常。中国有十几亿人口，过去有一个数字说，将近一亿人有种种潜在的、明显的心理问题。

李玫瑾：对。我曾经因为一个案件去过一家精神病院，跟他们的医生和院长聊过天。我们知道春天是精神病的高发期，所以我当时就问那个院长："在春天，由你们负责发药的人数占这个地区人口的比例是千分之几？"院长回答道："不是千分之几，是百分之十几。"也就是说，将近五分之一。

刘少华：很多人连睡眠异常都被归入精神类疾病。

李玫瑾：对，抑郁症、焦虑、躯体化症状都是，更别说什么精神分裂、妄想那些严重的病了。心理上的问题和精神上的问题，在现在这个社会真的是越来越严重了。这可能也跟社会的变化有关。

窦文涛：失衡。

李玫瑾：对，我们原有的比较稳定的生活环境被打乱了，比如说农村人大量走了，城里挤进来很多人，两边都会觉得很不舒服。进城的人没有根，父母都不在这儿，得靠自己打拼，然后还得把父母接过来，而城里的人就觉得空间

① 刘少华的笔名为"司徒格子"，"格子"是窦文涛对他的昵称。刘少华，1989年生，2011年毕业于武汉大学新闻学系，2013年硕士毕业于清华大学新闻与传播学院，现任《人民日报》（海外版）记者。窦文涛1989年毕业于武汉大学新闻系，刘少华是他的学弟。
② 本期节目于2017年7月6日播出。

被挤压了。在这个过程中，很多人生活上都有一种压力感。

高智商并非就不会得精神病

窦文涛：有个女孩子最近在网上有太多人议论她，但是要介绍她的事情，咱们作为有公信力的媒体，我都不知道该怎么说，因为我觉得这件事很诡异。这个女孩子，咱们就不说她的名字了，首先是某网站有一个网友写了她的故事，叫大家要帮助她。[①]我唯一能够知道的是，这个女孩子今年30多岁了。

① 2017年5月，一位化名为“康莫”的女孩在某网站“父母皆祸害”小组发布了一封求助信，主题为：“某大学硕士被父母以其患有精神病为由强制服药7年。如何改变现状，并从根本上解决问题？”6月26日，网友蒙大奇根据康莫提供的信息写成《我考上了名校，但最终死在了原生家庭手里》一文，然后发布在某网站专栏里。文中称，康莫1983年出生于某市一个普通的工薪家庭，家里经济状况尚可，但父母一直关系不和，经常吵架，有时候甚至大打出手。康莫说她母亲因恨丈夫而迁怒于她，经常因一点小事就谩骂她，还禁止她跟男生接触。为了逃离这个家，康莫很努力地学习，于2002年考上外地某大学的广播电视新闻学专业，还跨校辅修了另一所大学的心理学专业，四年后分别获得文学学士学位和理学学士学位。父母希望她毕业后能回老家工作赚钱，但她执意去香港一所大学深造。2007年12月获得文学硕士学位后，她不顾父母的反对，又去欧洲攻读临床语言学博士学位（此处说法与康莫本人发布的求助信内容有出入，康莫说她本来获得一个去奥地利读博士的机会，虽然不需要交学费，但因为她当时没有机票钱和生活费而选择放弃，后来又申请到了欧盟委员会提供的全额奖学金，要在欧洲三个国家的三所大学攻读她的第二个硕士学位）。但她的身体一直不太好，从初中开始就患有颈椎病和腰椎骶化，而且左眼弱视，几乎失明，右眼远视加散光。在欧洲完成学业的最后阶段，她的视力非常模糊，无法读文献和写论文，同时还有四肢无力的情况。经诊断，她的眼睛玻璃体混浊，而且血液中检测出重金属中毒。她的身体经过治疗后大有好转，但父母骗她说，如果她回家就给她买钢琴。从小就对音乐极感兴趣的她经不住诱惑，于2009年11月乘坐飞机回国。她回家后发现父母非但没有给她买钢琴，而且不让她出国完成学业，她只好委托同学帮她办理了退学手续。从2010年开始，父母多次把她送去医院的精神科接受治疗，她被绑在床上，被强制喂药、扎针、做电休克治疗等。2016年，她还被迫办了精神残疾人证。蒙大奇在文末呼吁网友关注此事，并帮助康莫恢复自由。此文一时引起舆论的关注，而后康莫在志愿者的介入下，主动脱离了父母的看管。康莫自认为没有精神病，但据《每日新报》记者调查发

她上过四年大学，又去香港读了硕士，后来又考到奥地利一所大学，还拿到了奖学金。但是很奇怪，这篇文章代她指控说，她的父母亲多年来一直把她当作精神病人，多次把她送到精神病院去。她的父母想要控制她，文中甚至用了“软禁”这样的词。她到了奥地利以后，父母又找个理由把她骗回来。

刘少华：说要给她买钢琴。

窦文涛：我怎么听着就觉得她有点不太正常。

刘少华：一架钢琴就能把她弄回来。

窦文涛：对呀。我再次说明，这个事情我觉得很诡异。事实到底是什么呢？有人说她被关在家里，吃了治疗精神病的药，现在人都胖了，脚都肿了。据这篇文章投诉说，她父母还逼她办残疾人证，说要是不办的话，就把她送去精神病院治疗。李老师，这个事你不觉得很诡异吗？

李玫瑾：不诡异，我觉得她就是个病人。当然，这是我个人的看法。为什么呢？首先我们大家要明白一点，不是说高智商就不会得精神病。这是我们应该要改变的一个观念，其实有很多精神病人非常聪明，甚至在某一个方面超出常人。第二点就是，一旦发病的话，精神病人是没有很好的自我意识的，所以会出现一些让周围人觉得他很反常的问题。我想，如果这个女孩完全是个正常人，是被父母迫害的话，那她身边的同学是不会没有声音的，而目前只有媒体的声音。

窦文涛：格子，你说她要真是得了精神病，可是你看她在大学读书四年，好像还成立过什么自行车协会，而且当年很多同学是不是也觉得她是正常的？

刘少华：是正常的，所以校友会说要去解救她，已经去找她核实情况了。

窦文涛：你跟校友打听情况，你的判断是什么？

刘少华：我的想法跟李老师不太一样。因为李老师判断她精神有没有问题

现，她曾先后被多家医疗机构诊断出患有精神病。离家在外的康莫因多日未服药，导致病情加重，后来被送进一家精神病医院接受治疗。医生说，这是她发病最严重的一次，治疗后可能无法再像以前一样与人正常交流。

是很专业的，我这方面不但业余，而且我自己的精神有没有问题我都不知道，所以我能想到的是极端个案。个案有时候也具有分析的价值。有时候我们得从个案跳出来。这个现象为什么引起像我这一代这么多人的强烈反弹呢？2008年，有人在某网站建了一个小组叫“父母皆祸害”。这个小组一度非常大，这个女孩也在组里。这个小组很有意思，它的名字取自英国作家尼克·霍恩比[①]写的一本书，书名叫《自杀俱乐部》。这本书很有意思，里面有四个主角，其中有一个叫洁丝的小女孩。他们组成“自杀俱乐部”想自杀，洁丝在回想她青春期为什么失败的时候就说了这句话：“父母皆祸害。”这句话在两代人之间引起了强烈的反弹。有很多五六十年代的人说：“你凭什么说父母皆祸害？我们含辛茹苦把你养大，你知道有多不容易啊！我们要替你做这个决定做那个决定。”实际上，“80后”和“90后”觉得，我要的不是你的那个决定，而是要你放手。所以，我从这个事看到，它其实体现了这个女孩和她父母之间的冲突。但是，她家具体的家庭内部情况到底是怎么回事，还有她是不是精神病人，我不知道。她父母是不是有问题，我也不知道。但是，仅从看得到的来说，你可以知道这两代人之间有着巨大的认知差异。

窦文涛：对，我在网上也看到有些人甚至对校友会都有意见，说你们也不是精神病专业机构，她到底是什么情况还不清楚，假如你们真是采取措施把她弄出来的话，你们负不负责到底呢？

“被精神病”背后往往暗藏动机

李玫瑾：我觉得这个事件里边有一个很简单的逻辑：她的父母并不是很富有，她父亲可能也不是一个很能说的人……

① 尼克·霍恩比（Nick Hornby，1957— ），英国当代作家，最擅长五味杂陈的英式幽默文字，慧黠诙谐中透着严肃和感伤，被誉为“抑郁喜剧”大师。著有《自杀俱乐部》《失恋排行榜》《如何是好》等多部作品。

刘少华：她母亲比较强势。

李玫瑾：对，但是她家并不属于那种非常有知识、非常有头脑、非常有钱的。他们家不富有的话，凭什么要把孩子送到医院里，每个月还要付医疗费呢？因为她要是住精神病院的话，那是要花钱的，对吧？当然，国家也付一部分钱。

窦文涛：李老师，你说把家里人送到精神病院去，有可能会发生他明明是个正常人，但是被送去以后就当精神病人来治的情况吗？

李玫瑾：有这样的，比如说出于特殊的目的。我记得20世纪80年代就有一个女的是上海人，有个男知青是边远地区的，他想回上海，就跟她结婚，婚后就说她有精神病。后来这个女的就在上海做了精神病鉴定，结果说她有病，她又跑到北京来鉴定，这边却说她没病，所以法院就没法判决他们该不该离婚。精神病确实有这种搞不清真假的问题。

窦文涛：所谓“被精神病”了。

李玫瑾：还有一种情况就是想要你的财产，比如妻子为了把丈夫的财产转移到自己名下，就通过各种症状来说他有精神病。

刘少华：这个女孩描述说她的母亲跟丈夫极度不和，她把自己一生的不幸都归咎于丈夫，而且认为女儿仅仅是她丈夫的孩子，而不是她的孩子。

窦文涛：不是亲生的？

刘少华：是亲生的，但是在心理上，她母亲觉得女儿只是这个男人的孩子。当她打骂女儿，甚至无端奴役女儿的时候，她其实是有这样一种心理在的。“奴役”这个词我可能用得有点大了。这个女孩说，她母亲其实很想找一个人一直使唤着。

李玫瑾：你这个材料是这个女孩本人说的，还是她身边的同学说的？

刘少华：是有人去采访以后写出来的。

窦文涛：采访这个女孩本人？

刘少华：对。

李玫瑾：也就是她自己说的话，对吧？这个话是单向的，所以不能相信。

窦文涛：这个就很麻烦了。说到精神病，我当然没有这方面知识，但我听说要是把你强行送到精神病院去，你说你不是精神病人，人家却越看你越像。

李玫瑾：也有这种。

窦文涛：精神病院这么不专业吗？难道它不能客观地断定一个人是不是真有精神病吗？

李玫瑾：有一类精神病是很容易识别的，就是他完全丧失了生活能力。这一类不需要专业知识，任何人都可以识别。最难鉴别的是边缘状态，就是介于正常和异常之间，他可能一会儿正常，一会儿异常。这种情况，我们也叫作“间歇”，比如像癫痫类就比较多见，精神分裂也是这样。有些精神病人发病的时候，行为是非常怪异的，但不一定有危险。比如，他会突然出现在你家里，当你吓一跳的时候，他很开心，笑笑就走了。像这种情况，你说是不是需要把他送到医院啊？他服药一两个星期之后又很正常了。你问他为什么到人家家里去，他说因为那女的长得很好看。

刘少华：我们知道精神病人犯罪之后是不用承担很严重后果的。如果有人犯罪之后装精神病，能看出来吗？

李玫瑾：这个也是我和一些专家在争议的问题。我从犯罪心理学角度是能看出来的，但如果要从精神病角度来鉴定的话，则比较困难。我会看他是如何作案的，包括他的目标，他的选择，他的工具，他对时间和地点的选择，他对侵害对象的选择。如果从这里头我们可以看出他哪些时候是有控制力的，哪些时候是没有的，就可以判断他是不是有精神病。但是，我想说明一点：有精神病的人，他有时候会处在交叉之间，也就是说，他也会对这个事件有记忆，也会知道这个事情是怎么回事。但是，应该这么说，有些精神病人并不一定犯罪。事实上，真正的精神病人犯罪并不多。有一些类型的精神病会有妄想，我认为这个女孩就有点妄想。但是，我们现在听到的话都是单向的，我们所知道的她父母亲的情况都是由她说出来的，我们没有去核实。这个家庭本身不是很富有，他们就这么一个女儿，把她送到精神病院去能得到什么呢？他们为什么要这样做呢？从动机来看的话，你找不到任何理由。

关于精神病的定义，目前仍有不同的表述，有广义与狭义之分。广义的精神病，又称精神疾病（psychopathy），泛指一切心理疾病，也称精神异常（mental disorder）。这常用来作为学科名称，而在专业领域中，更多的是使用狭义的概念，一般指持续的精神紊乱或错乱（lunacy，insanity，psychosis）。

具有精神疾病的人，有的是因遗传或生理因素致其出生后即具有终身病态的特点；有的则是在某一年龄发病，进而具有终身带病的特点；有的是由外部不良的物化刺激引发，如外部病毒或硬伤对大脑造成伤害所致，同样具有终身性特点；还有因不良心理刺激引发的精神病，如失恋、被人惊吓等造成的严重创伤所致，这类疾病多数具有病程，并随年龄、生活环境、刺激、事件变化等出现或轻或重、间歇（即时好时坏）、痊愈等情况。

精神病有诸多类型，具有攻击类与非攻击类的区别。具有攻击性的精神病一旦发作，常常会出现所谓“犯罪行为”，如精神分裂症患者容易出现攻击行为，从而导致重伤他人或滥杀数人的情况。但是，他们这种行为是在神志不清、心理混乱的情况下发生的，并非有意所为。因此，世界各国都立法对这类犯罪人予以刑事责任的免除。准确地说，因精神状态而免除刑事责任的情况仅这一类人。

在现实的司法过程中，真正让人感到判断困难、需要专业判断的是一些犯罪嫌疑人伪装成精神病人，装疯卖傻，胡言乱语，自称记忆不清等，造成其感觉、知觉、记忆、思维等智力活动有障碍的假象，这种情况下需要专家予以鉴定。还有一些情况也需要鉴定，如作案人作案时可能处于边缘状态。所谓边缘状态，是指心理活动状态处于正常与异常的交界或临界区域。还有的人可能是“曾经有病”，但现在有恃无恐，在间歇期间没有发病的情况下故意作案。面对这几类复杂的局面，出于司法审判的公正与严谨，需要专业人员通过专业手段（包括工具与仪器检测）进行特别的鉴定。

——摘编自李玫瑾专著《犯罪心理研究——在犯罪防控中的作用》

有一些精神类的病和性发育有关

窦文涛：您说这个女孩是受迫害妄想狂，这个病有什么特征？

李玫瑾：其实，这个信息本身的来源我都很质疑，因为它所报道的东西都是这个女孩自己的话，没有第二个人说的话。我举个最简单的例子：我在基层当警察的时候，第一拨人来报案时说：“我们在马路上开车，有人公然砸我们的车，车里还有客人呢。”在大马路上开着小面包车被人砸了，这涉及公共安全啊，于是我们就开始调查这个案件。当我们听这边被砸的人讲，就觉得这个犯罪人很猖狂。当我们把那边的人抓来以后，马上消息就反转了。那边的人说：“因为他有一次别了我的车以后，还找人把我打了一顿，打得我很惨，所以我才找人报复他。”你听完这话才明白，被砸车的这个人原来也挺坏的。

刘少华：我最早到媒体报道冲突事件的时候，一个前辈就跟我说：“你千万不要同情任何一方，那里边 99% 说不好听的叫‘狗咬狗’。”

李玫瑾：我认为这则信息最大的问题就是只有单向的信息，只采访了这个当事人，没有去采访任何其他人，比如说医生、她的父亲、她的母亲。至于她的同学，我觉得有很多都是过去的。你正常的时候咱俩是同学，等你发病的时候咱俩已经分开了，我怎么知道你发病的情况呢？

窦文涛：但是，您看这个人在内地上了四年学，在香港又上了一年学，大家都没觉得她有什么问题，好像没人说她有什么不对劲。

李玫瑾：她具体的发病时间，我也不太清楚，因为现在就这么一篇报道。但是，我想说的是，有一些精神类的病和性发育有关，它跟激素或什么有关。这个女孩如果是正常的话，她应该早就交男朋友了，而且男朋友应该会知道她正常与否。这则信息只采访了当事人，我现在只能用排除法。

窦文涛：单向信息。

李玫瑾：这是第一点。第二点，她的父母并不是很有钱，把她送到医院里能得到什么好处呢？再怎么样，她的父母也应该有点功利目的在里边吧。第三点，她的生活到现在也不是太正常。我想说什么呢？不是说学历高就不会得精神病。现在我们大家就觉得她有这么多学历，有内地重点大学的学历，有香港的学历，然后又到国外去留学，但是并不是说这三个就能证明她一辈子不会得病。

刘少华：我有点不同的看法。第一点，李老师说她一直没有男朋友这个事，我作为年轻人知道成为单身狗是很正常的一件事情，就是人很容易成为单身狗的。

李玫瑾：她没有男朋友，不等于没人追求吧？

刘少华：这个我们就不得而知了。

窦文涛：还有一点就是，这篇文章的叙事当中有些很诡异的地方，比如说她到奥地利读书的时候突然检查出身体有问题，血液里重金属中毒，眼睛玻璃体混浊，但是又没有说她怎么就得了这种病。

刘少华：这有可能是吃中药得的，因为有很多中药是富含重金属的。

李玫瑾：那就有一个问题了：是谁让她吃药的？那时候她父母没有跟着她，对吧？

刘少华：但是，她可能跟父母还是有接触的。我其实想说的是父母这一方的问题，因为我一直觉得她的父母是有点问题的。李老师说他们没有动机，我反而觉得他们不需要一个动机。一个人年轻的时候成长得不好，可能有各种各样的问题，他自己也没有被教育好，然后稀里糊涂就结了婚，婚后发现跟这个人感情不和，双方心理都发生了巨大的变化，这时候却又稀里糊涂地有了孩子。但是，有了孩子并不会让一个人变好，也不会让人天然地成为一个好父母。我们中国人又特别爱强调孝心，孝心好像就是一个大前提，是不需要讨论的一个问题。当然，我们对父母得有孝心，但这并不代表父母都是正确的。

窦文涛：这个是两方面的问题，一方面就是格子讲的这个角度，也就是现在很多孩子觉得父母皆祸害。有些时候父母的那种偏执，我也是不能解释的。比如，有个女孩说她都结婚了，她妈妈还要控制她。怎么控制她呢？她怀孕了，她妈妈就天天逼着她吃吃吃，居然是因为什么呀？她妈妈说："你姐姐生了个孩子八斤八两，你生这个孩子要是到不了八斤，那不行。"我看到网上有些人在骂自己的妈妈，说我妈妈怎么是这样一个人！这能解释吗，李老师？

李玫瑾：我前不久在电视台做了一期未成年人犯罪的案件分析，有一个女孩也是这样，最后把她妈妈绑在家中，导致她妈妈死亡。这个案件很正常在哪儿呢？就是这个女孩当时在青春期，很逆反。她当时有一个同性恋的对象，她父母就觉得是她交了这个对象导致她青春期学坏，就想把她和这个对象隔离开来，于是把她送到一个所谓戒除网瘾的特殊学校。你知道那种学校是没什么资质的。

窦文涛：电击。

李玫瑾：结果那个女孩在那里被电击了，出来以后非常恨她父母。她父母还在想着劝她回心转意，好好进学校学习呢，结果她把她妈妈控制在屋里，最后导致她妈妈死亡。像这样的案例，我认为它是有一个逻辑过程的。这个女孩很正常，她父母也在管她，但是管的方式不对，导致她对父母的反抗，最后导致她母亲死亡。可是，我觉得网上这个案例好像不是这样的，不具有父母祸害她的这种情况。我认为她可以代表一个人群，就是父母没有受过太高的教育，对教育孩子没有什么方法，但是他们爱孩子，结果让孩子感到很压抑，这时候有冲突是可以理解的。可是，我们看到她已经从大学毕业了，然后到香港去上学，这两个阶段她都不在父母的控制范围内，而且她后来又出国了。

窦文涛：她说被软禁在家里，中午也是有几个小时的放风时间可以外出的。

李玫瑾：她是有一定的自由范围的。你都拿文凭了，凭什么你回来以后就让你成为病人呢？我认为这个逻辑是很难成立的。

窦文涛：就有点怪。

李玫瑾：如果她没有病的话，父母是不会把她送到医院里的。

窦文涛：李老师，综合格子和你的怀疑，我就想有没有那种一家子都不太正常的案例，也就是父母、子女都不太正常？

李玫瑾：有啊，但是一家子都不正常，这有点夸张吧，一般就一个不正常。当一个人出现精神问题的时候，有可能会有遗传上的问题，他的父亲或者母亲有异常，甚至还有隔代的。

判断是否精神病有时候很难

窦文涛：李老师，比如说我现在需要潜入精神病院，我是一个正常人，我能不能骗过精神病院的医生，让他们认为我就是个精神病人？

李玫瑾：当然可以。我们现在常用的《精神疾病诊断与统计手册》已经是第五版了，它每一版大概都要改过两三次，所以它已经改过十多次了。精神病麻烦在哪儿呢？就是它里头有很多问题非常复杂。"精神"这俩字，实际上包含着大量的心理学术语。像人的感觉、知觉、注意、思维、记忆，包括信仰、行为、意识，这些都可以是单独异常，也可以是混合性的异常。所谓精神分裂，就是混合异常，其知、情、意三者不协调，全乱了。但是，如果是单独异常，比如说你患鼻炎，你到协和医院去挂什么科呢？它叫变态反应科。"变态反应"是什么意思呢？比如说咱们都在吃海鲜，别人吃完没事，你第二天起了一身大包。

窦文涛：过敏。

李玫瑾：对，过敏反应就属于非常态。注意力缺陷也是一种异常，像孩子有时候有多动症，他就坐不住，肾上腺分泌还没有完全成熟。还有像信仰的异常，你看信邪教的很多人都很正常，可是他就能被忽悠得稀里糊涂。

窦文涛：那是正常人被忽悠呢，还是他本身就有点精神病？

李玫瑾：他被忽悠到最后也不太正常。他这种状况在正常人群中属于不正常，但他是不是有病呢？这就要说到什么叫作“病”了。病，它很麻烦在哪儿呢？一般来讲，病都属于要给药物治疗的。像抑郁症有时候也给药物治疗，而精神分裂症肯定是要给药物治疗的。当然，有些病是没法给药物治疗的，比如说重度痴呆，再怎么吃药也好不了。像有些抑郁症虽然要吃药，但它不属于精神病。但是，在病的分类当中，它仍然算是《精神疾病诊断与统计手册》中的一类。

如何理解精神病中的“精神”？在此可从最基本的词义观察。《现代汉语词典》中对精神病的解释是：“人的大脑功能紊乱而突出表现为精神失常的病。症状多为感觉、知觉、记忆、思维、感情、行为等发生异常状态。”再观心理学对心理现象的定义：“心理现象指认识、情感、意志等心理过程和能力、性格等心理特征。”从基本词义观察，这两个词虽表达略有差异，但内容基本相同。在英文词典中，“精神病”一词是“psychopathy”，而“心理学”一词为“psychology”。这两个词中皆有一个前缀词“psycho–”，其基本含义是指精神、灵魂、心理之意。从中文到英文，都可发现“精神”和“心理”实质上都指人的基本心理现象。

最早提出“精神”概念并将其作为研究对象的起源学科，可上溯至人类早期的宗教和哲学，但真正将其作为独立的、科学的研究对象则为心理学。心理学中有一个著名的学派即精神分析，它重点研究的心理问题就是异常的精神现象——神经症。这一研究也被称作精神病理学（psychopathology）。当精神病理学与医学结合时，出现了精神病学（psychiatry）。当精神病学被用于诉讼法学时，又出现了司法精神病学。

由此可见，无论是称“精神异常”还是“心理异常”，都是指一类现象的异常，只是研究角度不同，研究目的和使用要求不同，进而形成不同的学科名称。尽管精神病学作为医学分支，是研究和治疗病态心理的学科，但其基础理论或研究中仍有心理学和变态心理学，尤其是精神疾病的检测和判断常常需要心理学的基本方法和研究结果（如心理量表或人格量表）。不仅如此，精神病学对心理疾病的治疗思路和方法，仍有相当一部分内容是来源于心理学的研究成果。弗洛伊德精神分析理论至今都是精神医学的基础理论之一。

变态属于一种异常现象（abnormal）。所谓异常，是指异于常态。所谓常态（normal），并不是一个法学的概念，也并非出自心理学或精神病学科。确切地说，常态概念源于数学或统计学，是指一种范数，即标准数值，比如平均数。该数字常被用来作为与个别数量进行比较的根据。这一术语被引入心理学是为了对人的个性心理进行测量和比较。在心理学中，常态也被称作常模（norm），是指标准化样本的平均数以及平均数上下的标准差。当心理学家对某群体样本进行心埋测量后，经过统计处理便可得到一个常模。若要了解某一个人或某种特定心理现象时，也对其进行同样的标准测试，得出一个分数后再与常模进行比较，如果该数值在常模数值的平均数周围或者在标准差范围内，其心理水准就为常态；如果该数值远离平均值或超出标准差范围，就为超常或变态。所以，变态或异常的概念永远是相对于常态而言的。由此推论，常态行为就是人群中多数人的行为；对个人而言，常态行为就是其日常行为。

非常态的行为又分两种，一种为正态中的非常态，即在数量分布中超出常态范围、接近正数（+）极端的位置，简称“超常”。比如，智商超出120就为智商超常，且数值越高就越超常。具有超常智商的人能够学习高难度的知识，从事复杂的科学发明活动，这种智力活动并非人人能及，因此被视为正态超常。另一种情况则是负态中的非常态，即位于负数（–）分布中接近极端的位置。比如重度智残，一般指智商在30以下，可导致人生活自理困难。这种智商也超出常态，但不被称为超常，因其为负态，故被称作变态。一般而言，超常是指接近正极的少数，变态则指接近负极的少数。所以，变态即负向的异常。

一般而言，人的变态肯定具有变态行为，但不能反之推论，说有变态行为就一定是变态的人。那么，何谓人的变态？根据精神医学判断精神异常的五个标准之一，即经验标准（也称众人标准），就可作为对人是否变态的基本判断。例如，酒后异常的人是绝大多数人都能够直接发现并判断出来的，从他说话的声音和语调，从他走路的姿态和动作，都可判断出他处于酒后状态，不是常态。类似的判断还有，村民们对一个顽劣少年断言道：“这孩子长大了不是个好东西！”这多是对变态人格者的判断。我们走在大街上看到一个面部表情傻笑、着装不合季节、行为古怪的人，不需要精神病大夫的指教，也知道这是一个较严重的精神病人。概言之，凡是从经验就可直观地看出此人的异常，此人即为“人的变态”。

人的变态也有类型之分：有的人仍有常态生活，如变态人格者；有的人只在特殊异常状态时不能有常态行为，如醉酒的人不能正常驾驶，但在醉酒状态消失后仍能恢复正常的行为并进行正常的生活；有的人则完全不能正常生活。

除了行为变态和人的变态之外，还有一种是心理变态。心理现象的表现形式多种多样，同样，心理变态也有很多表现形式：意识变态，如夜游症；注意变态，如儿童多动症；感觉变态，如五官过敏反应；知觉变态，如严重错觉；想象变态，如幻觉；思维变态，如白日梦；情绪变态，如歇斯底里；兴趣变态，如恋物癖；需要变态，如饮食过度；信仰变态，如痴迷邪教而自杀；智力变态，如弱智或呆傻；性格变态，如自闭症；人格变态，如偏执等。这些异常都属于精神疾病的范畴，也属于心理异常的范畴。其中，有的变态可让人丧失基本的生活能力，如严重智力变态，即呆傻；有的变态会影响人的日常生活，如时常幻听；有的变态只是“小病一桩”，如过敏反应，经过治疗以后几乎不影响个人的日常生活；有的变态则会影响身边的人，给别人造成困扰，如偏执人格。

——摘编自李玫瑾专著《犯罪心理研究——在犯罪防控中的作用》

窦文涛：还有一个很恐怖的问题，我觉得是全世界的人都有的一种恐惧，那就是被强行送往精神病院。实际上，历史上发生过这种事啊。这也是整人的一大手段，就是把你弄到精神病院。但是，精神病院到底是个什么地方呀？是不是进去之后，你要是被认为得了精神病，电击你也好，喂你药也好，你就是出不来呢？

李玫瑾：你说的这个，确实有真事发生过。不是有一个故事嘛，说一个司机去运精神病人转院，结果在半道上仨病人跑了，他就到一个车站问谁要去某个城市，有三个人说我们要去那儿，于是就上了他的车，然后直接被拉到精神病院。医生过来接他们时，这三个人就说我们不是精神病人，其中有一个还是大学老师，他说自己知道地球是圆的、地球围绕太阳转之类，后来他越说越多，医生就说他有精神病。其中有一个人一看那两个都被整了，就特别老实，让他穿衣服就穿衣服，让他进屋就进屋，让他坐下就坐下，第二天给他刮胡子、理发的时候，他就说“谢谢”。最后护士就说这人特别有礼貌，也没有暴力性，感觉他不像精神病人。后来这人出院了，才把那俩人救出去。

窦文涛：格子以后进去了，知道怎么办了？

刘少华：我知道了，有人给刮胡子就说谢谢。

李玫瑾：这种误判的情况确实有。我在2006年因为邱某某[①]的案件和一些精神病医生发生过争执，他们当时也说邱某某有精神病，但我后来认为邱某某是没有的。在这个过程中，我发现有些精神病医生的判断标准确实比较随意，比如说有“返祖兽性化”特点的都是精神病人。我觉得像这种判断标准就很可怕。邱某某在道观里放火，把那10个人杀了以后还开膛剖肚，然后在墙上写字，像什么“奸淫者仙地不容”之类的。当时就有人认为他有精神病，但我认为不是。为什么呢？他在整个作案过程中是有辨别的，有等待，有控制，什么都有，包括他有反侦查的手段，所以能逃出包围圈。精神病这个现象比较复杂，像美国在法庭上涉及这类问题的时候，都要请两种专家来鉴定，一种是精神病专家，还有一种是心理学家，因为二者的角度是不一样的。精神病专家更多的是以症状来判断，他们是按照病的特征来辨别的。比如说，你要是得了感

① 邱某某，1959年生。2006年6月18日至7月2日，邱某某与妻子先后两次到某道观抽签还愿，其间因擅自移动两块石碑而与道观管理人员宋某某发生争执，又认为道观主持熊某某有调戏妻子的行为，由此心生愤怒，遂产生杀人灭庙的恶念。7月14日深夜，邱某某用弯刀和斧头杀死熟睡中的熊某某、宋某某等所有道观管理人员和香客共10人，并剜除熊某某的眼球、心肺和脚筋，将其心肺烹炒后喂狗。次日，邱某某将道观内一只白公鸡杀掉，用鸡血在一硬纸板的正反面写下“古仙地不淫乱，违者杀”等字样，然后放火烧掉作案工具和道观，带着从熊某某房内搜出的700多元钱逃离现场。在潜逃期间，邱某某又使用暴力手段劫取他人财物，致1人死亡、2人重伤，后于8月19日被公安机关抓获归案。10月19日，邱某某以故意杀人罪和抢劫罪被判处死刑，后因不服判决提起上诉。有精神病学专家和法学专家吁请对邱某某进行司法精神病鉴定，其中以某精神病学专家的观点最引人瞩目。他认为邱某某有家族精神病遗传史，又有思维障碍中典型的非血统妄想，作案时不仅“残酷杀人”“滥杀无辜”且“剩余杀人”，完全契合他所研究的“返祖兽性化症状群”。但李玫瑾认为邱某某并不是精神病人，而是有偏执人格，主要是认知偏结导致他走上犯罪之路。省高级人民法院认为邱某某作案时具有完全的辨认和控制自己行为的能力，故对其辩护人要求进行司法精神病鉴定的意见不予采纳，驳回上诉，维持原判。2006年12月28日，邱某某在二审宣判后即被押赴刑场执行枪决。

冒会有哪几个特征，如果是肺炎有哪几个特征，如果是“非典”有什么特征。如果你知道精神病的特征，你就可以伪装。但是，心理学家不一样，他们是按照心理的规律来判断的，比如说你做这个行为代表你有什么样的心理。我就看动机，像网上这个女孩，我就找不到她父母的动机，而像那个杀妈妈的女孩就有动机，因为是她妈妈把她强制关到那个戒网瘾的地方去的。

窦文涛：有被迫害妄想的人一样可以学业很优秀?

李玫瑾：对。也就是说，很多高智商的人很容易进精神病院。

刘少华：我怀疑现在有些名人有被迫害妄想症。

窦文涛：确实这个可以让我们想起很多人。

第九章　身体病了，心理也可能得病

滥杀犯罪的年龄集中分布在40岁上下

窦文涛：某县幼儿园的爆炸案①死了8个人，有60多人受伤，其中有8个人是重伤，嫌犯自己也被炸身亡了。此案现在警方已经宣布告破了，22岁的嫌犯许某某就在案发地附近租住，在他那儿发现了自制爆炸装置材料。警方还提到一个情况，他曾经因为植物神经功能失调休学了。我发现李老师您接受采访的时候说，您一开始以为案犯应该是个40多岁的人，没想到是二十出头的一个人。

李玫瑾：对。我把这类案件叫作滥杀案件，就是搞爆炸啦，纵火啦，拿刀一次砍杀超过三人以上啦。滥杀案件，大多数是人在生活中遇到一系列的挫折以后容易出现这种行为。所以，滥杀犯罪在年龄的集中分布上和一般犯罪不太一样，它集中在40岁上下，大多数人都是失业了，或者没有正经工作，然后家庭一塌糊涂，最后离婚了。一般这种情况比较多见，但是也有三分之一是他这种情况的。

滥杀是指在一个地点同时杀三人以上或在一个相对短暂的时间内连续杀数人的案件。这是杀人犯罪的一种类型。在刑事司法过程中，法庭所遇到的故意杀人案多是将杀人作为实现另一目的的手段，如为抢劫、奸淫、报复、灭口、排除异己等而杀人，故这类杀人可

① 指2017年6月15日下午发生在某县某幼儿园大门外的爆炸案。

简称为“工具性杀人”。尽管工具性杀人犯罪具有严重的社会危害性，但因其犯罪指向性明显，犯罪目的和原因也就容易被认识，进而可以针对这些目的和原因采取预防措施和完善相关法律规定。但是，滥杀犯罪不同，它是把杀更多的人作为一种行为目的，甚至不分对象，不需理由，故可概称为“目的性杀人”。

在收集了国内外各种滥杀案件后，我认为滥杀犯罪大致可分为三种情况：报复性滥杀、精神异常滥杀、表达性滥杀。

报复性滥杀，是犯罪人因为自己的某种需要或诉求得不到满足而出现愤怒性的攻击行为。报复性滥杀居滥杀案总量的绝对多数。这类报复就其方式还可分出两种：一种是针对令自己痛苦的人并围绕这一对象扩展报复，如因夫妻关系紧张而杀害对方一家人；另一种则是惧怕令自己痛苦的人，因此选择在无关场所对与之完全无关但容易得手的对象实施报复，如因失恋而跑到小学校园里实施犯罪。后一种报复往往在案发初期让人不明情况，感到恐惧。

精神异常滥杀的作案人，可分两种情况：一种是狭义的精神病人作案，他们已经患有严重的精神疾病，或者曾经有过精神病史，在发病期间作案，而且他们的攻击行为及滥杀往往只针对身边的人，不具有预谋性，也没有目标选择和自我保护性；另一种是酒后或毒瘾发作后的精神异常人员作案，他们的作案行为更具有不确定性，往往临时起意，也有一时被激起，随后疯狂，不仅伤害身边的人，包括亲属、朋友，还有跑到无关场所去伤害无辜路人的情况。精神异常滥杀行为具有特征性，如侵害对象随遇性、作案工具简单性，但危害也可极为严重。

表达性滥杀往往发生突然，找不到刺激源，也一时看不明引起犯罪的理由，但犯罪人具有明显的犯罪前准备过程和预谋特点，从作案预谋和行为控制得当等方面观察，这一切并非精神异常的人所能完成，如设计爆炸装置，选择犯罪时间、地点等。这种“预谋性”说明他们具有心理辨别力与控制力，不属于精神病或癔状发作导致的精神异常。但是，“无由性”，或他们发布的犯罪宣言、诉求缺乏现实根据，让人困惑不解。这类犯罪大多有事先表述，不同于一般的指向明确的报复。

上述三种类型相较而言，最为复杂的是第三种。这类犯罪人往往事先没有引起警方注意，他们没有犯罪前科，也无精神异常的记录，有良好的表现，如礼貌待人，自我掩饰能力较强。这类人一旦开始犯罪行动，成功的把握性极大，侵害目标也较为准确，从而造成的社会危害也最大。前两种滥杀一般涉及人数在10人以内，而这类滥杀则会造成数十甚至上百人的伤亡。同时，因其动机不明，事先征兆不明显，这类滥杀更让社会感受到一种未知的恐惧。

滥杀犯罪从最直观的角度分析，最先涉及的是人的外部行为表现，而这种表现是过度的、强烈的、暴力的。问题在于，引起这种强烈且过度的暴力行为到底是源于生理，源于外部刺激，还是源于个人的主观体验？我认为，报复性滥杀往往源于外部刺激；精神类的滥杀往往源于生理或遗传方面的问题；表达类的滥杀则源于主观体验即人生经历。当然，这种划分是相对而言的，生理问题或外部刺激并非没有主观感受，而主观感受问题也并非没有生理问题或外部刺激。

30～50岁的年龄段正值人的中年。古人曰“三十而立”，所谓“立”，通常包括成家和立业两件大事，即30岁的人基本的人生任务就是成家和有一份可以养活自己的事业。巧合的是，报复性滥杀最重要的两个原因恰恰与这两件人生大事密切相关，即情感（婚恋）挫折与做事（事业或职业）失败。

首先是婚姻问题。大多数人在30岁之后都走进了婚姻，假如一个人在30岁以后仍没有婚姻，或者婚姻出现不稳定现象，这是否意味着其情感生活相对来说“营养不良”？因为这一年龄段的人，其最基本的心理营养就是组建自己的家庭并形成亲情力量。有情感的人，才有社会性的牵制与被牵制的力量。人到中年的情感生活，尤其是婚后的家庭状况，是决定一个中年人生活质量的重要指标。

其次是事业或职业问题（等同于经济能力问题）。虽然经济状况不是情感生活百分之百的决定因素，但也是不可轻视的重要因素。中年人的家庭，其主要目的和任务是繁衍后代。一个人在30岁之前或独自生活，或刚组建家庭，孩子尚未出生，所以生活压力相对较轻。但是，30岁之后一旦组成了家庭，尤其是孩子出生以后，家庭对物质方面的需求必然加重，这就要求家庭中的男人具有较强的做事能力，即挣钱能力。这就对个人的“立业”即社会活动能力提出了更高的要求。为了稳定的经济收入，一般要寻找稳定的事情来做。为了稳定的工作或稳定的收入，个人就必须努力。但是，社会生活可不限于个人的主观意志范围，能够挣钱的人必须能够处理好个人生活与工作的关系，处理好个人与上司的关系，处理好个人与同事的关系，处理好个人与客户的关系，还要应对多变的外部刺激。在这种复杂的社会关系中，个人与他人、个人与社会的各种矛盾也会随之而来，在任何一点上的失败都会让人的经济压力倍增。

婚姻与事业二者的共性在于，这两件人生大事都不是一个人独处能完成的，婚姻需要两个人的共同经营，事业则需要与更多的人交流。所以，这两方面的挫折都与他人有关。当个人发现自己对他人的支配和控制失效，如情感失恋、婚姻失控、工作失业、朋友失去等，而且自己已经无力改变这一切时，对他人的愤怒自然就会发生，绝望的情绪也就随之而来，有人就选择把他人作为毁灭的对象。这大概是报复性滥杀的重要心理原因。

问题在于，看似报复的心理源于个人难以控制的他人因素，但进一步研究可发现，对于婚姻与事业同时失败者来说，外部的原因并非是主要原因，真正的原因在于其自身已经存在某种人格缺陷。情感挫折者往往具有任性、自私、自恋等心理缺陷，在生活中不具有责任感和担当，故容易被女性离弃。同时，弱能、不能吃苦、不能忍让等性格缺陷，也会导致他们事业上的挫折。犯罪心理研究发现，人的心理缺陷往往与人在早年被家庭宠溺和放纵有关，这才是他们成年后在情感生活、婚姻生活、社会生活中屡遭失败的重要原因。

由精神异常的人所为的滥杀案件，根据引发其疯狂滥杀行为的心理状况进行分类，大致有五种情况：狭义精神病状态、有病史但仍有犯意的精神异常、因长期患病引起的精神异常、因酒精引起的精神异常、因毒品引起的精神异常。

第一种是狭义的精神病人发生暴力攻击。其中最为多见的是精神分裂症患者。此病相当一部分发病原因是源于家族病史，多在人的青春期开始显现征兆，在青壮年期因学业压力或恋爱刺激而明显发病。除遗传之外，某些外伤尤其是头部外伤也会让人出现这类异常狂暴的表现，其中较为多见的是癫痫类的精神异常。这类情况相对复杂一些，有的人本来性情温和，但有过外伤经历，如遭遇交通事故等，其中伤及过头部的最容易出现这类病态。问题在于，一般身体外伤容易被医生发现并治愈，但对于脑部撞击伤，除血肿外，还可能有大脑皮层即高级中枢神经系统受到伤害，这往往不易被及时发现，甚至当事人已经出现一些心理异常却还不被亲属或身边人认为是病。这类人因脑神经异常——这种病症可通过脑电波检测出异常，也会在遇到某种刺激时突发暴力攻击行为。

第二种是具有明显的案发刺激，作案人有明显犯意，但同时也有精神病史的情况。例如，2004 年 8 月 4 日某地幼儿园曾发生滥杀儿童的案件，嫌疑人因为案发前领导通知他要退休而心怀不满，就拿刀到单位作案。虽然此人有过诊治精神疾病的记录，但这种滥杀行为仍具有明显的事件反应性，显示出当事人有明显不满的故意心态。这种人的心理问题在于，他们的精神水平类似于生理上的亚健康状态，容易受外部刺激左右，容易再度被刺激引发，也容易因自身疲劳等原因复发。

第三种情况是因个人患有慢性生理疾病，治疗多年不愈，导致情绪异常发狂而作案。例如，2010 年某镇某幼儿园发生滥杀案件，作案人吴某某因长期患病不愈，曾两次自杀未遂，后闻听租他家房子开幼儿园的园长曾在屋内砍死一条蛇，于是将久病不愈的愤怒情绪转向园长，在砍死园长后又砍杀在场的幼儿，致 9 人死亡、11 人受伤，然后自杀。还有近几年接连发生的病人袭击医务人员的案件，虽发生在不同的省市，但相似点在于作案人多是耳鼻喉科的病人。因为长期患病，某些慢性生理疾病给人带来的痛苦只有病人自己清楚。可见，当事人尽管无精神病记录，但生理疾病也可引起其精神异常。

第四种和第五种情况都是因物品（即酒精和毒品）引起的一时异常。

在各种滥杀案件中，表达性滥杀案所占的比例最低。这类案件在西方国家的发生率远远高于中国。这类滥杀具有心理学意义的变态特点，其不同于绝大多数的犯罪在于：绝大多数的犯罪都能找到明显的刺激原因或犯罪理由，而且犯罪动机是现实的；而这类犯罪就预谋和策划而言，完全符合故意犯罪类型，可是引起故意犯罪的动机却不现实也不明确，其特点一是找不到明显的可对应的外部刺激，二是他们说出的犯罪理由让人无法理解。由于这类人作案前期具有精心预谋的特点，犯罪过程中操作具有准确控制的特点，所以其犯罪心理绝非精神病人或物质致瘾状态所致。因为这类人犯罪的动机不明，或说出的犯罪理由缺乏逻辑性，与一般的报复性滥杀也有所不同。究其发生的心理原因，大致如下：

首先，看似缺乏理由的犯罪，只要具有故意的表现，就都有犯罪的心理刺激问题，只是这个刺激不在眼前，而在人的早年。从犯罪表现来观察，这类犯罪人大多以犯罪的方式而非正常交流的方式来表达他们的某种挫折情绪或情感，他们会在犯罪前后以各种方式说出自己的作案理由。换言之，他们通过某种犯罪方式来释放某种长期积压在内心的感受。所以，犯罪对他们来说是一种释放的过程，是一种宣泄的畅快，是一种引人注目的兴奋。总之，犯罪行为本身就是“说明”，就是“强调”，就是“表达”。例如，美国弗吉尼亚理工大学校园枪击案的犯罪人赵承熙在杀了两个人后，专门跑到邮局给警察寄了一盘录像带（主要用以说明他的作案理由，尽管内容有些混乱、重复，让人听不懂），然后又跑回学校进入教室大开杀戒。

其次，从犯罪前的人生经历来观察，作案人一般没有任何不良行为记录，有正常的成长家庭和学业，但他们具有一个共同点，即没有朋友，甚至没有谈过恋爱。这类人突发犯罪的年龄多在25～35岁之间。没有一个朋友，没有谈过恋爱，又无一份能投入兴趣的工作，这三项如果聚焦在一个25岁以上心智正常、生理正常的人身上，至少说明此人的社会性出现问题。所谓社会性（sociability），又称社交性，是指一个人具有并建立人际关系的一种能力。社会性的发展与人在生命早年的情感抚养关系密切。丰富的情感抚养意味着幼儿耳边有丰富的他人声音，眼前有多种他人欢快的表情。与人的大量接触，包括视、听、触的交流，才能让人在早年形成对他人的喜爱和期盼，形成良好的社会性。相反，在孩子最需要情感抚养的时候让他独处，让他耳边无人声、眼前无面孔，或者在这一阶段经常更换抚养人，使之缺少稳定的依恋对象和安全感，这一切都会让有些天生敏感的孩子出现心理上的创伤——孤独、恐惧、无助和不安，而这种记忆会使他们形成对人的拒绝、冷漠、敌视和愤怒。当他们在生理上出现对异性的需求，在生活中出现对他人的需求时，他们心理上难以接近他人的痛苦就会爆发，于是看似无因的滥杀就会出现。他们在通过这种犯罪方式表达他们说不出的痛苦，亦即他们成年后利用成熟的力量来释放自己幼年因弱小而积累的恐惧痛苦。

——摘编自李玫瑾论文《滥杀犯罪的实案研究》

生理与心理往往是相互影响的

窦文涛：格子了解到什么情况？

刘少华：我倒是不太了解，但我看了许某某是植物神经功能失调的报道后心生感慨。因为过去一般发生这种事之后我们会分析说，出这个事要么是个体制性的问题，要么就是这个人烦闷，要发泄不满，等等。我觉得事件是发生了，但是怎么解释又是另一回事。我们以前的解释恐怕更多的是我前面所说的，但是我现在看到这种问题，很多时候第一个想到的是神经问题或者脑科学的问题。这个社会中有大量的精神障碍，我们权当它是阳光照下来之后的那个阴影部分，我们不看它，但并不代表它不存在，它一旦发生就很麻烦。

窦文涛：但现在的问题是，您觉得植物神经功能失调和他作案的原因有关系吗？

李玫瑾：有啊，这个等于是他心理上的一个征兆，而这个征兆是我们很多人可能没有意识到的。植物神经系统，我们也叫它“自主神经系统”，它是管内脏的。我们怎么吃、怎么消化，然后哪些物质留下、哪些东西排出，这些怎么样运作都是由自主神经系统在控制的。它一般由我们中脑的下丘脑这个部分来控制，所以它很多时候是不经过大脑思考的，你想让自己怎么样去调整有的时候也使不上劲。植物神经系统紊乱一般是内脏的一种感受，比如说烦躁，或者心里火烧火燎，或者老是肚子疼或者哪儿疼，但是到医院去又查不出问题。

窦文涛：但是，他失去对事情、对社会的正常判断力了吗？

李玫瑾：判断力，我认为他没有完全失去。凡是有精神类问题的人，从他身体上是能看出一些特征来的。

窦文涛：怎么看呢？

李玫瑾：你有时候在街上看到一个神经质的人，他一般会怎么样呢？他眼神是飘忽的。我们正常人的眼神是很坚定的，比如说我要看你，我的眼神能定住。但是，有些人的眼神是跳的，它一般不和人正面接触。再一个就是，有的人显得极瘦，也有的人特别胖，所以在外观上你能看到一些征象，就是这个人生活不是很规律，一看就不是一个跟人交往很自然的人。比如说，我们正常跟人打交道的时候都是抬着头的，而他们一般都低着头，回避与人的目光接触。原来有一个案件是某地一个人干的，他曾经在家里用“木马床”杀害了十多个青少年。你看他所有的照片，他的眼神都是飘忽的，它不跟人的目光正面接触。

窦文涛：这跟神经功能紊乱有关系吗？

李玫瑾：我认为这跟他的心理有关系。所以我在分析人的时候，实际上就涉及两个问题，一个是跟生理有关，还有一个是跟心理发育有关，而人的心理有时候也跟生理有关。有些人很早就显现出一些性格特点，你熟悉他家人以后会发现这些在他的家人身上都有，所以这就涉及遗传和生理的问题了。比如，父亲就是一个闷葫芦，他的兄弟姐妹都不爱说话，然后他生的孩子也闷，我们在研究的时候就会感到困扰：这是生理上决定了这个孩子闷，还是他从小的成长环境即家里头没声音导致他闷呢？

研究人格的由来就是研究人的心理风格形成和发展的过程。心理学在研究复杂的心理现象时，自始至终伴随着一对范畴——遗传与环境。研究人格问题也是如此。曾有心理学家将生理心理学与社会心理学喻为心理学大树的两大根基，所以探讨人格的由来也离不开这对范畴。人格形成的基本背景，概括表达可归于这样两个方面：其一，取决于遗传和生理背景的先天要素；其二，取决于抚养与环境背景的后天要素。任何一个人的心理风格都是在这两大背景下形成的，危险人格也是如此。

在人格中，心理动力有需要、兴趣、欲望等，心理特征有智力、气质及性格等，这些人格要素多与人的先天禀赋（即遗传）有着更密切的联系。还有一些客观的生理条件，如年龄、性别、体型、相貌等，也在某种程度上决定着人的心理风格。许多人格障碍的出现就与这种遗传或生理因素有关。例如，个性奇异、行为怪异或夸张的精神分裂症人格障碍者，还有与之相反，性情一贯冷淡、几乎对所有事情都无动于衷的精神分裂样人格障碍者，以及心境反复无常、情绪变化极快的边缘型人格障碍者等，这些人格障碍者受后天的影响成分较低。

人格内容中还有决定个人行为方向或职业选择的兴趣、观念等，有决定行为方式的性格和决定行为效率的技能等，这些则与人后天成长背景尤其是家庭的抚养方式、生活的自然环境、受教育程度等密切相关。其中，人的言语、性格等都完全取决于后天早年的生活地区和抚养方式。如果言语或性格在形成的关键期内（尤其在6岁前）出现严重缺陷，就可能造成人终身难以弥补的心理障碍。

后天环境还决定每个人所要经历的特殊事件或人物，即每个人自己特有的人生故事。有时尽管几个人在遗传背景上相同，如同一父母所生，或者生长在基本相同的环境背景下，如在同一个家庭内长大或在同一个学校上学，但他们之间仍存在个性差异。这种人格上的差异往往源于他们经历的人或事件具有差异，如遇到不同的老师、同学，在校内外遇到的事件不同等。这些差异会融入人格内容之中，成为影响人格的特定要素。在精神分析理论中，对人格障碍的认识往往就是要找出这种特殊经历事件。所以，后天环境还要包括那些特殊经历，正是它们使得每个人形成千差万别的个性。

还有一点值得强调的是，人格形成背景中的遗传与环境看似内容不同、角度不同，但是二者在人格形成过程中更多的时候是交融在一起的，你中有我，我中有你，表现的方式也极为复杂。在这种情况下，我们只能考察哪一种成分所占比例更多些，或哪一种成分居主。

——摘编自李玫瑾专著《犯罪心理研究——在犯罪防控中的作用》

所有的心理问题都是有理由的

窦文涛：我看新闻报道里还提到许某某的出租屋里有一些“死”“灭”“绝”这样的字眼。您觉得从他这些字词里能分析出什么呢？

李玫瑾：首先，我觉得他的心理是不太正常的。我认为这个案件虽然结了，但是去研究它还是比较少的。因为我是做这个领域的研究，特想呼吁一个问题，就是我们要重视在当今社会中心理有问题的人。心理和生理是一样的，它也会得病。我们知道一个人生病的话，如果不及时进行治疗，他的病可能就会转换，本来是个急症或很小的病，不注意的话，就会变成慢性病或者一个很大的病。心理有病的人，比如像许某某就休学了，说明他已经学不下去了，他学不下去就去打工，但他打工的时候实际上也处于一个很不正常的状态，而且他跟家里人也很少交流。我在研究犯罪时经常会发现，凡是这种突发严重暴力的犯罪人，大多数在之前一段生活就有异常的表现，这种异常实际上表明他心理上有问题了。当他心理上有问题的时候，生活中就会出现一系列的问题。

窦文涛：但是，他这个矛头为什么要对准孩子呢？

李玫瑾：那就跟他的经历有关了，比如说他可能对身边的小孩比较反感。因为具体的问题我们现在很难去了解，但是从他的这个表现可以倒推。心理学上有这么一个假定，就是所有的心理问题都是有理由的，他现在的表现一定有一个相应的情境。我原来讲过一句话："眼里有什么，心里有什么。"他为什么在那么多人中盯上这个人呢？显然这个人一定和他心里的某种东西是吻合的。这就跟我们找对象一样，有这么多人呢，你为什么偏偏就找上这个人？

窦文涛：情人眼里出西施。

李玫瑾：对啊，为什么？所以说不是在于他，而是在于你自己。我们会发现有时候谈恋爱的两个人有点像，虽然说不上是哪儿像。为什么呢？就是因为在对方身上看到了自己，所以才更容易恋爱。

窦文涛：真的是这样。

李玫瑾：所以说，他这种心理一定有一个相应的问题。比如说，他如果对小孩、对人口不满，那一定有一个出处，只不过这个出处我们现在没有去研究。如果给我机会去研究的话，我可能会找到这个出处。但是，这个出处还不是决定他犯罪的东西，真正起决定作用的是他自身的一些心理发展问题。这个问题显现出来以后，为什么没有被干预，没有被治疗呢？

心理危机（crisis），是指个人的正常生活或事件进程突然中断或发生转折，个人必须进行无准备的心理反应。例如，亲人突遇事故去世，个人突然被解雇，突然面临巨大灾难等。人在这种危急时刻（也称人生的断裂点）不知如何应对的状态就称为心理危机状态。当一个人出现心理危机时，可能即使自识（也可能回避或自欺），仍以一种全然不顾的方式按惯性行事，这也是属于心理危机状态。

当个体在生命历程中突然遇到心理失控或不知所措，麻烦难以解决或难以把握，以往的平衡被打破，正常的生活受到干扰，内心的紧张不断积蓄，继而出现无所适从甚至思维和行为的紊乱，就进入了一种心力失衡状态。某些当事人还会出现一系列的身心反应。生理方面：肠胃不适、头昏疲乏、食欲下降、失眠、做噩梦、容易惊吓、肌肉酸痛等。情绪方面：出现紧张、焦虑、恐惧、怀疑、沮丧、忧郁、悲伤、易怒、绝望、麻木、否认、孤独、愤怒、烦躁、自责、过分敏感或警觉、持续担忧等。认知方面：常出现注意力不集中、缺乏自信、无法做决定、健忘、自语、效能降低、不能把思想从危机事件上转移等。行为方面：呈现多余动作，坐卧不安，害怕见人或逃避外人，不愿出门，社交退缩，暴饮暴食，不断自责或怪罪他人，不信任他人等。这一切都属于人的心理危机状态。

心理危机是很多人都会遇到的生活经历。一般较轻的心理危机如同人的心理感冒一样，随着时间的推移，具有自动减轻或消退的情况。但当人遭遇较严重的心理危机时，其反应较难预料。有的人仍然能够顺利度过危机期，并学会了处理危机的方法、策略，这种人的心理健康水平较高。有的人则在度过危机后留下心理创伤，影响了今后的社会适应。有的人经不住刺激而自伤自毁，有的人则发生对外部他人的攻击行为，即犯罪行为。由此可知，生活窘境者、情感失意者、学业或职业受挫者、特殊事件经历者、生活背景改变者等都属于心理危机的人群，也是犯罪防控的重点对象。

危机干预（crisis intervention），是指对处在心理危机状态下的个人采取明确有效措施，使之最终战胜危机，重新适应生活。为了进行有效的危机心理干预，必须了解人们在危机状态下有哪些心理需要。有效的危机干预，就是要帮助人们获得心理上的安全感和社会支持感，缓解乃至稳定由危机引发的强烈的紧张、愤怒、悲伤或绝望的情绪，恢复心理的平衡状态，对自己近期的生活有所调整，并学习应对危机的有效策略与健康行为，得到他人情感的理解与支持等。

危机干预可采用的治疗技术，包括认知治疗、行为治疗、表达支持治疗、患者中心疗法、家庭治疗等，其中最重要的是社会支持技术。在危机干预中，要让个体表达或发泄内心的情绪，并在此基础上给予同情、解释和保证，树立其信心。另外，帮助其获得新的信息或知识。在可能的范围内，帮助其安排日常生活，并调动和利用社会支持系统，即亲人、朋友、社区、单位等，来共同帮助其渡过难关。

这类危机干预既需要有人发现问题——多由亲属或近邻发现，又需要有专业的心理学工作者介入，进行评估并提出干预方案，还需要社会志愿者、学校、社区、单位甚至民政部门的救济工作的参与，以落实心理干预的方案。

——摘编自李玫瑾专著《犯罪心理研究——在犯罪防控中的作用》

年轻人闹腾源于性腺的发育

刘少华：前几年媒体不断报道幼儿园里砍杀孩子的事情，我觉得这个对犯罪是有一定传染作用的。刚才李老师说的有一点我特别认可，就是这个社会问题应该全社会来关注。我前两天读了一本书叫作《教养的迷思》，讲的是父母通常认为孩子是在我们家长大的，这个孩子可能像我，是我培养出来的，但作者认为在很大程度上孩子是社会培养出来的，如果这个孩子有社会问题，最后也是要社会来承载的。所以，前一段时间我听到楼上邻居家打孩子，那孩子哭得我都听不下去了，最后我不得不报了警。

窦文涛：这要是在外国是犯法的，你就真报警了？

刘少华：我真报警了，因为我觉得这孩子以后就是社会的孩子，他以后就要生活在我周围。

窦文涛：警察后来来了？

刘少华：来了。李老师，刚才您说的这个社会问题，我觉得特别贴切。我有一次在台湾旅游的时候，地铁车厢里有一个精神病人，他就自己在那儿吼，而周围所有人都安之若素，我就问一个当地朋友为什么会这样。他妈妈是做特护的，他跟我说因为这些精神病人平时是可以上街的，街上有足够便利的条件供残障人士、精神不正常的人士上街，所以当地人慢慢就习惯了跟他们共处，实际上他们大部分是不会伤害人的。我就反过来想，我们在大街上是很少能见到精神病患者或者残障人士的。为什么呢？一个是因为我们的设施非常不利于他们出行，比如说盲道忽然就断了，盲人戳不到盲道就没法走了。还有一个是因为精神病患者出来以后，首先要面对一个对他和他的家庭污名化的问题。所以，家里如果有一个精神病人，你哪怕用链子把他锁在家里也不愿让他出来。

窦文涛：有这种报道，就是有的人把家里患精神病的孩子一直拿个铁链子锁着，弄得屎尿一地。

刘少华：我们的社会问题，我们就倾向于让它压在这儿，因为我们有一个整体的社会道德在这儿。

窦文涛：对。但是，李老师，您觉得许某某可以用精神病来解释吗？他自制爆炸装置，我觉得这是有预谋、有计划、有理智的一个行为啊。

李玫瑾：刚才格子说的那个特别对，就是我们从犯罪心理的资料来看，严重的精神病人或者真正的精神病人，其犯罪的人数所占比例并不高，比较高的是心理有问题的人。我们把“精神”和“心理”相对区别开来，需要药物治疗的多为精神类的病，而心理上的病，我们一般称之为功能性的、神经症类的，药物是没法干预的。比如，人格障碍者所到之处都会让周围人很痛苦，但是这种心理上的问题无法用药物干预，他不会一吃药人格就改变了。像偏执型、边缘型、爆发型、反社会型人格，都不是药物所能干预的。因此，这一类虽然属于精神类的疾病，但其真正的问题实际上是心理问题。而且，危险的恰恰是这部分人。很麻烦的是边缘型人格者，他们有一点点精神异常，但仍然能正常生活。这种人是最危险的，而许多真正的精神病人反而不危险。

刘少华：就是所谓“沉默的羔羊”。

李玫瑾：对，你刚才说在台湾地铁上看到的那种，他们一般倒没有什么太大的危险性，真正危险的是这种心理上有问题的人。它是一种功能性的障碍，这很麻烦。因人格问题引起的犯罪非常多。人格障碍包括偏执型的、爆发型的、被动攻击型的，最最危险的就是反社会人格。反社会人格者的特点是什么呢？智商非常高，但是他对人毫无情感，即使是对他身边的人，哪怕是养育他的人，也没有情感。这种人麻烦在哪儿呢？他想干什么就干什么，没有任何一个人能够制约他，所以是属于非常危险的一类人。

窦文涛：比如像许某某早不干晚不干，以往似乎也没有做出这种行为的迹象，为什么突然之间自制爆炸装置去制造这么一个爆炸案，把自己也炸死呢？

李玫瑾：这个案子的发生很偶然，但它的时间点是对的。我曾经跟记者讲过，人精神上的问题一般显现的时间是在青春期后期，也就是 20 多岁的时候。因为这个时候有一个重要的转变，也就是青春期开始性发育，性腺的发育会打乱整个内分泌系统并重新调整，而且性腺本身就是人生命的动力，所以它往往给人制造一种动力。

窦文涛：能量。

李玫瑾：对，有的时候你会觉得心里扑腾。我们都说年轻人闹腾，他们为什么闹腾呢？

窦文涛：躁动。

李玫瑾：对。闹腾，实际上就是因为性腺的发育会导致人体内其他一些东西的分泌。像许某某是植物神经系统紊乱，而植物神经系统管控着胸腺、性腺、肾上腺等内分泌腺体，在这之中如果出现一些混乱，就会导致精神类疾病的发生。我们看那些精神分裂症患者和一些严重的精神病人，基本上都是在性发育后发作的，也就是 20 岁到 28 岁之间。

窦文涛：我对植物神经也很熟悉，甚至有医生说我可能也有点植物神经紊乱。你有时候心跳不规律啊，或者严重失眠啊，医生也会怀疑你是不是植物神经紊乱了。我听说过周围很多人因为工作压力非常大，都有过植物神经紊乱，为什么偏偏许某某植物神经功能失调就去搞爆炸呢？

李玫瑾：他们植物神经紊乱的程度不一样呀。就像同样是感冒，有的人就只是感冒而已，有的人可能都到肺炎了，还有的人可能就导致更严重的心肌问题了。最最重要的是，除了他所处的这个阶段之外，还有一个就是他生活的发展路径。所有的心理疾病，其背景就两个问题，一个是遗传和生理，还有一个就是环境和经历。环境和经历也很重要，比如国外曾经有这样的做法，就是把双胞胎小孩的染色体取样，然后做一图谱，发现两个差不多，过了二三十年再取他们的染色体来做检测，就发现两个的差别很大了。那意味着什么呢？生理的东西可以用环境来改变。比如，你老吃不健康的东西，你生活不规律，也会导致植物神经紊乱。当然，也有一部分植物神经紊乱是因为遗传。

窦文涛：甚至现在有一个观点是文化都会影响遗传，它慢慢也在你的基因里写下某种印记。

李玫瑾：书香门第传万代，为什么呢？你看书香门第的后代一代比一代好，历史上有句话叫“武将后代多暴虐，文将后代多福寿”。

研究心理现象首先要了解心理发生的客观基础，任何人的心理活动都必先受制于自身的生理基础。

与人的心理现象直接相关的生理内容是人体的神经系统活动。神经系统从结构而言包括两大系统，即中枢神经系统与周围神经系统。中枢神经系统又包括脊髓与脑，而周围神经系统包括躯体神经系统与植物神经系统。这些系统都由神经元（即神经细胞）组成。神经细胞具有对刺激信息进行整合、传递的功能。正是有了神经细胞的工作，人体才能通过周围神经系统将外部刺激信息传入中枢，中枢相关部位再作出指令并传出给效应器官（即肌肉和腺体），从而保证人体能对刺激做出各种反应。也正是心理的生理机制在运作，才保证了各种心理活动的发生，让人能够完成复杂的认识、意识、情绪和各种行为反应活动。

在犯罪心理研究和应用领域，经常使用一种技术——心理测试技术（俗称测谎）。这一技术手段就是使用生理检测仪，通过对呼吸、脉搏、皮电等生理指标的测试，并配合心理提问（问—听），以此来判断嫌疑人是否知道犯罪情节，是否有过相关的行为和内在心理活动，如是否到过现场、是否实施过某种动作行为等。由于能够从生理指标检测出心理活动痕迹，这说明了生理与心理之间的关系密不可分。当然，心理与生理的关系远不止于谎言测试中。

心理的生理指标除神经系统活动之外，还有遗传问题，如人的长相。人的脾气、智商、某些心理疾病等，都与遗传有关。在危险人格中，以先天禀赋为主的反社会人格类型就属于这类问题。国外有人在研究染色体与犯罪的关系时指出，一些暴力犯罪与染色体异常有关。人有23对染色体，其中有一对是性别染色体，当这对染色体出现XYY情况时，就与人的暴力行为有关。此外，染色体异常还与人的智力障碍有关。某些人格异常还与母亲怀孕期的情绪问题、分娩时接生不畅导致的颅脑受损等问题有关。

遗传问题可显现于父母与孩子的外部征象或心理行为活动中，如人种肤色、运动类型、个人脾气、兴趣特长等都可由外部观察到，所以这些生理指标也可用来对人进行观察和分析。除神经系统、遗传项目外，人的出生时间、年龄、体型、身高等客观生命指标也可用于犯罪心理的观察与分析。生理指标是从事犯罪心理研究的第一类指标。

要强调一点的是，许多生理指标与犯罪类型有关，但它们并不影响甚至不决定人是否会犯罪。除个别类型外，绝大多数犯罪人的犯罪原因更多地取决于后天的影响因素。所以，在犯罪心理学中，对心理的生理基础研究只是将其作为对不同类型犯罪人的认识基础，而不能作为犯罪原因的基础。换言之，只有一个人已经意图犯罪，他的生理背景才可能影响或决定他将犯哪一种类型的罪行。

——摘编自李玫瑾专著《犯罪心理研究——在犯罪防控中的作用》

搞爆炸案的人基本上都是一根筋

刘少华：许某某这个事本身就是个意外，但是意外背后也有一些很有意思的事，也就是值得我们去分析的一个现象。中国人以前分析这种事情的时候倾向于怎么看呢？比如说水泊梁山那拨人都是官逼民反，就是社会造成的问题导致某个人反了，他杀了狗官，后来上了梁山或者自杀了。可是，我们全社会这时候在干吗呢？我们全社会好像做的事情就是围观。噢，你杀狗官了，我去围观一下，或者我听说书人再说一下，就是没有人想去说。只要你不是去幼儿园杀了我们家的孩子，这个事我就不会关注了。我觉得这个问题就很麻烦。

窦文涛：对，中国社会被忽略的人太多了。我觉得李老师讲的是非常正确的，但是以今天的现实来看，健康的人、正常的人都经常得不到照顾，像许某某这样一个人，又怎么去发现他、预测他，或者怎么去帮助他呢？

李玫瑾：所以这是一个非常大的事情。我先把这个犯罪路径给你们分析一下。可能格子看到更多的是社会的角度，我因为是研究犯罪心理的，更多看的是个人的角度。一个人如果遗传上有缺陷，它不一定显现，但是它会在外部环境下显现，所以环境的好坏也会决定这个遗传的缺陷是显还是不显。我现在到很多地方去，当地领导经常问我一个问题，就是怎么才能把精神上有问题的人筛出来。他们说：“你看他有很高的学历，名牌大学毕业的，结果来了两年以后，我就发现他这人精神有问题。现在麻烦在哪儿呢？我想开除他还开除不出去！”尤其像我们公安部门还涉及枪的问题，领导说：“这个人我现在不光不能用他，我还得找一个人看着他，就怕他到时候走火出事。”我后来跟领导说：“你权当为社会稳定做点贡献，把这些人分布在各个单位，由你们来看管，他们对社会的危害就减低了。”

窦文涛：对，由警察看着比较好。

李玫瑾：你要问怎么来检查，我就告诉大家，实际上优生优育是非常重要的。中国现在人种的优生优育问题非常严重。比如，我到很多山区去，发现那里有很多穷人娶不起老婆，捡回来一个疯女人之后，一睡觉就生五六个孩子。这些孩子看上去都没问题，但我告诉大家，他们都带有遗传缺陷。这些人将来再遇到有缺陷的对象，虽然两人看着都正常，可是他们祖上都有一个半疯的人，两人凑在一块生下来的孩子必定有这个问题，有的是生下来就有问题，有的是到20岁左右才开始显现，显现之后就像许某某一样处于一个临界状态。临界状态是什么意思呢？就是他还能够生活，也能制造炸药，但他对你们生这么多孩子不满，他要去表达一下他的不满，然后他就干了。

窦文涛：他有可能觉得自己有些遗传上的问题吗？

李玫瑾：他不一定知道自己有问题，但他觉得生孩子多是不对的。生孩子多为什么就不对呢？我们从这就知道他的认知是不正常的，正常认知不是这样的。不是真正的精神病人才叫有心理问题，有心理问题就是这个人看着完全是个正常人，但你只有跟他相处了，看他说话或者做反应的时候，你才会发现他有一点点不正常。

窦文涛：所以咱们不能光讲放开二胎，同时得讲优生优育，这太重要了。许某某用爆炸的方式，没有用刀或别的方式，您分析他是想达到什么效果呢？

李玫瑾：凡是搞爆炸的人都有一个特点，就是他们基本上是一根筋。一根筋有什么问题呢？人的心理发展路径是这样的：人生下来以后，遗传首先决定了他的智力，然后就看怎么养了，养的过程决定了他的社会性发展，包括言语和跟人打交道的能力。如果一个人的遗传基因就有点缺陷，在养的过程中又养得不到位，就容易出问题了。我们知道在孩子痛苦的时候，你马上就过来和不马上过来，他的反应是不一样的。到 6 岁之前，在这个过程中有爱和没有爱的抚养，孩子出来就是两个类型了。没有得到爱的孩子对人是没兴趣的，因为他觉得你不是我快乐的来源。相反，我一呼喊就有人来，而且来的人很多，大家都很爱我，我跟人就很友好。凡是搞爆炸案的都属于第一类，也就是他跟人不友好，对人无所谓。但是，这种孩子的智力也会发展，要是真正发展得好，也就不出什么危险了。可是，如果他的智力发展到一定程度的时候，比如说学上不下去了，或者所学的专业不是他很喜欢的，他就会去研究他感兴趣的东西。因此，凡是用炸药来犯罪的人基本上都是什么人呢？第一，没谈过恋爱。第二，完全是独狼，没朋友。第三，跟家人的关系有问题。

刘少华：许某某那个出租屋就没人去过。

李玫瑾：对。具备这三点，也就是没有朋友，没有与人交流，还对世界有意见，就容易去搞爆炸。挪威有个杀手叫布雷维克也是这样，他对移民有意见，反对这样的移民政策，他就去搞爆炸。搞爆炸的人在智力方面往往并不傻，但在其他方面是不正常的。很多人不明白什么叫心理疾病，其实心理疾病的表现形式有很多种。生理上有肝病、胃病、肾病、胰腺疾病等，心理疾病也有很多类型，有的人是智力问题，有的人是认识问题、社会性问题、言语问题等。

只要研究心理基础，人们就会发现：人在出生后如果没有基本社会化过程，即使具有人的遗传，也难以出现人的正常心理现象。因为人的思维源于语言系统，而语言系统源于人类社会生活。个人要掌握语言，必须先通过抚养人来学习言语（即语言存在和表现的形式）。所以，个人必须经过以抚养人为代表的社会教育才能形成人的正常心理。要了解基本社会化过程，就需要了解个人心理早期发展的各个阶段。

对人的生命现象而言，心理发展是终身性的。但是，最重要的阶段仍是人的早年，从出生起到18岁前后是人的心理从不成熟到成熟的基础发展阶段。由于这一阶段的心理发展具有多变性和可塑性，所以这一阶段的外部环境对人的心理影响极为深远，以至会影响人的一生。

我在解析一些疑难案件的犯罪心理现象并进行犯罪心理画像时，很多分析依据的就是心理发展的规律。心理发展规律既有顺序性，又有相互关联性。从基础心理现象发展顺序而言，人从出生开始，其心理发展依序为情感、言语、社会性、认知方式、观念、性格、自我意识等。相互关联性则指这些心理问题彼此牵连、互相影响，以致解释成年人的心理问题时要追溯到人的早年。

一、依恋现象

有人会问，人最初的心理现象为何不是感知觉，而是情感中的依恋现象？感觉和知觉现象确实随着人的生命一诞生就显现出来，但是人在生命的初期，其感知觉（冷、热、声音等觉知反应）几乎是与生俱来的一种反应，这种反应与动物的感知觉没有本质的区别。所以，人在生命早期出现的具有人性的心理反应首先是情感表现之一，即依恋现象。

依恋是人在初生时对身边某一稳定抚养人专一的依赖与眷恋、不愿其离开的情感现象。依恋的发生基于人的一种天性——人在生命初期与各种动物相比属于最笨、最无能的生命体，这种无能决定了人的一种社会属性，即人从初生时起就离不开他人的照顾。依恋就是在这种背景下发展起来的情感。当婴儿日复一日地被抚养人照顾，在每次得到满足而感受到愉悦的同时也记住了抚养人的音容笑貌、体味等，这也是人最早的社会认知和记忆现象。婴儿在半岁左右就开始出现明显的依恋表现，不愿自己依恋的对象离开自己。一旦依恋的对象离开，婴儿就会出现负面的情绪表现，即哭闹。这时即使有外人马上来到他身边，要改变这种情绪都显得困难。如果这种依恋情感能够得到充分满足，孩子就会出现知足、安静、快乐和健康的心理表现；反之，则会不安、焦躁、哭闹、拒绝进食，出现易怒、敌对、封闭自己、怪异表现等。所以，依恋是母亲或其他抚养人获得对孩子进行心理控制的资本。若没有这一抚养过程和依恋现象，抚养人就很难支配和控制孩子的心理，进而也就无法让孩子心甘情愿地接受其要求和观念。没有形成依恋情感的人，会有终身的社会情感缺陷，以致成年后表现出对社会或他人的冷酷、残忍等。

对抚养人的依恋现象一般会保持到12岁上下。当人进入青春期以后，就开始出现与依恋期相反的心理表现，一般表现为与抚养人争自主、独立的权利，还出现与抚养人的想法或要求完全相反的行为表现，即出现逆反心态。这一时期家庭教育的功能将逐渐减弱。

二、言语发展

言语是人表达自己并与人交流的心理现象之一，是人通过感知和学习而获得的一种能力。这种能力的出现早晚与发展情况取决于早年情感抚养的程度。是否具有稳定的抚养人、固定的抚养关系，以及是否有多个亲情抚养者，不仅能够决定孩子的情感发展，还会决定孩子的言语发展水平和类型。凡是有情感的抚养，一定是有话语的，是唠叨的。比如，亲妈或亲奶奶对待孩子的态度就与保姆或幼儿园阿姨的态度有所不同，同样是换尿布，前者会伴随着爱语温柔缓慢，后者则机械般干脆快捷。如果抚养者对幼儿充满情感并有充足的相处时间，孩子的耳边必有丰富的爱语声音，即唠叨，孩子在这种环境中就容易形成声音表象，进而发出自己的声音。当孩子有意发出声音能被抚养者及时发现，并予以快乐情绪的鼓励后，孩子就会更加倾向于发出声音，从而出现与他人的主动互动。这种言语发展也为孩子日后的社会性发展提供了基础。

穷困的家庭往往疏于照顾无声的孩子。有些忙碌的母亲因为没有时间也没有其他亲人帮忙，而将孩子托付给没有亲情关系的别人去照顾。这些孩子经常处于缺乏言语的背景下，极少有机会听到浓浓的爱语，因此在进入幼儿期后仍然不爱出声，不愿表达，说话较迟。

三、社会性发展

言语水平还会影响或决定一个孩子的社会性发展。“社会性”一词又称社交，是表明一个人是否擅长与人交往、是否喜好合群的一种心理现象。社会性发展良好的人，往往擅长与人交往，也好交际，心理学上称之为亲社会性。相反，社会性发展不好的人，往往不擅长与各种人接触或亲近。所以，社会性的发展往往基于人的情感抚养水平和言语发展水平。

观察一个人的社会性，可观察其是否亲近抚养人之外的其他人，成年后则可通过其人际关系来观察。一般而言，善于表达的人往往愿意接触人，即使在接触新认识的人时也不惧怕，并试图拉近彼此的心理关系，从而容易形成良好的人际关系。相反，从小抚养人（即依恋对象）较少、极少接触他人的孩子，往往不太爱表达自己，也就形成与他人交往范围狭窄的现象。这种孩子如果学习出色，往往容易向从事科学研究或技术类的领域发展。若不幸的话，从小缺乏情感抚养，出现不善与人交流、不善表达自己的现象，上学后又不聪明且学习能力较弱，这类人就非常容易在内向的基础上增加自卑的成分，从而变得更加内向与孤僻。这是一些犯罪心理问题发生的原因之一。

四、认知方式发展

认知方式不同于认知过程。认知过程从感觉、知觉开始，到记忆、心象与思维活动，可显示出一个人的智力水平。但是，认知方式更多地体现在后天的认识活动中，系后天心理发展中逐渐形成并稳定的一种学习与社会认知的风格。

当一个人从小身边亲人的情感丰富、言语刺激丰富，其个人的言语也会得到良好的发展，在表达自己的同时也会观察别人的反应。所以，爱说话的孩子更倾向于别人对他的注意，他会接别人的话茬以求引起别人的关注和赞赏。由于这类心理取向会导致他的注意力倾向于外、倾向于他人的反应，他在寻找并观察他人的反应时，注意力也变得异常活跃。相反，在寂寞中长大的孩子因为听到的家人或外人的话语少，所以他们说话的机会也少。不爱说话的孩子会用更多的时间来做自己的事情，而事物的刺激明显比人的刺激更稳定、安静，所以他们的注意力会长时期地放在物品上，更容易专注。这就导致一种现象：有的孩子非常活泼伶俐，看上去非常聪明，但学习成绩一般，而有的孩子极少说话，却注意力稳定，学习出色。前者容易成为领袖式的人才，后者则容易成为研究型人才。他们之间的差别不是智力问题，而是因抚养方式不同，由言语、社会性发展不同所决定的，进而影响他们的社会角色。

五、性格形成

性格是指一个人后天形成的社会行为方式。性格首先强调的是与社会有关的行为方式。人的行为方式有很多种，如学习行为、做事快慢的气质行为等大多可在一个人的情况下表现出来，而性格行为则一定是涉及他人的行为。凡是描述一个人与别人有关的行为表现时，就为性格描述。例如，某人自私还是无私，吝啬还是慷慨，无情还是有情有义，冷酷还是善良，刻薄还是厚道等，这些评价就是对人的性格评价。

其次，性格还强调后天形成，尤其是受到早期抚养人的养育方式的影响。性格形成有关键期，而最基础的关键期是12岁之前，因为人在这一时期仍处于心理依恋期，会为求得所依恋的人的喜爱而改变自己。但当一个人进入青春期以后，独立意识、逆反心理随之出现，这时性格若有缺陷，就相对难以改变了。当人完成心理发育，进入成年，性格特征就会趋于稳定，成为人格中的稳定要素之一，并会伴随其一生。

六、观念形成

从字义上理解，观念的“观”字就是“看”（也可包括听、嗅、味、触），而“念”字就是念头，即想法。显然，观念是在观到的同时形成的念头，在看到的同时形成的想法。所以，观念是指人在接触客观事物的同时形成的相应看法或想法。

人的观念可始于母亲的怀抱中，也可发生在父母日常生活中不经意的言谈和举止时，还可在亲人的唠叨中形成。随着人的成长和成熟，其观念还与人生经历、社会文化背景息息相关。

观念的形成与言语能力的发展具有相似性，即越早期形成的观念越具有稳定长久性。观念还与一个人的道德水平有关。所谓道德，是一个社会绝大多数人共同认可的一种生活及行为的准则和规范。个人在成长过程中通过父母的唠叨、老师的教诲，逐渐了解了社会公认的行为准则和规范。个人通过这方面的学习，理解和接受这些东西，并用于规范自己的行为。这就是一个人的正常发展，否则就会出现相悖的心理和行为表现，严重者还会出现与社会法律相悖的违法和犯罪行为。一个社会倡导的道德更多的是通过风俗、众人的态度等对个人产生影响，使之形成观念，并成为指导、约束个人行为的规矩。

当一个人完成上述诸种内容的发展，在年龄接近18周岁时，其人格特征也就开始趋于稳定。人格的内容一旦出现或形成就终身具有，并进而影响个人的心理倾向和外部心理特征，形成个人的心理风格。

——摘编自李玫瑾专著《犯罪心理研究——在犯罪防控中的作用》

窦文涛：从法律上讲，假如许某某没把自己炸死，他这种病因会不会成为他免罪、减罪的理由呢？

李玫瑾：我认为他是有能力的。这又是另一个问题了，就是有人有精神病，但是也有责任能力。我们很多人认为你有精神病就没有能力，错！很多人既有病，也有能力。能力体现在哪儿呢？人的智力中最重要的是辨别和控制力，一个人只要能制造炸药，就有辨别和控制力。因此，制造炸药来犯罪的人，无论他怎么异常，他都有责任能力。

刘少华：但偏巧这样的独狼社会又发现不了，因为他跟父母也不来往，怎么去关照他呢？

李玫瑾：和家人隔绝，和朋友隔绝，你看我刚才讲的几个案例全是这样。

窦文涛：很难发现，很难预测。

李玫瑾：应该能发现，关键是你不知道他什么时候炸，这个很麻烦。

窦文涛：他几乎就没有什么社会交往，谁能够发现呢？

李玫瑾：所以这是世界难题。

第十章 生而不养是一种罪过

女性作案有时候会比男性狠

窦文涛：那天晚上我都迷迷糊糊快睡着了，我看到手机上有《盛世中的蝼蚁》这么一篇文章。其实一开始引起我注意的还不是它后边较为煽情的部分，我第一次在这篇文章里看到这个案件的描写，当时就在床上叫了起来："啊，怎么会有这样的事情呢?！"某省一个28岁的母亲杨某某，用斧子把自己一对5岁的龙凤双胞胎和最大6岁、最小3岁的两个孩子砸死了，还给他们灌了农药，最后她也自尽了，她老公安葬了他们之后也服用农药，一家人全死了。[①]这是怎么回事呢？他们那个村是极端贫困村，他们家还是20多户里头最穷的一户，住在近乎危房的环境里，也就10平方米。有一种说法是他们家几年前被取消了低保，说是有个村民民主评议没有把他们家评进去。有人说他们家的收入好像过了那个线，但是也有人说她人缘不好，所以碰到村民民主评议的时候就被选下去了。李老师，我迫不及待请你说说这种不可理解的事情。

李玫瑾：唉，我觉得应该说还是生活的不易吧。我们可以看到这个母亲也挺不容易的，她才结婚七八年吧，生育三次，生了四个孩子。我是做母亲的，我知道带一个孩子特别不容易，因为你至少在一两年之内是完全

① 2016年8月26日18时许，某村村民杨某某在屋后一条小路上用斧子和农药杀害自己的一儿三女，然后服农药自杀，经抢救无效死亡。9月4日，村民在该村树林里发现她丈夫的尸体，经公安机关侦查，系服毒身亡。

不能脱离他的，甚至你就睡不了整宿觉。你想她在这么短的时间内有四个孩子，其中还有一对是双胞胎，这是第一点。第二点，我看到她的丈夫经常在外面打工，可能在她跟前也就是父亲和奶奶了，所以我觉得她的生活应该是比较艰难的。我觉得低保被取消只是她生活中的一个方面，包括她家里有这么多孩子，丈夫又不在跟前，这一切可能是凑成她的一个巨大的重负了。

余世存：看到这个我也是特别难过，因为我小时候也在村里生活，知道她这种情况在我们湖北叫独户。假如把村民的生活也分主流生活的话，独户其实在村里处于主流生活之外。

窦文涛：什么叫独户呢？

余世存：独门独户，因为她家与村里的房子隔得比较远。比如说，一个自然村大概有二三十户在一起，独户就跟他们隔了一点，这样他基本上没有参与村民的生活，而且在村民的眼里，他也是那种很难交流、很难沟通的人，觉得他是很奇怪的。我觉得这种远离主流人群的生活对人的心理冲击很大。

窦文涛：这个我都同意，但是我当时躺在床上百思不得其解，我觉得这恐怕不是唯一的原因。因为她是亲生母亲，我就觉得她疯了！我要杀死自己孩子的话，我给他灌个农药好不好，怎么能用斧子把他的脑袋打烂了？你觉得这是女人能干出来的事情吗？

李玫瑾：一般像做这样一个行为，应该是下了狠心的，而且我认为她有这种心思应该不是一两天的事了。一般这种行为带有情绪，而情绪性犯罪有两种：一种是比较冲动的，可能从出这个犯意到做这个行为大概也就是一天之内的事；还有一种是这个情绪是慢慢积累起来的，但这个情绪是非常坚定的，不是冲动出来的。你刚才问到她为什么不用其他的方式，我想可能一个是文化的问题，再一个说句实话，弄毒药也不是那么容易的。我觉得她让我看到女性在犯一些案件的时候，有时候会比男性狠。

余世存：刚烈。

李玫瑾：对。我们看到前几年某地一个伯母挖她侄儿眼睛的案子，那个人平时也非常好，就是非常老实，从来不跟人争吵，是一个看上去性情很温和的人。这个母亲也一样，她的痛苦往往都被遮掩了，也无处去申诉，可能也没法去表达，她已经活得绝望了，觉得这个日子熬不到头，所以她觉得我要是死了孩子怎么办，就想孩子要跟我一起走。所以，我分析她的心理，这个事在咱们看来对孩子是怎么样残忍，而她是想反正我要是活不了，你们也没法活了，干脆你们跟我一块走，这样她就下了一种狠心，才会做这样的行为。我真的觉得这是让我们很悲痛的一个事情。我有的时候在想，但凡我们谁知道的话，都会伸一下援手。我认为这个社会是会伸援手的，但是我们不知道。刚才讲到"精准扶贫"的问题，其实我觉得中央出台这个政策是非常好的，但有时候这个经到底下一念就不知道被念成什么样了。按理说像这种情况，她有这么多的子女，家里有老的又有小的，应该是有补助的。确实，我也觉得这个悲剧是挺值得我们去总结的。

农村女性的生活状况更值得关注

窦文涛：他们为什么讲"蝼蚁"这个词，说是中西部很多偏僻地区像这种生活境况的农民家庭不在少数。

余世存：是。虽然我们的社会保障体系已经覆盖下去了，但是你从这个案件可以看出，还有很多人是在这个保障体系之外的。他们跟我们所说的文明和文明生活隔得太远，所以我们想用文明人的心理去理解他们是理解不了的。我看到有很多人还用心理学去分析人家。你提的问题在网上也有人这么提过，说她残忍，说母亲再狠也不应该杀孩子。我觉得这都是站在一个局外人或者自认为比较理性、文明的角度来评判别人的，事实上我们确实不好去理解她的内心生活。我记得十几年前中国的农村妇女自杀率在全世界都是较高的，中国的农村妇女很多年以来一直在社会的底层或者边缘生活，或者说在社会体系之外生活。

窦文涛：是。现在除了留守儿童，还有留守妇女，她们的老公都在外边打工。你想杨某某其实才是个 20 多岁的女人，她一个人拉扯这么几个三五岁的孩子。我也听说过女人生了孩子以后，第一年几乎是不能睡觉的。

李玫瑾：是，睡不了整宿觉，尤其有双胞胎更是这样，我们叫“按下葫芦浮起瓢”，按着这个，那个又起来了，所以要是在夜里头，基本上就得俩人轮流管，给每个孩子喂完奶之后还要抱一会儿，因为你不抱的话他会漾奶，所以你大概还要有半个小时来拍气，让他把奶顺下去。因此，养孩子是一件非常辛苦的事情。关键是我们现在有一个恶性循环在哪儿呢？就是越穷的地方越生得容易。这个也有很多原因，但关键就是过去我们所说的：一个也是养，两个也是拉扯，三个也是带。但事实上对于女性来讲，这样高密度地生育的话，她是非常辛苦的。

窦文涛：那她为什么要这样生呢？

李玫瑾：我认为这也是因为穷吧。在生育这个问题上你会发现，在世界范围内，发达国家的生育率特别低，越是穷的国家，生育率越高。在一个国家之内也是这样，一个人受教育程度越高，他的生育率越低。为什么呢？因为你上完博士就已经到一定岁数了，然后如果你要用你的知识去工作的话，你就没有那么多时间放在生养上。所以，往往就是闲在家中没有事情做的那些人生得多。或者是，有些女人在社会的底层，完全不能决定自己的命运，只要一结婚就只有家庭了，男人有什么要求就做，要她生也就生了。

窦文涛：没有这个意识。

李玫瑾：对，她不想生的话，也不能由自己来决定，因为她的经济状况是由男人决定的。所以，我觉得在我们这个社会当中，女性的生活状况更值得我们去关注。

窦文涛：也有人提出是不是可以考虑杨某某有产后抑郁的可能。

李玫瑾：我觉得她不太像有产后抑郁。因为产后抑郁往往是在坐月子期间，或者在孩子一岁之内，而且往往是她还在床上时看到孩子会出现这样的情况，但杨某某不是，她的孩子有的已经五六岁了，都挺大了。

余世存：我看还有人批评她，说她有“扩大性自杀倾向”。

李玫瑾：我认为这就属于造一个名词了，实际上还是因为她生得狠。我认为这里头有贫穷的问题，同时也有她自己家庭所特有的问题，再加上她本人的性格问题，这几个问题搅和在一块了。当然，我认为如果她能够得到很好的外面救助的话，可能她的心理压力会减轻一些。但是，她没有得到很好的外部帮助，包括她老公也不在身边。如果她老公在身边，可以两个人一起来带孩子，一块种地。但她老公又需要一些现钱，所以他需要到外面去打工。从这里头我看到了她的艰难，但是艰难也不能以这种方式来解决问题。但是，我觉得我们现在站在这儿说她什么，我们都属于站着说话不腰疼的人。所以，我觉得我们更多的还是应该去反省这个案件，想想我们能够为这样的人群去做些什么，这是特别重要的。

女性比男性更应该受教育

窦文涛：这个案件有一个细节惨绝人寰，就是孩子的奶奶来了，看到有个孩子还没断气，就说你把这个孩子留下，但杨某某说一个都不能留。你说她在行凶这一刻精神状态正常吗?

李玫瑾：她是有一个长期积累的不良情绪，然后下了这样一个狠心的抉择，最后就是这么一个结果。在这个过程中，她就想留下的孩子可能会更痛苦，所以她不如把他们全部杀死。我觉得她这个行为实际上也有她对生活的不满，甚至她内心可能对家庭、对丈夫也有不满。当然，这只是一种揣测了。

余世存：她站在她的角度觉得已经绝望，而且她认为她的孩子活着也还是会绝望。我觉得她有这种想法。

李玫瑾：对，所以一个都不给你留。

窦文涛：我看那个调查说，她是拿斧子的钝面砸孩子。一个母亲怎么能够对这么娇小的孩子下手砸啊？为什么一个母亲要这么对待自己的孩子啊？我们不能想象。

李玫瑾：这就跟她个人的性格有关了，跟她自身的心理有关了。我觉得她这个行为应该是想要表达什么。作为母亲，她应该还是要有不忍心，即使在做这个事的时候，也要让孩子减少痛苦，对吧？但是，你看到她的行为是非常惨烈的。所以，我觉得她可能还有一点点对家庭的不太满意。

窦文涛：也有人提到这个，甚至说跟她的奶奶有关系。

余世存：对。

窦文涛：她老公是倒插门，入赘的吧？还有人说村民们没有给她评上低保，她是不是有一种怨气在里面。这都是猜测啦，现在国家扶贫工作组已经进村了，肯定是要调查了。你说像这种事情，我们很难站在她的角度去想她是什么人，因为她不是跟我们有一样意识的人。有一个人就说了："她是怕孩子受罪，觉得她死了，孩子也活不好；要是我才不会这样做呢，因为我要是死了，就会引起媒体的关注，国家就会把我的四个孩子送到福利院去养，给他们一个较好的待遇。"

余世存：我觉得她想都没想到这一点，她不会想。

窦文涛：她怎么可能想到这个？

李玫瑾：对。我们受过教育的人可能会想得更多一点，想得更完整一点，但她是在那种山坳里长大的人，又带着四个孩子。其实，我在研究心理时特别强调一点，就是我们去分析一种心理现象的时候，绝对不能用我们的心理去理解那个人，一定要从他的生活经历、生活背景和他整个的心理发展脉络去研究他。我到监狱去做调研的时候发现，几乎有一半的女犯都是没文化的，她们连学都没上过。尤其是在贫困的地方，很多人认为女孩子大了以后一定会嫁人，干吗要让她去上学？所以，这是属于个人和国家之间的冲突了。从国家来讲，所有的女性都是母亲，按理说女性受教育更为重要。所以，我们从理性来讲，家里哪怕只能有一个人去上学，我也一定要挑个女娃。但是，我们很多家庭不是这样，认为男孩是我的，可以传宗接代，而女孩是人家的。所以，我们在研究犯罪当中就发现，女性往往受教育程度是更低的。

窦文涛：杨某某其实最后还有个希望，就是希望大女儿能去上学。

余世存：没错。但是，如果要用一句掉书袋的话来说就是，我们的很多妇女没有完成社会化，没有进入这种社会体系。所以，我们站在这个地方去谈论她们，或者试图去理解她们，这是很难的。

纵览中国法律，我们虽然有《妇女权益保障法》，有《未成年人保护法》，但是，仅“女童要接受完整的九年义务教育”这一基本的要求，在中国的许多地区和许多家庭仍是有名无实或难以实现。许多经济落后地区的习俗和观念决定了那里的家庭完全不为女童进行教育投资，这种结果也是危险的起点。要改变这种难题，只有通过社会理性的努力。

女性系人类的母亲，一个民族的素养取决于这一民族中每个人出生时母亲的修养与教育。社会必须对女童进行理性的关怀与关注，为女童制定特殊的法律规定。在这一问题上，我有些思考，虽不一定全面或正确，但我希望对这一话题和建议有参考作用：

其一，必须让所有适龄女童接受基础性教育。在经济水平未达到国家基本水准的地区，以立法和强制实施的方式要求所有适龄女童必须接受基本的义务教育。对女童的教育是一个国家最有意义的投入。考虑到仅免“教育费”仍不能够让许多观念落后的家庭同意女童去上学，所以还可规定，凡上学的孩子，由学校出资解决孩子早晨和中午两顿饭的问题。这对于贫穷家庭来说，或许能够成为鼓励孩子去上学的重要动力。同时还应规定，凡阻止孩子上学的家庭要受到责罚。比如，可以责罚父母到学校做义工。

其二，在全国所有地区的小学至中学，特地针对女童（含少女）设计并开设女性课程。这些知识对社会具有未来价值，如“女孩的自我保护知识课”“通过操作修养性情的手工课”“女性的生理知识”“女性的性别修养课”“恋爱和婚姻知识”“家庭生活知识”。这些课程可由专家编写教材，列为必修课而规定课时，以讲座的形式或指定兼任教师来完成授课。因为女性尤其是少女需要特殊的知识，这种知识在现代化之前的社会多由母亲来完成，但当社会进入迅速发展的变革时期，在家庭功能明显减弱的情况下，由学校来体现社会意志并完成这一操作就显得格外重要。

其三，人在12岁以下，其活动场所除家庭以外，主要是幼儿园和小学。在这一阶段，女童最容易受到来自男性老师的性侵害。鉴于此，建议在这一年龄段，孩子的老师应以女性为主。事实上，人在12岁以下性别发展并不突出，可称为中性人。安排女性老师作为班主任，可以在很大程度上避免幼女受到具有职业优势的男性的侵害。

其四，社会可通过妇联、法律援助等方式帮助那些未婚先孕的少女。在司法中保护未婚先孕的女性，通过法律规定让当事男性必须承担其民事责任。同时，通过妇联对这类女性进行指导和帮助。

——摘编自李玫瑾随笔《保护女童：已非应然　而须必然》

特别暴力的人往往是内心怯懦的人

窦文涛：过去有这么一个词叫“歇斯底里”，原来西方人认为这是一种妇女才会得的病，好像它最早的词根就是子宫的意思。过去某个年代认为歇斯底里是妇女的一种毛病。您刚才谈到有时候女性要是决了意，在手段上能比男的更狠。那是因为大脑构造不同，还是气质类型不同呢？

李玫瑾：跳出这个具体案子来讲，在人类的群体当中，特别暴力的人往往是内心怯懦的人，然后他往往以一些非常残忍的方式来做事。这种人恰恰是生活中无能的人，因为他要是有能力，就不会用这种方式了。所以，处在社会底层，又没有受过很好的教育，生活负担又非常重的女性，在做事的时候会用非常极端的强烈的方式来表达自己的痛苦，也就会用非常狠毒的方式了。

窦文涛：他们家的一个亲戚说杨某某在18岁的时候有自言自语的现象，但是另外两个亲戚又说她没有这种现象。从法医的角度来看，考不考虑她有精神疾患的可能呢？

李玫瑾：我认为这个案件大家一看就能看出来，她如果有精神疾患，是不会在杀人之后才看出来的，应该在这之前大家就会看出她这人不正常了。另外，从她这个行为我们看得出来，她还是很平静地离开家的。

余世存：而且，她还让她一个亲戚以后有什么好吃的给她奶奶吃，我觉得这还是一个正常的人。

李玫瑾：从她的整个行为来看，这完全是属于已经想好的、不属于混乱的行为。我们把混乱的行为称为失常，但她的行为不属于失常，她完全是在她计划和控制范围内去做这件事情的。从她前后的行为来看，她完全没有精神状态异常的表现。要是她精神状态异常，她不需要把孩子领到山坡去，她就在家里拿出个斧子随便砍啦。她是把孩子领开了，不在家里做，而是在山上做，然后被人发现了，对吧？她把四个孩子都领了，一个都不差，然后往每个脑袋都砸了。所以，你看出她一个什么特点呢？她做这个事情是有考虑的，而且她是有安排的。所以，我认为她不存在精神异常，那只是一种猜测。

窦文涛：她最后自己也服下除草剂，我觉得这个情况她老公看见都傻了。她老公外出打工回来以后，还有一个孩子没断气，抱着就往医院跑，跑到半路上就断气了，又抱回来。我可能有些苛责，我觉得她老公最后也自杀了，像他这种遭遇这么大灾难的人，比如说当地一些干部或者救助的人员不得看住他一点吗？

李玫瑾：人要想自杀是看不住的，明白吗？如果一个人想自杀，即使有别人陪着，他也会找个机会去做这事的。自杀也是一个人特别的一个抉择了，所以你看也看不住他，除非你能够打消他自杀的念头。要打消她老公自杀念头的话，这个村里的人包括村干部都是做不到的，必须得有特别专业的人来做。但我认为这也很难，因为我们知道人活着就是一份情意嘛，他所有牵挂的人都没了，这种情况下你看也看不住他，而且你也要睡觉，你也不能 24 小时看着他。

余世存：除了李老师说的情意以外，杨某某老公的自杀也证明了杨某某的无望、无能，生活已经没有活路了。

窦文涛：你说的这种没有活路不是咱们所理解的，她还不至于饿死，对吧？那么，那是一种什么呢？

余世存：比如说第一层，他们家在村里边是独户，已经跟村里拉开了距离，几乎被屏蔽了，包括很多时候村里开会，他们家也没有人去参加，是吧？这样的话，她基本上生活中是没有圈子了。

窦文涛：对。即便不说这个偏远农村里的妇女，就说今天城市里一个“80 后”的年轻妈妈吧，她有四个从 3 岁到 6 岁不等的孩子，也没有人帮她，她一个人每天在 10 平方米的房子里转，你说她是不是也会发疯啊？

李玫瑾：会啊。我虽然就一个孩子，我记得大概有两三个月就我自己在带，那时候就觉得情绪特别大，动不动就想哭。心理学上怎么来解释情绪呢？情绪就是人的需要在满足与否的情况下出现的生理反应、心理体验和外部表现。也就是说，情绪问题涉及生理上的问题。有时候生理上的问题很复杂，比如女性在月经期间会出现一些情绪的波动。

窦文涛：紊乱。

李玫瑾：对。所以，有些问题你完全去找外部的原因，你肯定找不到，但是它又跟外部有关系。有时候外部关系和他的生理关系又有一个时间差，比如说他这个刺激是3号发生的，但他的心情反应是过了三四天之后的。有时候我们生活中也是这样，你经历了一个事情，当时没事，可是过了一段时间以后，突然一下就觉得情绪低落，自己也不知道为什么提不起精神来了。这些都是非常复杂的。所以我说，杨某某这个女性一定是经历过生活中很久的一个挫折感，这个挫折感让她的情绪慢慢积累起来了，包括政府对她低保问题的处理，我认为这也是压倒她的一根稻草吧，但事实上还有很多她生活中的负担我们现在可能没有看到。

余世存：她没有盖房子，我觉得这也是一直在村里被议论的。因为村里其他人可能都盖新房了，只有他们还住在那种地方，这个本身在村里就比较受歧视了。这个压抑对她来讲，我觉得已经不是生活很苦的问题了，而是她完全找不到改善的路径了。

可以通过养老待遇来控制生育

窦文涛：李老师，你还关心这种地方的妇女生育控制问题。

李玫瑾：对。其实跳出这个案件，我在研究犯罪当中经常会看到一类现象，就是有些家庭叫生而不养。生而不养的原因很复杂，但多数情况下还是跟贫穷有关。我觉得我们社会是否可以考虑一个政策，就是通过养老待遇来控制生育。也就是说，如果你能够计划生育的话，比如国家让你养两个，你生两胎之后要是有控制的话，等你到了55岁，就给你比较高的养老费，这样她就能控制生育了。因为现在我们发现，越是穷的人，生的越多。这会带来什么问题呢？增加了她本身生活的负重，还有就是孩子受不到很好的教育，这会造成恶性循环。所以，我觉得我们应该通过养老来控制生育。当然，如果你按计划生的话，国家也要给孩子一定的补贴，让孩子能够很好地受到教育。也就是说，我们要抓两头，一头是孩子的教育，一头是老人的养老费，把这两头控制好。你青壮年的时候自己去挣钱，对吧？通过养老费来控制生育也是非常重要的。

窦文涛：你在农村待过，你觉得这是不是很有必要？

余世存：对，李老师说的这个很有必要。在这之外，我觉得城里的NGO（非政府组织）或者公益组织也应该更加深入地去做这些工作。这件事出来之后很多人还反省，为什么那个“免费午餐”计划和对这种所谓弱势群体的接触没有到位。

窦文涛：中国穷困地区的社会保障和支持太差了。

余世存：是。

第十一章　很多性侵是斯文人干的

应该设个套对付性侵者

窦文涛：最近[①]有一个很敏感的事件，就是所谓“阿廖沙被性侵事件”，引起了轩然大波。实际上，这个话题涉及校园有权力者，比如教授对女学生性侵，甚至还有小学、幼儿园的老师对女童性侵。这个自称“阿廖沙”的人，格子你打听到点什么消息吗?

刘少华：我没打听到什么消息，但是我这几年在采访中遇到过好几起。第一起是我朋友的朋友的事情，她一上了研究生，导师就明确传递出信号，说要“潜规则”。朋友就过来问我怎么办，我说：“她这研究生可以不上，干吗要献身呢？”后来她献身了，我朋友跟我感慨：“生活强奸了她。”我的回答是：“快别埋汰生活了。”

窦文涛：也就是说，她还是非要这个研究生学历。

刘少华：第二个事情是一个很极端的事情，我也不说是哪个学校了。那个学校的董事长被 20 多个人举报，说他对空姐班的学生甚至一些教职工有性侵行为。

窦文涛：现在学校都有董事长啦?

刘少华：它是那种民办学校。民办学校都有董事长，董事长是比校长还高的。我就去采访了，跟 20 多个人分别聊天，聊下来之后结论是明确的。其中有一个女教师是诗人，她给我看她那段时间写的诗。因为我对文学还是有一点

---

① 本期节目于 2017 年 6 月 26 日播出。

点感悟的，感觉到她的情感是非常真挚的。后来这个稿子隐去了她们所有的名字，包括学校和董事长的名字，这才发得出来，我很无奈。因为没有录像，媒体也不是公检法，如果只有这 20 多个人的哭泣，你是不能把这个人送上绞刑架的，所以非常遗憾。

窦文涛：李老师，你觉得很多女学生为了毕业证、为了学位愿意献身，这个行为是可以同情的呢，还是她们不应该这么做?

李玫瑾：我认为这些女孩还是挺值得同情的。如果我身边有这么一个人，我绝对要帮她设计一个套。

窦文涛：拿证据。

李玫瑾：对，我一定要帮她设计一个圈套。既然你已经准备献身了，那你就用这个套把他弄下来，让他到此画一个句号，非得把他送到法庭上不可。因为这种人害完你之后，他还会害别人的。

刘少华：某大学中文系 2013 级有一个学生挺厉害的，前一阵出了一个报告，把他们学校一个副院长调出来设套。那个副院长爱在茶馆里摸女学生大腿什么的，他就用一个女学生去给他设了一个套。他还把 2007 年至 2016 年间该大学的校园性侵事件做了一个统计，画了一个地图，比如说在这儿发生过 9 起，在那儿发生过 7 起，掀起了轩然大波。

李玫瑾：太棒了!

窦文涛：对，我觉得这不就是个很聪明的办法吗？我前两天也看见一个报道，说某地一个学校里有个学生处长也是以不给毕业证为由，说就看你表现怎么样了，然后就给这个女生发微信。这个女生当即把这个微信截图，然后找来男朋友，一起把这个处长约出来，当时全部录音了。你说女孩子为什么就不想个聪明的办法呢，又能拿到毕业证，又能把这事给结了?

李玫瑾：我觉得这要看女孩的背景了。因为我们毕竟是干这个专业的，知道该怎么来对付这样的事情，可是对于一些从小没有被教育过如何应对此种情况的人，那就未必了。尤其是有些女孩很单纯，当她遇到这种事情的时候，像这个女孩有男朋友还好，起码有个出主意的人，要是没有男朋友，就不知如何是好。而且，这种事她觉得很羞耻，一旦张嘴的话，说不清楚。我觉得在这个问题上，我们的刑法如果真的要取证的话，其实可以像国外打击黑社会一样去做。美国的黑社会有这种特点：一把手，也就是老大，他是不作案的，他一般下指示的时候是打一电话给第二个人，第二个人再打给第三个人。所以，一般截到第三个人的时候，他只要这个电话一断，我们基本上就拿他没有办法，就没法去处置他。也就是说，杀人的动机在他这儿，但作案的是另外一个人，等于被隔出两个人来，你怎么来定罪呢？美国后来专门出台了一个法律，规定只要有三个人以上指认是你发过指令，你就是黑社会老大，就可以作为有组织的犯罪来处理。我们现在的性犯罪，如果拿不到证据，也可以这样来做。如果只有一个人说你性侵，那有可能是在诬陷你，本来她是愿意的，有求于你，故意找上门来，但最后她一翻脸，说你是强迫的。但是，如果两个人说你这样，三个人以上也说你这样，那就不可能是在诬陷你。

窦文涛：现在你看网上也经常有这样的事，起码到最后这个老师是给搞臭了。按说也没有上法庭，有一个女生也没有证据证明当年老师性侵她，然后一下引得全班十几个女生都说他干了这个事情，一般就能给他搞倒搞臭。但有时候我觉得这没有诬告的可能吗？

李玫瑾：有，但是诬告一般就一起。有的时候也有倒贴的，本来是我勾引你的，然后我为了应付丈夫，回去跟丈夫说我为什么这样做时，就反过来说当时是你强迫我的。但是，这种情况往往就特定的一两起，不会太多。如果你处在权力的位置上，可能遇到这种事会多一点。如果你只是一个普通老师，反告你的，我觉得一般不多，除非你真的是有这样的行为。

窦文涛：我觉得不同社会气氛对性侵的意识不一样。你看我在香港工作，香港也不是在保护妇女权利方面多么高级的地方，但是我就能感觉到香港的男同事、男经理非常害怕这种事，甚至有的时候对有些女同事会有意见，说这个女的你可不能随便跟她说话，她动不动就要告你，她这个意识非常强，你给她发个邮件都得注意，弄不好她就找律师去了，你很容易就沾上性骚扰这种事。相比之下，咱们内地是不平衡，有些地方好像这个意识强一些，但我发现尤其是在很多三四线城市，有些时候一个班里的老师最后被发现性侵过十几个未成年女童，把他拉去枪毙都不冤枉。

刘少华：它那个地方的人情社会完全不一样。你看前一阵某市闹伴娘①那个事情，全网都愤怒了，说这几个男的抓出来一定要判多少年，结果那个伴娘放弃了她的权利。你想这就是人情社会，这个伴娘以后还要在这个社会生存，肯定是周围无形的压力都来了，她必须要放弃追究这个事情。所以，我有时候对成年人的怜悯不那么多。因为你成年之后，说白了，你要为自己负责，包括对你的贞洁、对你的身体负责。但我经常觉得校园性侵对小女孩特别不公平，因为她的人格、智识各方面都还不健全。

性侵对人的身心伤害非常大

窦文涛：李老师，您肯定经常见到这样的人，就是未成年的时候遭受过性侵的女童。

李玫瑾：那对她的身心伤害是非常大的。

窦文涛：是不是一辈子对她的心理都有影响?

李玫瑾：对。我有时候讲课也跟学生探讨这个问题，就是性侵行为从身体伤害来讲是看不出什么伤害的，你要是不说的话，别人也不知道，但为什么我们还要定个法律来禁止这种行为呢？实际上，大家不知道这种伤害对人身心的影响有多么大。我接触过很多这种人，有些人还给我写过信。有个人现在已经

① 2017年6月3日，某市两名男子在一辆婚车的后排座位处对伴娘进行搂抱、摸胸等行为，被坐在副驾驶位置上的人拍了下来。该视频经多个微信群转发后，被发布到微博上。警方随后对这两名涉嫌猥亵的男子进行调查，但伴娘表示与二人相识，并不打算追究他们的责任。

当妈妈了，就讲到小时候这个痛苦让她一生不幸福，包括她现在对丈夫老有一种很内疚的感觉，她不敢告诉丈夫，觉得对不起丈夫。还有个人是被亲生父亲性侵过，现在她母亲已经去世了，父亲没人管了，她不得不把他接到家里来。她在给我叙述这个过程的时候，我就能感受到她这一生的痛苦。

窦文涛：被亲生父亲性侵的话，是不是这个父亲肯定有神经病啊？

李玫瑾：不一定，有的是酒后，有的就是无所谓，觉得又不让你生孩子，只是那么一会儿，所以就真敢这么干。我们现在看到有很多留守山区的孩子，爸妈都不在跟前。那里有很多老人是属于鳏寡老人，一个人很孤独，经常一块糖、一个好吃的就把小朋友叫过去玩一会儿，家长根本不知道。等这孩子大了以后，明白这个事了，心里就有个阴影。

事实上，性侵害属于一种很常见的人身侵害。因为这种侵害发生的前提是：侵害者对被侵害者具有某种自然的或社会性的优势，如男性对女性的体力优势，成年人对未成年人的年龄优势，还有雇主对雇员等从属关系的社会地位优势等。鉴于这类情况在社会生活中比比皆是，因此，个人遇到性侵害的概率是较高的。

在社会生活中，人们可能遇见的性侵害通常表现为两种情况：一种是强奸类侵害，还有一种是猥亵或骚扰侵害。过去人们通常认为被侵害者多是年轻的女性或少女，但事实上，具有较高被性侵害风险度的人群还包括未成年人（其中包括男孩），还有一些处于社会弱势群体的男性。

根据犯罪心理的研究，实施性侵害的人员及心理大致分为以下几类：

机会型的性侵害，也称“占便宜”型的性侵害。这类人在实施性侵害时往往不需要暴力，因为对方完全不具有相关的性意识或性知识，在毫无防备的状态下很容易被侵害。这类被侵害对象多为未成年人，还有弱智女性。

利用从属关系的性侵害。这类人往往利用某种控制的权力对对方进行侵害，被害人即使有性知识和性意识，但迫于现实问题而无法自我保护。

出于报复目的的性侵害。这类人可能有过生活上的挫折或压抑的背景，因而出现攻击性情绪，并出现攻击泛化现象，将攻击的矛头指向所有比自己弱的对象。

性虐待狂的强奸犯罪。这类作案人具有变态的性欲望，往往通过对被害人的虐待来达到他们所需要的性唤起和性快感。这类性侵害往往伴随着暴力手段，并导致严重的伤害强奸或杀害强奸后果。

为了得到性满足。这类人实施性攻击行为只是为了性体验和性满足。他们大多有沉溺于欣赏黄色录像的背景，将被害人视为一个实现自己性体验或性满足的工具。

因酒精的影响而发生的性侵害行为。这类行为甚至会发生在家庭的乱伦中，或发生在熟人关系中。

无论是哪一种性侵害，对被侵害者而言都是一种污辱或屈辱，都会造成身心伤害。就心理伤害而言，许多被害人在相当一段时间内会在脑海中不断重现当时的情景，痛苦挥之不去，无法控制自己的情绪，感到焦虑、惊恐、烦躁。由于心理具有意识流的特点，所以这种心理伤害可伴随人一生的记忆。有的性侵害行为甚至影响到被害人的婚姻质量与家庭生活。同时，这种伤害还会引起生理问题，诸如失眠，受到噩梦的惊扰，感到胃部不适，感到阴部或相应生理器官的不适，甚至感到身体肮脏。严重者因被强奸而怀孕或被感染性病，那种经历更是痛苦的折磨。

不仅如此，这种心理和生理的伤害还会影响到被害人的社会性行为及其发展，诸如在一段时间内不敢单独外出，不敢面对陌生人，不敢回到必须经历的环境中，比如学校或工作单位，也不敢面对熟悉的人，比如亲属、邻居、同学或同事，因为他们很难预料人们对这类事件的看法或想法。甚至在为自己讨回公道的法律诉讼活动中，被害人也会面临巨大的社会压力：他们会面临各种各样令人难堪的提问，最令他们难以承受的是因自己的失误给他们带来“说不清”的难堪，以致最后他们也对自己产生愤怒；在法庭审理中，被告为了自己的利益，必然会寻找各种对他们不利的理由；当他们为了诉讼而不得不再次面对作案人时，就不得不再现那噩梦般的场景。诸如此类，对被害人的伤害可想而知。有些被害人甚至由此开始自暴自弃、酗酒、吸毒、卖淫，甚至寻找机会报复所有的异性，以至发展成新的性侵害者。

——摘编自李玫瑾论文《性侵害的心理问题及防害建议》

有很多性侵恰恰是一些很斯文的人干的

窦文涛：阿廖沙据说是因为台湾林奕含[①]这个事把她感召了，她要出来说当年谁性侵了她。林奕含这个事情正好请您分析分析，她的事情也很复杂。因为现在从法律上来说，似乎没有证据能证明这个老师是在她未成年的时候和她发生了性关系，而且很有可能她跟这个老师是一种婚外恋的关系，但是她在小说里写下的是一个未成年女童被补习班老师性侵的故事。这事您怎么解释？

李玫瑾：这种分析我是不太认可的，因为她现在已经用行动说明了她的选择，也就是她选择了自杀。如果真的是一个婚外情的话，她是没必要写这个小

① 林奕含，1991年出生于台湾一个名医之家，从小外貌出众、成绩优异，但上高中时被一名补习班的老师诱奸，此后患上抑郁症。2017年2月，林奕含出版了长篇小说《房思琪的初恋乐园》，书中讲述了13岁女孩房思琪被一个老师诱奸最后发疯的故事。同年4月27日，林奕含在台北家中上吊自杀。

说的。

窦文涛：但是，不是说她有很严重的抑郁症，还找精神科的医生一直在看病吗？

李玫瑾：对。她的问题很糟糕在哪儿呢？我看她的治疗过程中没有发现她一个问题，实际上那是一个创伤。这个创伤源于什么呢？我看了她小说的一部分情节。不光是她这个事情，我还看到过类似的案件，甚至跟她同样的反应，也就是自杀。那是农村一个小女孩，也是被她的老师性侵了，然后她在日记里写了无数的对不起，说“我很脏，对不起”，最后她也自杀了。

窦文涛：她对不起谁呢？

李玫瑾：她就是觉得“我对不起你们，我现在很脏”。为什么这是一个创伤呢？在她完全不懂的情况下，她被强迫做了这个事情，她就会觉得她已经是一个不干净的人了，她是被人动过的了。她本身没能说出心里话，也没有家庭的支持。所以我说，对女孩做这种行为是非常恶劣的，不管她有多大。像东北有一个小学老师就在讲台前把孩子叫过来，然后把裤子脱下来在里头捣鼓，有的女孩就被抠破啊，但父母不知道，因为父母根本想不到。为什么美国在性犯罪人被释放之后要在社区公布这个人回来了，叫他们要看好自己的小孩？因为性侵确实是一种伤害。因为我们的刑法是罪刑法定，你做了这个事，我才能对你进行处罚，可是你可能要做的，我不能先处罚，而性侵这种行为有一个特点，就是这种伤害等你知道已经来不及了。

窦文涛：对。

李玫瑾：我就觉得林奕含有一种创伤，那是什么呢？她试图说服自己，她想用美好的方式来说服自己。

窦文涛：她觉得她是爱上这个老师了。

李玫瑾：或者是爱上老师，或者觉得这个事是很美好的，她想用这个方式来说服自己，但她说服不了。所以，你看她结了婚，最后婚姻不能持续下去，还选择自杀。现在如果再说这个事有什么政治背景、社会背景的话，我认为那都是男人社会在用男人的一种话给自己找理由。我想说的是，有很多性侵，尤其是这种对幼女的性侵，恰恰是一些很斯文的人干的。因此，我要告诉很多家长这一点。而且，你不要以为光是女孩被性侵，男孩也有。比如我在监狱采访时遇到过很帅的一个小伙子，我问他犯了什么罪，他说是猥亵。原来，有一对夫妇要出门，就把一个小男孩交给这位男同志照应两天，结果小男孩回家后告诉妈妈这个人对他做了什么，他爸妈就不干了，气坏了。

刘少华：这孩子还是能说出来的。

李玫瑾：对，因为他已经上初中了。我想说什么呢？第一，作为家长要有一个意识，要在孩子很幼小的时候就给他普及这个知识。第二，我们全社会都要有这个保护意识。比如现在有很多人说幼儿园没有男老师，孩子没有阳刚之气，但我要说这是错的，12 岁之前孩子还没有性发育，是一个中性人，而中性是不需要性的榜样的。因此，为了安全考虑的话，应该由女老师来抚养，这样孩子就相对会安全很多。

窦文涛：男老师有危险性。

李玫瑾：对。专门研究性犯罪人的心理会发现，其中有一部分人是情不自禁，因为小孩特别可爱，这种可爱唤起了他想有身体上的接触，由此才发生这个行为，他不是很恶毒的。

窦文涛：女老师就不会吗？

李玫瑾：女老师有个别是会虐待孩子，比如这个小孩太可爱了就掐一下。

刘少华：但是，英、美这几年也不断爆出女老师睡年轻学生的事情。

李玫瑾：对，包括保姆也有。

窦文涛：对，但是似乎从概率来讲，还是男的比较不像话。

李玫瑾：他们讲有保姆专对小男孩的生殖器做那种行为。这种性侵行为有时候会在孩子不知的情况下发生，因此我们做父母的一定要有这个意识。比如说，要是就一个男老师在，你一定要陪伴，不能把孩子单独交给他。包括带孩子去看病的时候，医生进来做个检查，只要孩子在 12 岁以下，家长就不能在外面等着，必须跟进去。这是我们的一个共识，就是常识。

窦文涛：看见一个小孩那么可爱，你心里那么爱他，这会变成一种性欲吗？我觉得这很难想象，你看见小娃娃这么可爱，你怎么会突然有性欲呢？

刘少华：千人千面嘛，有性欲还是很正常的。

窦文涛：就不是正常人呗。

李玫瑾：对，但问题是有这样的人。

窦文涛：所以，听说韩国法律里对这种罪犯有一种叫作“化学阉割”的处置。

刘少华：对，他们也是因为前些年有社会事件催生了这个法律。具体到林奕含这个事情，我前一阵想法挺多的。我买了她的《房思琪的初恋乐园》，这本书在台湾脱销了。我看了她的视频访谈之后心里一惊，因为她很特别，她里面提到的所有书都在我的案头上摆着。

窦文涛：你也有危险。

刘少华：哈哈，没有！我感觉跟她是对得上话的，所以她说的对我触动更深一些。比如她提到波德莱尔[①]的《恶之花》，我一下子就懂了她自己选择的这个人生路径。因为你知道《恶之花》的六章分别是什么吗？一上来就是“忧郁和理想”，讲人的这种情愫，接着就讲“巴黎即景”，然后是“酒”，就是借酒浇愁，然后叫“恶之花”，就是恶的花朵开始衍生了，然后是“叛逆”，就是背叛上帝而归向撒旦，最后一章叫“死亡”。所以，我看了林奕含这个路径之后觉得，这样一个特别沉迷于文学艺术的人，当她觉得自己的人生真的解脱不开的时候，她其实是选择了《恶之花》这样一条人生路径，她最终的死亡是完全按照这个剧本来演的。当然，我这么说对死者或许有一点点不敬。你知道人经常会用第三只眼睛看自己，比如穿上一件特别华贵的衣服，想象着我在别人

① 夏尔·皮埃尔·波德莱尔（Charles Pierre Baudelaire，1821—1867），法国著名诗人。1857年出版的《恶之花》是一部表现西方精神病态和社会病态的诗集，根据内容和主题分为六个诗组，分别冠以《忧郁和理想》《巴黎即景》《酒》《恶之花》《叛逆》《死亡》等标题。

面前是多么光鲜，或者我在别人面前像林黛玉一样那么忧郁而好看。比较搞笑的是北野武[①]，当年买了第一辆法拉利之后，他让别人在前面开着，他在后面看着，说这是我的法拉利。我怀疑林奕含有这样一种意识在里面。

窦文涛：咱们就说以事实为依据、以法律为准绳的话，她的抑郁症到底和她受过性侵是先有蛋还是先有鸡的关系，这个说得清吗?

李玫瑾：我认为说得清，因为我看过她小说的前一部分，其中有一段描述是在吃饭的时候，当时他们在吃海参，然后一口吐出来。我们研究心理学是有几个角度的，一个是通过你的表现，第二个是通过你的言语，第三个可以通过你的表情。她的视频采访我也看了，她的动作是非常的欲言又止，话总是要慢半步。看她在小说中描述这些情景，你会知道如果她没有这样的经历，她是不会写出这样的东西来的。我开个玩笑，说得可能粗一点，人家说有些女性把香蕉当作生殖器，因为有这个意识，所以我在很多场合吃香蕉的时候，都把它掰成一截一截来吃，从来不直接往嘴里塞。这是什么意思呢？就是你脑子里已经知道这个事了，然后你才能表现出这样的行为。在文学中，你看谁写一个东西的时候，就会知道他有什么样的经历，否则他不可能写出这个东西来。从林奕含写的东西里面，再加上她后边的表现，我认为她早期被侵犯的时候，她是完全没有办法的，当她做完这个事以后，她的那种恶心很难消除，问题是这事还不能说出来，因为没有证据，而且怎么去弄证据她又不懂，关键是她还要再见到这个老师。在这个过程中，不管她有多大，哪怕她已经16岁了，她没有性经验的话，遇到这种行为也会非常震惊的。

师生恋可能会触犯权力交换的禁忌

窦文涛：很多小女生容易迷上老师，尤其是那种讲文学的老师，让人感觉

---

① 北野武（1947—　），出生于东京，日本导演、演员、电视节目主持人。

很有才气的老师。但是，她们那种迷是一种对老师权威的崇拜，或者说她们觉得老师很有魅力。

李玫瑾：跟对现在的偶像是一样的反应。

窦文涛：对，一个小女生即便把一个男的当成偶像，也并不等于她就愿意跟他上床。

刘少华：但问题是这个偶像捅破了你们之间的障碍，这个就麻烦了。

窦文涛：对，这实际上对小女生来说是非常大的一个恐惧。有时候男老师会误以为她看我讲课时那么崇拜的眼神，她永远坐在第一排，然后他真的去实施性侵，这个小女孩的世界就崩溃了。

李玫瑾：你这个分析是对的。

窦文涛：她那不等于达到性的程度，但是你也可以说她迷上了这个老师。那是一种很微妙的东西，可能她脑子里有一部分确实是这个老师对她有某种吸引力，或者她是喜欢这个老师的，但是她绝对没有想跟这个老师发生这种关系。

李玫瑾：尤其当她面临这个事实的时候，她完全不知道该怎么去反应。包括我小时候在我完全不懂的情况下，有一个也不算是直接亲人的人到我家来住的时候，他就有过这种动作，我当时不知道，我只是躲他，我就是觉得特别痒，不让他碰我。后来我母亲不知怎么就发现了，我母亲太精了！因为那时候住房条件很简单，就里外屋嘛，我母亲马上就把这个事捅出来了，告诉我以后要怎么样、要注意哪些事情。当我知道这是一个问题的时候，我吓坏了，大概有一个星期不敢跟人说话，后来慢慢才走出来。因为我母亲是一个非常开朗的人，然后……

窦文涛：所以您从此做上了犯罪心理学的工作?

李玫瑾：不是。我想说什么呢？很多人在早年不懂的情况下是非常容易受到侵害的，而当这种侵害发生的时候，他真的不明白该怎么办，完全就傻了，这是不好的事。所以，你刚才说的“崩溃”那个词特别对。所以我认为，这个才是我们全社会特别是所有家长要来呼吁的，也就是要知道如何保护好我们的孩子，同时我们的法律也应该健全。因为这种创伤是在你完全不懂的时候发生的，等于是你打这场仗的时候，你没有任何准备，他上来就把你干了，你心里那个愤怒啊！你会觉得："你凭什么啊，要真是咱俩打也行，你什么都不让我知道就上来了！"我们怎么向孩子普及这个教育呢？有很多母亲就跟我讲："这么点的孩子，我怎么好意思跟他讲性保护呀？"她们不知道该怎么去教育孩子。因此，我们要到山里去告诉孩子："身体是你自己的，人家不能看，人家不能摸。"其实这种教育很容易啊，但是为什么很多家长就不知道呢？他们就会说我们不好教育孩子。

我认为，性教育是人生教育的重要内容之一，应当从小开始。小到什么时候？6岁之前。但是，在谈性教育时，先要明白我们如何理解性的含义。现在，很多的性教育就是讲生殖、避孕等知识。我认为，这是对性的错误理解。

作为人的性知识，应该有"人"的意义。人不是纯冲动的动物，人是社会性的动物，人是有理性的动物，人是文明的动物。所以，人的性绝不只是"性交"的性。作为人的性教育，应该有一个循序渐进的过程，应该是一个完整的性心理发展过程。人的性知识应该包括这样一些内容（依年龄顺序而言）：

第一，6岁之前的性教育在于灌输给孩子怎样保护好自己的身体的观念。这时候的性教育，就是给孩子灌输一种性的观念和自我保护意识。儿童时期的性教育工作应当由母亲来做，母亲在给孩子洗澡的时候可以和孩子交流，告诉他（她）为什么只有妈妈或者爸爸能给他（她）洗澡，这是因为身体不是所有人都能随便看的。我们用毛巾洗他（她）身体一些敏感部位时就要告诉他（她）："这些部位是不能让别人摸的！如果有人要摸的话，你回来一定要悄悄地告诉我。这是我们两人的秘密，好吗？"当孩子6岁了，要去上学时，我们在嘱咐孩子的众多话中应该有这样的内容：“孩子，上学要听老师的话，好好学习。但是，如果有的老师让你脱裤子，这种话你不要听，而且回来后要悄悄地告诉我。记住了吗？”事实上，很多对幼童的性侵害都发生在孩子完全不懂性的时候。所以，这种教育一定要在6岁之前，也就是在上小学之前就告诉他（她）。

第二，青春初期（12岁前后）的性教育在于让少年懂得“何为性别魅力与修养”。当人进入青春期后，他（她）已经有了性意识。但是，这时候的性教育应该是引导少年先懂得人的性的表达与理解的方式，即性别魅力如何修养、如何展现，如何理解对方的性心理。如何欣赏性别魅力，即社会交往中的求偶与追求，这是恋爱的部分知识。这种教育应该在初中阶段，通过老师讲授、影视演示、课堂讨论来进行。我们经常会看到，一些初中的学生穿着大胆和怪异，原因在于，他们这个时期的心理发展“自我意识”的念头非常强烈，他们希望引起别人的注意，让人觉得他（她）早熟、自立、大胆、很酷或者很靓。但是，这种打扮意味着他（她）缺乏对性别魅力的理解。事实上，外貌打扮特异的人会给人形成一种前卫感，意味着大胆而什么都不在乎，或者不甘寂寞要出风头等印象。这些印象虽然会吸引异性，但他们绝不是那些打算长久陪伴你的异性。这种外貌吸引的应该也是大胆、不在乎、不用负责的异性。除相貌修养外，还有性别行为的修养：假如一个男孩在公众场合对母亲大声训斥，假如一个男孩在公共汽车拥挤的情况下凭借自身优势率先闯上去抢座位，假如一个女孩敢对别人大打出手，假如一个女孩敢在公共场合大声骂人……试想，这种异性谁敢请到自家当一生的伴侣？性别魅力可不是性别器官的魅力，而是在社会生活中自然的言谈举止，即外貌与行为的修养展现。所以，家长和教育工作者在进行青春期初始的性教育时一定要告诉孩子：你要如何修养才能让自己获得异性的喜爱和尊重，在这样的修养下，你才能因为自己的独特魅力而遇到一个愿意陪你一生的异性，由此建立一个幸福的港湾。男人的风度，女人的可爱，这其中大有学问，需要学习并修养。

第三，孩子 16 岁花季的性教育是人类的性历史教育，从而进一步了解“性与法律”“性与道德”的关系。当青春期进入后期时，通过历史课，我们可以告诉孩子们：人类在漫长的历史过程中是如何认识“性对人类的意义”的。性，不仅是两个人的事情，而且会决定一个种族、一个民族的兴衰成败。为什么人类会从最初的母系社会变成父系社会？为什么会由群婚变成固定的性伴侣？为什么在人的“食”“色”这两个基本欲望中，对“性”不仅有道德约束，还有立法管着？为什么在性的行为上，不同的民族、国度、宗教都有禁忌与规则？如果我们不管这一切，如果作为人而不懂得这一切，那么人的生活就没有进化到文明程度，而且其肆意的性放纵会导致人自身、家庭甚至是一个民族的毁灭……

所以，性教育应该是人从不懂事到懂事、从任性到理性、从心理不成熟到心理成熟的过渡教育，是人从刚出生的自然人到青春期前的半自然人，再到成年后的社会人的转变教育，是人由自然水平进入文明水平的必经一课。

——摘编自李玫瑾随笔《性教育不等于生殖教育》

刘少华：你别说这么小的孩子，我这几年跟我的实习生和外面的一些女生私下里聊天的时候才意识到，在学校和实习单位里，男的有多猥琐！我以前真的碰到过一些道貌岸然的男人，我觉得他们跟咱们是一样的人，想不到他们私底下跟女生交流的时候……

窦文涛：原来不是有新闻说在某市一个报社实习过的女生也曝出来带她的

这个人……[1]

刘少华：当年他在某报社的时候卧底调查过养鸡场的死鸡哪去了。他还有一个特别好玩的卧底，就是去卧底某市的性产业。我后来才知道这哥们儿可能不是去卧底，而是去“献身”。

窦文涛：我有时候觉得作为男的，你也很难让他不好色，但是有些男的不知畏惧啊！

李玫瑾：其实，我觉得我们现在社会比较开放了。成年人的这种事，比如像歌手陈某某[2]那事当时让我评，我是不评的。为什么呢？因为我觉得娱乐圈嘛，只要双方自愿，别人不要去太多废话。但是，你对孩子不能这样，绝对不能！只要他未成年，你在他完全不懂的情况下要做这个行为，这就属于一种犯罪。而且，我们作为父母一定要有这个意识，就是孩子在这个阶段是很容易受到侵害的。

窦文涛：对。

刘少华：我现在甚至觉得“未成年”的法律界定是 18 岁以下，但实际上在大学毕业之前都是应该有一定程度的保护的，因为我们的独生子女政策导致很多年轻女孩是比较单纯地长大的。

窦文涛：但是，如果在法律上属于已经成年的老师和女学生恋爱，您怎么看这事？

李玫瑾：只要双方自愿，我认为这没有什么。

刘少华：我认为这里头有个伦理问题。在英、美大学里，你如果还是我

---

① 2016 年 6 月 27 日 16 时许，曾在某报社实习过两个月的一名大三女生去开完实习证明后，被以前认识的记者成某带到报社附近一家酒店强行发生性关系。事后，成某通过微信转账给她 2000 元作为“掩口费”，并让她到厕所去冲洗干净所谓“证据”。当日 19 时许，该女生报警称被成某强奸。7 月 13 日，当地检察机关以涉嫌强奸罪批准逮捕成某。2017 年 4 月，检察院以证据不足为由，对成某作出不予起诉的决定，随后成某被释放。

② 陈某某，加拿大籍歌手、演员、商人。早年在香港发展事业，2008 年因与多名女艺人的不雅照片遭泄露，一时闹得沸沸扬扬，随后宣布无限期退出香港娱乐圈。

的学生，两人一恋爱，老师是要被开除的，因为这里面会涉及权力交换的可能性。

李玫瑾：这也是对的。如果真是这样，你等毕业之后嘛。

刘少华：或者你辞职，或者学生转学。

李玫瑾：这是预防。

窦文涛：像马家辉[①]在美国上过大学，他就说美国有的学校是如果发现师生谈恋爱，你就得调开，你就不要直接当她的老师，你到另一个系去，你们之间不可以有这种权力关系。

李玫瑾：我觉得这个特别好，我们应该重视，也应该完善法律。

---

① 马家辉（1963— ），出生于香港，毕业于台湾大学心理学系，后赴美留学，先后获得美国芝加哥大学社会科学硕士学位和威斯康辛大学社会学博士学位，现为传媒人、作家、文化评论学者、台湾问题研究员。

第十二章 “相爱相杀”的恋爱有风险

杀人是很多不成熟的人解决麻烦时第一个考虑的方法

窦文涛：因为现在发生了一些怪异的案子，我觉得人心需要安顿。如果一个特惨的案子发生了，我们不知道怎么回事的时候，就觉得心里五脊六兽。

马未都：对，需要有专家来给解释一下。

窦文涛：比如说最近①传出来的某市杀妻藏尸案②。俩人看上去是帅哥

① 本期节目于2017年2月15日播出。

② 2016年10月17日，某市朱某某在家中掐死妻子杨某某，而后将她装进一个被套内，塞进阳台的冰柜里冷藏。朱某某出生于1987年，初中毕业后入读某职业学校，2006年以后辗转于多个商场，干过摆货、销售等工作，有时做上几个月便辞职，收入一直不太稳定，通常为4000多元。妻子杨某某与他同龄，2009年从某大学中文系毕业后，在某中学附属学校小学部当语文老师，月收入在万元左右。两人婚后经常因情感纠纷和家庭琐事发生争吵，以至于2016年8月去民政局准备离婚，后因杨某某以自杀相威胁而作罢。不久，朱某某辞掉工作并骗妻子说因公司变动，他将去香港发展。在他的陪同下，杨某某于2016年9月14日向学校递交辞职信，并于一个月后离职。10月15日，在杨某某离职后的第二天，两人一起到杭州旅游。但因朱某某没有订到满意的酒店，返程时又没有买到高铁票，杨某某很不满，一直在抱怨。10月17日早上，见杨某某还在床上唠叨个不停，朱某某便掐住她的脖子不让她说话，几分钟后发现她死了，就将她的遗体冷藏起来。此后，朱某某用杨某某的手机给自己转账数万元，还用她的信用卡透支消费十余万元，独自去海南、南京、韩国首尔等地旅游。朱某某婚后还与其他异性有不正当关系，在杨某某死后，还曾用她的身份证与人开房。此外，朱某某还一人分饰两角，模仿杨某某的语气发朋友圈，用手机与她的亲友进行文字互动，而对于通话、见面等要求则以各种谎言搪塞，努力营造出她仍在世的假象。2017年2月1日，在杨某某父亲六十大寿这一天，朱某某自知掩盖不住了，在父母的劝说下投案自首。

靓女，男孩子长得很帅，女孩子也是挺清秀的。因为发现这对小夫妻在家里养了一些冷血动物，像蛇、蜥蜴这种，我们外行人就瞎解释这个男的为什么这么冷血。

李玫瑾：但网上已经有很多喜欢这种小动物的博友说了："这锅我们不背。"

窦文涛：抗议，是吧？

李玫瑾：对。也就是说，养这种小动物的人不一定都有杀心。

窦文涛：对，这个不能瞎联系。可是，我觉得这事拍案惊奇在哪儿呢？这个 20 多岁的男孩子说是因为琐事，咱们也不知道是因为什么琐事，反正是他杀了妻子，最奇特的是杀了她之后藏尸三个月，而且拿着她的手机扮作她。丈母娘家问他们什么时候来过年，或者说她爸爸要过六十大寿了，他全装作他老婆的语气，跟她家里人联系。包括妻子的朋友圈，他还一直照发，比如说我们去香港玩了，明天就回来看你，然后说好 9 点要来，又说飞机晚点了……大家一开始觉得这事特神奇，就是这个女孩失踪了三个月，收到的都是微信、短信，她的家人和朋友圈也一直没有发现异常。李老师，听说您头一回见到这个案子的时候觉得这是个杜撰？

李玫瑾：对。我当时在路上，看到一个博友给我发来这个案件，说李老师你分析一下这个犯罪心理，我就打开看了一下。因为那时候还没有发照片，后来我女儿也跟我提到这个案子，我还说这就是一个故事，你就当故事看吧。

窦文涛：您都不信是真的。

李玫瑾：因为它当时写的是"原创"，写作的人又叫"悬疑人"，后边还招编辑，我就以为是一个编故事的，所以就没当回事。我后来再打开看才明白这里头有很多是真实的，包括有一些采访的照片，才知道这是个真事。

窦文涛：马先生是刚知道这事？

马未都：对，我知道得比较晚。我看了以后，比较震惊的是他藏尸的过程和他扮装成妻子跟别人聊天的过程，这是一种极强的心理素质。一般人杀完人以后也想掩盖，这是很正常的。如果他不想服刑，不想去死，那就想掩盖，是吧？但这个人不掩盖，他好像还很正常地跟这些家里人联系，这很可怕。这个人太可怕了！

窦文涛：您怎么分析？

李玫瑾：这个案子现在有很多细节不是特别具体，但是因为我们研究过的各种案子很多，遇到这种稀奇古怪的事情也非常多，因此我看这个案件也是见怪不怪。在我们研究犯罪的人看来，这种案子虽然是极少数，但它也是可能发生的。我刚开始也是有几点困惑的：第一，他怎么能瞒这么长时间？第二，这么长时间了，他为什么不把尸体送出去，而是想办法一直放在屋里头？我们知道一般杀完人以后都是用一段时间把尸体全碎了，然后逐渐扔出去，而他是三个月以来一直在家里放着。

马未都：而且，他那个房子好像还很小。

李玫瑾：很小，他把她的尸体放在阳台上了。我后来再看一下整个案情，大致有这么一个判断：他们俩结婚时间不长，应该说两个人都不是特别成熟，我觉得这个男孩是属于那种被宠溺大的，张嘴就来，但是没有实话，做事时话在前头，动作在后头，跟不上。有很多犯罪人都有这个特点，真到较真的时候，他什么也干不成。这个男孩结婚以后可能也面临生活压力，所以挣不上钱是他的一个主要问题，但是他又能花钱。那个女孩，我个人觉得她是在一个比较好的家庭中长大的，比较善良，心地也比较好，爱上这个男孩以后就真心实意地对他，但是她肯定会不满。在这个过程中，我认为他们俩一定有冲突，这个男孩到最后就烦了，他又没有别的办法，于是就想要把这个女孩弄掉。现在我搞不清他是预谋还是当时失手杀人。因为他是先让这个女孩辞职的，说他要去香港，而这个女孩是在辞职后没多久才遇害的，所以他这个举动让我怀疑他是有事先准备的。

窦文涛：就不见得是“激情杀人”，当时吵起来就失手弄死了。

李玫瑾：对，那个是完全没准备的，但这个女孩是小学老师，她是辞掉工作后遇害的。现在这个冰柜是什么时候买的我不清楚，如果冰柜是在这个女孩死之前买的，那就更证明这个男孩是预谋。

窦文涛：夫妻有矛盾很正常，假如这个人不是个疯子的话，那是在什么样的情况下使得他认为必须杀了这个人？

李玫瑾：有很多不成熟的人和别人有冲突的时候，第一个想法就是把你干掉。

马未都：每个人都有杀人的念头。有杀人念头不犯法，因为每个人都会有。我看过一个笑话是关于婚姻是怎么回事，说夫妻俩一吵架，老公恨不得杀了老婆，然后就出去买枪了，经过菜市场时，一看到老婆喜欢的菜又买回来了，就把买枪这事给忘了，隔几天又想杀她，就又出去了，一直就这样循环往复。出现杀人的念头是非常正常的，我们的道德和法律的制约就是要防止你这个念头变成事实。每个人都有过这种念头，我不相信你没有过杀人这种想法，但你说了没事，“我杀了你”这句话是不能判你刑的。

窦文涛：打人的念头我是有过，但是杀人的念头……

马未都：不是说夫妻之间，就是生活中比如说有个人我恨不得杀了他，有这种念头的人多极了，你知道吗？不可能你没有这种念头。

李玫瑾：其实，杀人是很多不成熟的人解决麻烦时第一个考虑的方法，比如为了灭口。

马未都：每个人都有。

李玫瑾：像大学生也有这种问题，很多经商的人也有，包括一些犯罪的人也有。他就觉得如果我留下你，我危险，我就把你杀了。

窦文涛：那你杀了他，你更危险哪！

李玫瑾：对啊！

马未都：但是，那是后一个危险。

李玫瑾：他认为他能跑掉，或者这事不会被人发现。

窦文涛：像这个人藏尸三个月，他是想着一直能这么瞒下去吗？

李玫瑾：目前我对这个问题也比较困惑，但是我有一个大致的判断，可能是他曾经想一块死，但是他又没有这个勇气去死，这才是他没有做后边那些事的原因。

窦文涛：那是什么原因想一块死呢？

李玫瑾：有很多这种情况，就是我把你杀了，大不了我自己一死吧。我以前就遇到过类似这样的案件。但是，当他把另外一个人杀了之后却很难自杀。杀别人很容易，杀自己很难，因为疼啊。

马未都：过去有两个人一块去自杀就死一个的，有一个人不坚决。我原来年轻的时候在出版社碰见过两个人为了爱情，因为当时他们不能结婚，其中有一方是结过婚的，那时候不像现在当个小三就完了，所以俩人就一块去自杀。自杀的时候，有一个是被裹胁的，有一个是特别想死的。那个特别想死的人就把药全喝了，那个不太想死的就喝了一小半，最后没死成。因为有人内心不坚决，就出现这个问题了。

李玫瑾：我身边也发生过这种事，俩人约着一块去死，女的咣咣全喝了，男的喝半瓶。

窦文涛：闹一肚子就完了。

李玫瑾：对。

窦文涛：这是表示一起要去死的，现在挺时髦的一词叫“相爱相杀”。

马未都：我现在就不知道这个女孩是怎么死的，她是被勒死的还是怎么着？

李玫瑾：据说是掐死的。

马未都：他不是动凶的？

李玫瑾：现在这些细节全不清楚。但是，我觉得他说是在两人争吵时发生的，这一部分很难说，需要法医来检验才能知道。因为犯罪人总会找有利于自己的方式去说，所以现在他所说的都不能作为我们分析的根据。

观察酒德是选女婿一个很重要的方法

窦文涛：您接触过这么多犯罪分子，您觉得从眼神能看出什么？

李玫瑾：眼神很重要。我接触过一些学生是少数民族的，他坐在那儿的时候，他看着你的那个眼神，让你觉得一眼能望到他的心底，非常纯净。还有一些人的眼神是躲在后面的。有时候我在新闻中看到某些地区的国家领导人出镜，他那眼睛在眼眶里头闪烁着，就很难把握他内心是什么样的想法，觉得都在眼睛后面。我觉得杀妻这个男孩的眼神是有一点点问题的。

马未都：我碰到过一个很有名的预审员，审过很多案子，他就讲有一个大案子好久都没逮着人，逮着人以后，他进去一看都觉得不是，然后另外一个人进来了，他就说："你看我的眼睛。"一看，他说就是这个人。他说："没审我就知道肯定是这个人了。"我觉得这事很抽象，大家都觉得你还是得凭证据啊。但是，在最后的预审和破案过程中，确定就是这个人。有的人是经过训练的，懂得掩盖的，比如你是个间谍，你会有强化训练。但我们大部分人很难掩盖，比如你鉴定的时候，你喜欢就两眼冒光，知道这是一国宝，有时候你想躲都躲不过去的。

窦文涛：李老师，我不知道您的家庭情况，假如您有个女儿，她领回来一个女婿的时候，您看看他的眼神就能断一断吗？

李玫瑾：这只是其中一个印象吧。其实，社会心理学就有研究社会认知的，而社会认知很重要的一个方面就是表情。当然，社会认知还包括一个人的言语、声调以及动作，眼神只是一个角度。要是考女婿的话，不能光这一个。

马未都：但是，眼睛乱转的人是很可怕的。

李玫瑾：对。

马未都：我碰见过那种跟你说话时眼睛乱转的人，他们都是比较可怕的。

李玫瑾：一个是他眼睛乱转，一个是他在看你的时候，你能感觉到他在想事。他这个眼神是双重的，也就是说，他看着你，但是你感觉他还在琢磨别的事。

窦文涛：您给大家提个醒，比如说配偶或者是友人将要做出这种事情的时候，从外表的一些迹象来看有什么规律吗？

李玫瑾：其实，中国历史上有很多很好的方法，比如老丈人选女婿时一定要先跟他喝个酒。好像是诸葛亮的话吧，就是灌之以酒，观其人性。人在酒后的那个表现是很本真的。有些人没喝酒的时候人模人样，喝完酒以后就变样了。有的人喝完酒后特别好，特实在，就想着帮你做好事。有些人酒后话多，有些人酒后就睡觉，但也有一些人酒后无德。所以，这是选女婿一个很重要的方法。

窦文涛：先把他麻翻了，哈哈！

马未都：对，所以有个很重要的词叫“酒德”。你跟酒德不好的人喝酒，那是一个特别烦恼的事。

窦文涛：酒品等不等于人品呢？

马未都：那不敢说，太笼统了。我过去有一个同事，他现在已经不在了，所以我可以说，他在世的话就不好意思说了。他最后是怎么死的？我可以说，他是吸毒过量死的，这个没什么可说的。他每次喝酒都喝大了，有一次喝得太大了，我就把他拽到我们家。因为我知道他最后一定是以吐出来为终点，我就不敢让他进屋里，就把他搁到门厅那儿。那时候家里还有行军床，我就打开把他摁在那儿。我那时候也不是太有经验，到半夜 12 点的时候，我眼瞅着他脸冲天，“噗”一下就吐出来，全部盖到脸上，就像一张比萨饼一样全部倒在脸上，很可怕！我一下就把他揪过来，怕他窒息，因为很多人就是这么死的。从那以后，我才知道人醉了以后一定要让他侧着，绝对不能脸冲天，因为他是没有任何知觉的。酒德非常不好的人，每次都给你惹来无尽的麻烦，他从一开始恍惚就胡说，什么事都干，就没控制。

李玫瑾：沾点酒，有的人特别张狂。

马未都：没有自控力。

李玫瑾：张狂的时候，他有时做的一些行为就非常可怕。比如你在外边看那些挑衅的，很多人都是酒后借酒壮胆，特别嚣张。

窦文涛：就能暴露出他另一面。

李玫瑾：对，能暴露出他真实的一面。

过去男人漂亮没用，现在男人漂亮可以换钱

窦文涛：男女之间，包括夫妻之间和情侣之间，我有时候发现有一种锁定关系。比如说，咱俩是朋友，你做了对不起我的事，那我离你远点就完了。或者是，生意上你这人不靠谱，我以后永远敬而远之，可以离开你。但是，一涉及感情或者男女性格，我有时会觉得这里边夹杂着人的一种极强的控制欲和占有欲。按说咱俩感情不和就离，可以不在一起的，但好像又不是这样，那种心情经常是我也不想让你去找别人，你还就得跟我这么“相爱相杀”，好像两人就有这种互相锁定的关系。我见过那样的，天天打得不可开交，可是真要说走了，说过一万次分手，但是，或者是他走不了，或者是最终这个人也不让他走。

马未都：这种人不可怕。原来我年轻的时候有个邻居天天打，夫妻俩骂的那叫一个难听啊！因为过去那楼道都是通的，一骂谁都听得见，我老婆还说他俩以后怎么过日子呢，骂得这么难听。正为他们发愁呢，那小两

口第二天早晨搭肩拎着油条回来了，人家自个儿没事！这种往嘴上抡圆了说的、不怕任何人知道的反倒没事，就怕那种面上不敢说、全部放在心里的。我看杀妻那个男孩叼着烟那种感觉，身上还有刺青，就是这类人。

窦文涛：冷血动物。杀妻案，包括情侣之间的“相爱相杀”，您觉得为什么会有这种现象呢？两口子明明打得一塌糊涂，但是又不愿意离开，或者说不能离开，这往往就导致绝境，我非弄死你不可，你就永远属于我了，或者你也不可能走了。过不好为什么不分开呢？

李玫瑾：其实，这个男孩之前有过别的女孩。刚刚马先生说的那个特别对。如果两个人就是玩，在一块不行就分手，虽然分了，但是有时候还可以保持联系，就不会出现这个问题了。出现问题的，往往就是两个人有一个锁定的关系，再一个是又不敢闹出去。有些事你是不敢闹的，比如特丢份儿的事，你是不愿意让双方父母知道的，更不能让朋友知道。比如说，你找不着工作，你现在一分钱没有，天天吃老婆的，你好意思跟别人说吗？人会说你吃软饭，对吧？所以，这种男人就有一个问题了，假如他能够甩开这个女孩走了，自己去挣钱，那也没问题，但他现在又没有经济来源，他想依靠这个女孩，可是这个女孩又爱控制他，这一下他就受不了了。

窦文涛：那你杀了她就更没法依靠她呀！

李玫瑾：不，他就觉着这日子没法过下去了。我们还发现一个特点，一般杀老婆、打老婆的男人，基本上在外边都不是男人，就是特尿的人才会对亲人特别凶。

窦文涛：就像过去有些连环杀手专杀妓女，那种人实际上往往在生活中很尿。

李玫瑾：有时候你看一个男的三天两头在外头打架，他一般回去倒不欺负老婆，他护着老婆。

窦文涛：劲儿都使外边去了。

李玫瑾：对。

马未都：还有一个特点就是，这个男孩按照我们目前的说法是“小鲜肉”，这种孩子在最近十年的成长环境中是被供着的，人家说他真漂亮什么的。过去我们说男人漂亮是最没用的一件事，而现在男人漂亮就可以去换钱了，结果等他结了婚，他这张脸换不来钱，就出问题了。

窦文涛：还真是这样。比如像现在的独生子女，就有些不能听逆耳忠言，因为从小大人们都是这么宠着他的。

马未都：他不是不能听逆耳忠言，他连顺耳的忠言都不能听，他根本不听你说。

窦文涛：这里我们有一些零星的信息，就是这对小夫妻刚开始交往的时候都是手拉手，给亲属的印象是很幸福，其实是假象。在这个女孩的遗物中发现凶手曾经写下一份保证书，承诺不再跟其他女性联系，家属认为他可能有出轨和暧昧的情况。这个女孩的同学认为凶手不靠谱，说他原来还会失踪几个月去西藏，像人间蒸发一样，这样的男人不可靠。这个男子二十七八岁了，正当工作也没有，据说从西藏回来后有半年时间不找工作，网上购物都是刷信用卡，妻子还帮他还信用卡之类。

马未都：那就跟玫瑾老师刚才判断的差不多。

窦文涛：但是，这个女孩看着也很漂亮，为什么非要找他呢？

马未都：这太容易解释了，因为他长得漂亮，“小鲜肉”终于有一块到我碗里来了，我不喜欢他喜欢谁呀？现在女孩对外表是很在意的，不像我们年轻的时候女孩是在乎对方的才华，外表不重要。

窦文涛：马先生，咱们的好时候过去了，哈哈！

马未都：对，没了。

李玫瑾：其实，这也是现在年轻人在找对象过程中的一种变化。比如说，有些孩子就想找一个大城市的，有些孩子就想找一个帅的。一般自己什么都满足的时候，在乎的就是外表了。如果女孩的条件很差，她就希望找一个有钱的。被杀的这个女孩，我个人认为她可能是生活比较顺，因此一下就看上了这个男孩，外形让她比较满意。

窦文涛：最近英国不是也出了那么一个事，就是中国留学生毕某某[①]被生生打死了。那个男孩子看上去也是个小帅哥，而且是练空手道的，不是打她一次两次了。有一种说法认为她专门找这种小帅哥，她就迷这个，甚至可以被这个小帅哥一次两次地打，最后发现她身上有几十处被打了。这个女孩甚至还去掩饰，脸上有淤青，就拿化妆品掩饰。但是，她被打成这样，为什么不离开他呢?

李玫瑾：这两个案件虽然有区别，但是我们看到这两个女孩很相似，她们有很多共同点。

窦文涛：什么共同点?

李玫瑾：就是从小家境比较顺，人比较善良，属于那种温室里养出来的花朵，所以她们对这个社会、对人的了解非常少，因此也就比较任性，自己选一个，太相信别人。以前我特别强调善良，但是我真的想说，善良如果没有脑子，那就是愚蠢，很容易被人伤害。这两个女孩都有一个共同点，就是太轻信别人，把别人想得太好，没有一丁点察觉和自我防护意识。

窦文涛：英国这个女孩是不是确实对这个男人也有一种占有欲?是不是这个男的暴起杀人，也是因为这个女的老想看着他?

李玫瑾：我觉得她还是一种爱，她内心是真的爱这个男的。

窦文涛：在乎他。

李玫瑾：包括国内这个女孩，我觉得也是这样，她实际上是很喜欢那个男孩的。她只有喜欢和爱，没有任何其他意识，换句话讲，也就是无知。如果她听大灰狼的故事多了，就不会这么单纯了。

---

① 毕某某，1992 年生，2007 年赴英国留学，2015 年从卡迪夫城市大学毕业后继续读研，但因长期旷课不得不休学。自 2015 年 4 月与英国男子乔丹 · 马修斯（Jordan Matthews）交往后，毕某某就经常遭到殴打和辱骂，并于 2016 年 8 月 19 日被毒打致死，尸检报告显示她身上共有 41 处伤。2017 年 2 月 21 日，英国法院以谋杀罪判处乔丹·马修斯终身监禁，至少服刑十八年。

马未都：但是，我觉得还是一个社会导向的问题，就是她们特别在乎这种小鲜肉式的男人。

家庭暴力应该零容忍

马未都：英国这个男孩比毕某某小一岁，他 23 岁，她 24 岁。所以，按照玫瑾老师说的，他心智都不成熟。按理说我们二十三四岁时都干多少事了，不可能心智不成熟，像我从 16 岁就比他成熟。最大的一个问题是什么呢？英国这对情侣的经济悬殊太大。你在英国谈恋爱，给人花一百英镑都是大钱了，你这呼呼就给人买车什么的，这一下就买得对方没有退路了。对方接受了你这么大的礼物，你要知道在国外接受一辆车是很大的礼物，那他就退不出这个局了。我认为这个男孩并不喜欢这个女孩，或者说他喜欢的瞬间都是趋于生理上的，不是发自内心。如果他从内心喜欢她，无论如何是不能下这么大狠手的。打死可跟勒死是两回事啊，虽然勒死也是很狠的，但毕某某被打得很惨，她所有的软组织和骨骼都受伤了，肋骨也被打折了，下巴也不知道被怎么着了。这个男孩如果不是从内心很厌恶她，是下不了这么重的手的。

李玫瑾：我倒是觉得英国这个男孩和国内杀妻那个男孩不太一样。国内那个就是因为摆脱不掉妻子，所以杀她，而英国这个属于他本身就是一个暴力的男人。

窦文涛：有暴力倾向。

李玫瑾：对，他就是一个暴力者。要是正规地分类的话，毕某某是死于家庭暴力。我们这里所说的“家庭”，同居也算。英国那个男孩属于暴力型，他本身就是练武的。

窦文涛：这种暴力倾向是不是算一种危险人格？

李玫瑾：非常危险。我们知道家庭暴力这个问题在很多西方国家都提出“零容忍”。家庭暴力早期并没有被视为一个事情，尤其是法律根本不把它当个事情，比如有一个人被丈夫打了，到法官那儿去，法官叫丈夫回去好好亲吻她几下就行了。也就是说，他们认为这个事就是家里的事，不用管。后来因为一个案例，就是一个男的追一个女的，这个女的一直摆脱不掉他，然后多次报警，但是警察认为他没有实施危害行为，只是威胁嘛，就没有管，最后这个女的被那个男的杀了。后来这个女孩的母亲就控告，说我的女儿那么求助过，当她生命遇到危险时没有人管。后来人们开始意识到，当男女之间一发生性关系之后，有一种男人就会有一种强烈的控制欲望，当它又带有暴力性的时候，女方是非常危险的。所以，后来很多国家就专门针对家庭暴力立法来制止这种情况，甚至还有保护令，女方一旦说这个男的有暴力，她只要申请了，就可以要求这个男的不能靠近她多少米。

窦文涛：禁止令。

加拿大有一个调查：在杀人案中，60% 发生在认识的人之间，而认识的人当中又以家庭暴力为主（有性关系的，或者是夫妻的、离婚的、离婚之后还在纠缠的）。后来的调查显示，如果把家庭暴力这个问题处理好，凶杀案件的数量就会下降。

从警方的角度，我们现在已经要求“110”出警。当然，这做得还远远不够。国外做得很细。像美国、澳大利亚、加拿大等国家都有规定，家庭暴力的出警要定期回访。因为这种案件具有频发性、重复性，毕竟两个人在同一个场所生活，而且第一次报警后丈夫很可能要惩罚妻子，所以警察离开时会明确告诉丈夫，明天这个时候他们还会过来。如果在 24 小时之内丈夫继续有暴力行为，警方就会采取措施。24 小时回访一次，一周再回访一次，这一切都是有法律依据的。夫妻双方存在什么矛盾不重要，但丈夫绝不能打妻子，只要妻子身上有伤，丈夫就要被拘留。

在很多国家，如美国、加拿大、英国都发起了一个运动，就是男士戴上一条黄丝带，拒绝做家庭暴力者，绝对不打人，不打老婆。公众也开始关注这个运动，哪怕是家务事，不管谁有理，只要属于暴力行为就会被禁止，因为它侵犯的是人最基本的健康权和身体权。曾任美国总统的克林顿也参加了这个运动，称为“家庭暴力零容忍”。

我国妇联一直呼吁关于家庭暴力的立法。当然，这需要一个过程。因为大众对这个问题的认识还是“家丑不可外扬”，况且在中国的传统习俗中，是“宁拆一座庙，不拆一桩婚”。

——摘编自李玫瑾随笔《关注女性，善待女性——一位警官眼中的家庭暴力》

李玫瑾：我看英国这个男的就有这个特点，但是这个女孩因为无知，没有及早采取一些措施。

马未都：她挨过好几回打了，不是头一回挨打。

窦文涛：听说这个女孩还是某个集团老总的女儿，家境挺好。

马未都：家境非常好，坏就坏在这儿。她钱太多了，给他钱的时候又不吝惜，因为她喜欢他。那个男的比她高很多，如果他练过空手道，那他随便一出手都特别重。我年轻的时候跟摔跤的人一上手就害怕，因为他的手跟我们的手不一样，所以他随便一击，还不是那种置你于死地的击打，你都够呛。如果你不能引起警觉，就像玫瑾老师所说的无知，你就不知道后来会出现这种情况。我认为有钱的女孩会发生这个问题，是因为她认为可以“用土地换和平”，就是我给你多花钱，我替你还信用卡。在她心目中，你花那点钱叫啥钱，我把钱给你，你不就对我好了吗？但恰恰是这个害了她。那个男孩会觉得，我花了你的钱，我就离不开你，可我又不喜欢你，这事就很烦；或者是我特喜欢你，我想控制你，但我发现你又跟别人有事，那也不成。

窦文涛：英国当地时间 2017 年 2 月 6 日开庭，她的男友在法庭上承认了他的罪行，但他不后悔。警方抓住他之后，他说毕某某就是欠打。他说他暴打女友的原因是他看到女友的手机上有另一个男人的信息。检控官说这种殴打是极具恶意的，且持续一段时间了。被告承认是误杀，但否认是谋杀。据说是毕某某在酒吧里碰见了这个帅哥，他是个空手道黑带选手。毕某某早就发现这个人有暴力倾向，而且多次让她旷课陪他，给他交房租、水电费，还买车给他。但是，这个男朋友还经常辱骂她，把她贬得一文不值，有时候还有极强的控制欲。

马未都：控制欲是因为她是“钱包”，谁不控制钱包啊？你从这个角度就很容易理解，就是我控制你是因为你给我钱花。

窦文涛：还是说他是一个容易嫉妒的男人呢？

马未都：我没法评判。从他的行为，我没有能力评判，因为我不是学这个的。

一个人，如果在心理上有力量，那么他就会显得比较文雅。什么叫心理力量呢？比如一个教授跟他的学生说话，几句话就可以让学生心悦诚服，让学生非常佩服，这就是一种心理控制力量。

同样，伴侣间如果男方举止优雅、思想深刻，女方就会很崇拜。男方说的话，女方就认可，很愿意听。

然而，很多人在心理上缺乏这种力量——智慧、幽默以及对人的了解。我们知道中年男人对年轻女性特别有吸引力，为什么呢？因为中年男人的生活阅历足够丰富，他对女性已经非常了解，很容易吸引少女的注意。但很多年轻的男孩不知道怎样去向异性展示魅力，恋爱就显得很困难。

人在缺少心理力量的时候，很容易倾向于使用暴力。一个男人要追求一个女人，起初可能采取一些比较简单的方式，比如大献殷勤，但当他得到这个女人后，很难再有任何控制力。面对女方的挑剔和不满，男人只剩下使用暴力这一招了。

有时候，我对身边的女性讲：“找对象一定要慎重，结婚不要太早，更不要过早地生孩子。”当然，这个慎重有几种方法，比如了解他的家庭背景。一般地，男人有一个良好的家庭，有良好的家教，就不会有暴力倾向。如果这个人外表不错，智力水平也不错，但他很神经质，某些行为举止让人费解，你最好不要找他做伴侣。就算跟他结婚了，你也不要过早有孩子。一个女性、一个母亲生活在恐惧当中，她的孩子也会恐惧，这样的孩子长大以后容易出现心理障碍。

一个人的人格问题当中，有一部分源于生理，有一部分源于环境，剩下一部分则源于家庭。人格的扭曲很多在于后天，纯生理的问题并不是主要的。有些人很有教养，但就是会打人，可能他的父亲就是这样做的。所以，我认为家庭暴力还有一个后续性。当然，还可能是他曾经有过情感伤害，这种伤害影响了他在情绪上的表达。人们在表达情绪的时候往往有三种途径，首先是表情，其次是语言，最后才是动作。一个男人如果习惯了用家庭暴力的方式发泄情绪，证明他在情绪表达方式上存在缺陷。

所以，我有一个观点：如果一个男人动了手的话，那一定会成为习惯。与其这样，如果没有什么感情，不如尽早与他分手。

有些时候，女性想分手，但却分不了。濒临离婚时，男方可能纠缠你，下跪、磕头、送东西，可是向你忏悔后没过几天，他又要重蹈覆辙。这更证明了择偶时了解对方的重要性。

——摘编自李玫瑾随笔《关注女性，善待女性——一位警官眼中的家庭暴力》

恋爱很容易，但婚姻确实是需要选择的

李玫瑾：我觉得现在很多年轻人对婚姻这个问题是没有准备的。我记得我在大学的时候很幸运，有一个老师就是专门研究家庭与婚姻问题的，当时就带着我们参加了一些学术研讨会。我在毕业之前就看到了很多这方面的研究，后来就发现谈恋爱是一码事，婚姻又是一码事，恋爱很容易，但婚姻确实是需要选择的。有时候你会发现，这个男的跟这个女的在一块生活时，他天天打这个女的，离婚以后，他跟另外一个女人生活时就不打了。这是一个什么问题呢？我们有时候讲“缘分”，实际上是两个人的性格问题，而且还有“一物降一物”的道理，有的女的能降住这个男的，有的就降不住，反过来这个男的就老控制这个女的。

窦文涛：您讲的这个很有生活经验。我不是说有您自身的生活经验。

李玫瑾：哈哈，没有问题，我生活很顺利。

窦文涛：其实，把婚姻跟爱情联系起来是比较近现代的一个观念，在古代不讲这个。但是，我发现这玩意儿是福也是祸。因为现在一般都讲没有爱情怎么结婚，可是有些事，我都不知道能不能叫作爱情。我见过身边一些小年轻的谈恋爱，发现他们有一种模式就跟小动物似的，他们有些时候爱起来是非常强烈的，但是相应的另一面，他们那种互相占有、互相控制也到达巅峰，这可能是因为人有动物本性。我到非洲大草原看羚羊或者一些什么动物时觉得很有趣，比如一只公的看着俩母的，远处还有一只公的在那儿调情，俩母的就有点往那儿看，这只公的就哗哗哗冲进来，一天就忙活这个事。今天有了手机，有了微信，也就是社交媒体，我现在发现很多小年轻的喜欢打架。打什么架呀？就是男朋友在管着女朋友，要看女朋友的手机和微信，女朋友就觉得你控制我太严了，我难道没有社交的自由吗？我不能跟别人去泡吧吗？我在想，激烈的感情到底适不适合走入婚姻或者长期同居，也就是共同生活在一起呢？恋爱强烈的，有时候就表现

为互相占有、互相控制、互相窥探，反倒是那些我们认为没有那么强烈感情的，好像更适合长久做夫妻过日子，他们不是特别在意这个。

李玫瑾：对。我觉得恋爱有很多学问，包括夫妻相处也是有很多知识的。我们现在法律规定男的22岁、女的20岁就可以结婚了，但是在22岁和20岁之前，我们的课程中有没有讲过婚姻和恋爱是怎么回事呢？比如说，恋爱的时候，你可以爱一类人，但是结婚的时候，你只能选一个人，这是为什么呢？另外，婚姻到底应该怎么来选择呢？我个人的建议是，孩子上初中的时候，如果他是儿子，爸爸就应该跟他讲一讲自己当初是怎么选上他妈妈的，还有结婚时应该选什么样的女人。

窦文涛：告诉他我这个错误是怎么犯的，哈哈！

李玫瑾：对，但是他会比较客观地说出优点是什么、缺点是什么。妈妈跟女儿也要聊选男人的时候哪些东西是最重要的。

马未都：玫瑾老师，你有没有发现有一个电视节目是带着父母去相亲的？那些父母都世俗得要死，都说有多少钱，非常可怕！

李玫瑾：你说的也对，这种生活都会不幸福的。真正的幸福实际上就是父母有好的婚姻，那种示范是非常重要的。而且，如果你早点跟孩子谈这个问题，他在选人的时候多多少少会考虑父母说过的这些话。

窦文涛：您刚才讲到“小鲜肉”的问题，我过去还觉得不可思议，后来我的朋友圈里也有了一些小姑娘，我看她们发的朋友圈，发现本质上这个东西有一种交易的关系吧。一个女孩如果长得不大漂亮，你就会看到她整天在泡吧，她在酒吧里找小帅哥什么的，甚至会炫耀一夜情，比如说她昨天把一韩国男生睡了，他漂亮得跟什么似的。你看她会有一种交换，甚至养着一个小鲜肉。咱们也听过很多女的辛辛苦苦挣钱，甚至去卖淫，还养着一个小帅哥。这就是一种交易关系，算是爱情吗？

李玫瑾：我认为这都是活在当下，她认为她活得很好，实际上是稍纵即逝的一种东西，而且存在着潜伏的危机，她不碰就没事，一旦碰到的话，危险就非常大了，比如性病的问题，或者对方有一个什么样背景的问题。有很多类似这样的，就是我只爱他的现在，我不管他的过去。我认为我们的很多爱情都是电影教的，小说成为我们怎么谈恋爱的一个教材，但它是不用负责任的，代价是你自己去体会的。

马未都：现在的问题是，我们过去认为婚姻是个长久的事，是终身的事，所以我们的婚姻契约中没有期限限制，就是到死为止，除非离婚。但是，今天很多年轻人根本不是这样，我们今天的社会不支持长久婚姻的建立。我们举个简单的例子，去年闹得沸沸扬扬的各地大量排队离婚是为了什么？为了买房。据说夫妻一离婚就能买两套房，这种法律的出台就对岌岌可危的制度产生了一个催化作用。在买房的诱惑下，大量貌合神离的人借机离开，很多人就复不回来了。这个肯定是有数据的，只是我们不知道这个数据，不可能离婚的人又百分之百回来了。而且，我们今天的社会在破坏婚姻。假设婚姻是一个非常牢固的制度，但是破坏的因素在增加，过去破坏的因素没那么多。你没有微信，你看什么呀？你没有手机，你看什么呀？过去撑死了就是家里接一大黑电话，接根绳，旁边人在你耳朵上一趴，你也说不出什么。今天你的手机有密码，你可以不让人看，你可以用指纹封着，谁也看不到，是吧？每个人的社交圈里头，有真心想逃出婚姻的束缚的，有那种临时调情的。我认识很多人，调情就是他生活的一个寄托，他并不想出格，他就是觉得调情好玩。比如一个女的很漂亮，有个男的追她，她说我要看他到底怎么追我，于是她就跟他调情，她并不想迈出那一步，但是一旦被她丈夫看见了，她有一万张嘴也说不清楚这事。问你调情了没有，你肯定是调情了，但你心里不是这么想的。所以，我觉得今天的社会不利于婚姻的因素在急剧增加，导致一些后果的出现。

窦文涛：所以，现在甚至有人提出“婚姻在可见的未来会消亡”的论调。我还要跟李老师求证一个事。我没听您说过这个观点，但是我们的微博底下有个网友留言：“可以让李玫瑾老师来谈谈婚姻吗？李老师一直觉得不以结婚为目的的谈恋爱都是耍流氓。我以为时代在前进，女性不需要非依靠男性和家庭来证明自己的价值了，婚姻终将消亡。文涛，能不能说服李老师尊重多元的价值观？”您有这个观点吗？

李玫瑾：这不是我说的话。

窦文涛：不是您说的？

李玫瑾：这个名言我知道，但它不是我的名言。

窦文涛：为什么安到您头上呢？

李玫瑾：是我的就是我的，不是我的就不是我的。但是，我确实是比较主张传统的婚姻观，因为我认为传统的东西在人类社会能够延续这么多年，是有一定道理的。我个人对婚姻的看法是，如果两个人确实不和，没有孩子的话，完全可以自由来决定。但是，我对很多年轻人讲过，你要是很爱一个人，你可以跟他结婚，但结婚之后先不要着急要孩子，如果你觉得他不靠谱，就更不能要孩子了。如果两三年之后，你觉得你俩能往下走，你再要孩子。如果刚开始就有孩子了，然后你们再结婚，这事就很麻烦，因为涉及另外一个人了。你如果很不负责任地说“我们俩不行，分手吧”，那对一个孩子来讲，就等于是一个房屋被拆了。所以，我对婚姻的问题持这样一个观点：你要是不打算要孩子，就两个人玩，比如同性恋，那你爱怎么玩就怎么玩，你们俩反正也不涉及孩子。但是，你要是抱养一个孩子，你也得负责任。

窦文涛：您这个观点我接着往下推理，是不是隐含着一个背景：您觉得父母婚姻破裂的孩子几乎必定会心理不健康？

李玫瑾：从我们研究的犯罪现象来看，18 岁以下就犯罪的人，基本上家里都有问题。所以，我认为一个社会的人的质量和家庭状况是密切相关的。在这一点上，我认为婚姻要认真对待，因为它涉及整个民族的质量。但是，如果只涉及个人幸福，你如果不要孩子，你怎么都可以。比如有的小夫妻天天出去玩，也有的今天跟这个待上一个月或者两年，然后再换一个人，那也可以。

窦文涛：但是，眼看这历史潮流，离婚率都一半了。

马未都：我觉得玫瑾老师还是非常传统地说这个事的，因为她假设两个人是相爱的，假设他们生活了两三年以后觉得是合适的，然后假设他们生了孩子，但问题是下一个假设就出现了，这时候插进来一个人，而这是事先不知的，怎么办呢？因为我们今天的社会这种介入的事情太多了，而且这种介入是有教导的。什么教导呢？就是影视剧。你看我们的影视剧大篇幅地在渲染这种事。

窦文涛：主旋律就是“出轨”。

马未都：对，如果你没有这个，人家就不看。所以，很多人认为我介入别人婚姻是太正常不过的一件事。这种介入有各种复杂的社会背景，比如一开始两个人是从小城市来的，过去的背景也不好，靠打拼突然发了财，发财以后就是男人有钱就学坏。

窦文涛：女人学坏就有钱。

马未都：哦，是这么说的，我还不知道下一句，脑子短路。这个事，我们必须承认我们是个经济社会，钱的催化作用是非常大的。很多人还没被撼动是因为那个钱还不够，而不是因为他有定力。钱超过一个界限时，我一个朋友就说钱是有压力的。我问他什么叫“钱有压力”，他说：“比如说，我去买一个东西，我跟他怎么谈都谈不成，但我又非得把那个东西买回来不可。我给他开价 10 万块钱，他不卖给我，然后我取了 10 万现金，‘啪’地就摆在桌子上，说：‘你现在卖给我，我把东西拿走，这钱就是你的。你要是不卖给我，我把这钱再装回包里，我就走了，我再也不找你了。’”那个人就把东西卖给他了。我朋友就跟我说：“你跟他谈数是没有用的，他看不见。”钱 10 块一张，10 万块钱就是一大堆，一下就把那个人压垮了，所以我朋友说：“钱的压力会导致你在瞬间改变想法。”很多人就是这么犯的错。

窦文涛：金钱的力量是很厉害的。

李玫瑾：我看过一个电影[①]，不记得名字了，讲的是一对穷困的小两口，算是贫民吧，遇到一个巨富，那人看上那个女的，说多少钱你能陪我一宿。

窦文涛：100 万美元。

李玫瑾：对，就是那个电影。当时小两口犹豫了半天，最后还是同意了，同意了心里又别扭，就是"钱"和"情"的那种冲击啊！

窦文涛：事实证明，爱情和婚姻都非常脆弱，禁不起考验。所以，你也不要随便考验它，一考验就玩完。

李玫瑾：没错，是这样。

窦文涛：这里边就涉及一个您说的"选择"问题了。从这两个案子的灾难性后果来看，你遇人不淑的话，甚至命都能玩没了。

畸形的恋情，彼此是对方的刀和伤口

窦文涛：就像现在网上经常说的，为什么美女总是遇到渣男呢？实际上，也不一定都是美女遇到渣男，丑女也经常遇到渣男。遇到这种渣男的时候，为什么她还非要跟他在一起呢？她养着他，他打着她，然而谁劝都不听，还非要跟他在一起，您觉得这是个什么心理呢？

李玫瑾：她肯定也是能从对方身上得到某种她所需要的东西。像毕某某 16 岁就出国了，她的家庭生活并不多，而且我认为她父亲在她身边的时间也不多。我们在研究孩子的心理时会发现，女孩早恋的话，很多情况都是父亲老不在她身边，比如是单亲家庭，或者父亲是军人。这种女孩往往从初中就开始早恋，她接触男性时有一种异样的感觉，因为过去她只跟妈妈接触。男孩也一样，如果他的家庭中妈妈这个角色缺失，他也容易早恋。毕某某之所以跟英国这个男孩在一起，可能也是因为她得到了一种异

---

① 指 1993 年上映的美国影片《桃色交易》(*Indecent Proposal*，又译《不道德的交易》)。

样的感觉，和她过去的感觉是不一样的。因为在人的成长过程中多数是从同性别开始的，然后遇到异性的时候，就会感觉到有一种吸引力。

窦文涛：被打都过瘾。

李玫瑾：对，但她不知道这个危险，因为没有人告诉她。丈夫或者同居的男伴只要一动手，他肯定以后还会动手，所以遇到这种情况时，不管他有多好，你都要赶快离开他。

窦文涛：我还听见有一个男的跟我说："女的要是在你的婚姻生活中出轨一次，她肯定还会出轨第二次。"这是在总结规律。

李玫瑾：行为的一致性是有的。

窦文涛：但是，比如说过去有一个词叫"斯德哥尔摩综合征"[①]，这就涉及人性当中有些幽微之处。面对一个长期有极度强烈的控制欲的男人，甚至是虐待你的男人，有时候你会不会就习惯了，甚至变得离不开他了，对他有一种依赖呢？

李玫瑾：我认为这要具体案件具体分析。有些女孩在被男人完全控制的情境下，是为了生存而去迎合对方的。还有一种是，这个男的虽然控制这个女孩了，但他本身还是有一些好的东西的，然后被这个女孩发现了，她会觉得他不是真正的坏人，所以愿意跟他在一块。我记得小时候看过一部叫《叶塞尼亚》的电视剧，其中就有类似这样的一个情节，就是那个女孩的弟弟是个私生子，被抛弃了，但他很仗义，很愿意帮助穷人，她被他绑架之后发现他其实有一颗善良的心。在这种情况下，有时候女的也会真心爱上绑匪。现在很多人不分情况，认为只要控制时间长了，被虐者就会

---

① 1973 年 8 月 23 日，瑞典首都斯德哥尔摩发生了一起银行抢劫案，有 4 名人质被劫犯挟持了 130 个小时，被解救之后对劫犯没有痛恨却有感激之情，拒绝在法庭上指控劫犯，甚至为之筹措辩护资金。这种反常的现象引起人们的研究兴趣，被称为"斯德哥尔摩综合征"（Stockholm syndrome）。这种受害者与加害者的心理联盟现象，不仅见于部分人质与绑架者之间，在一些遭受歧视、恐吓、贩卖、性虐待、政治压迫等受害者身上也会见到。

爱上虐待者，其实不是这样的。某市发生过一个事，就是有个男的在地下室藏了好几个女的，她们当中还有被杀的。[①]这些女的都争相邀宠，最后她们能跑的还是跑了，她们并不是真的爱这个男的，只不过在当时表现得爱他。这属于“我的命运完全由你决定”，这个时候我一定要讨好你，给你一个好印象，表现得我爱你，但是真正到了有机会跑的时候，我还是要离开你的。

马未都：毕某某遇害这个事，我觉得还有一个因素就是中国文化中所说的“男人不坏，女人不爱”，所以男人有一点坏，女人能忍。另外，在中国过去的传统文化中，男人动手打女人是一个司空见惯的事。如果毕某某知道这些东西的话，她对这个事就会没有警觉。西方社会女的就不干了，因为他们的文化当中没有这个要素，你敢动手的话，这事就到头了。

窦文涛：性质变了。

马未都：但中国人就认为“打是疼，骂是爱”。

窦文涛：喜欢不够就用脚踹。

马未都：对，过去这也是一种文化，这种文化潜在地会起作用。

李玫瑾：我得补充一下，就是丈夫打老婆也要看是什么样的情况。有一种是无缘无故的，丈夫只要一不高兴就打人，还有一种是老婆确实有过错，比如对公公婆婆不孝顺，丈夫就打她两下，这是两个性质。

窦文涛：比如找男朋友的话，有没有可能看出这个人有这个潜在的倾向呢？

李玫瑾：要是男的会动手打人，一般结婚超不过三个月就会有。这是他处理问题的一个方式，我们称之为“暴力性”。我们现在会评估犯罪人

---

① 某市质量技术监督局稽查大队的工作人员李某从2009年10月开始，先后将6名女性诱骗至他在地下室挖的一个地窖里，强行与她们发生性关系，并强迫她们从事淫秽视频表演以牟利，有时还组织她们外出卖淫。其中有2名女子先后被杀，除了李某起主要作用之外，在场女子也有参与。2011年9月，一名被囚女子在外出卖淫之际趁机逃跑并报警，而后李某被抓捕归案并判处死刑。

的暴力性。有些人犯罪，但是他不暴力，比如说惯偷，他偷完还会偷，觉得这个钱包他就是要拿，但他只有犯罪的可能，而没有暴力危险性。可是，有些人的暴力性是一贯的，比如当年北京摔孩子的那个人，他在监狱里练刻篆字、写微刻，出去以后喝点酒还是这样暴力。

窦文涛：男的怎么能看出女的有暴力倾向呢？

李玫瑾：女的有暴力倾向的话，一般她的外形就会有问题了。

窦文涛：我觉得现在有一种女孩是家里都宠着她，她那个大公主的坏脾气啊，就是整天跟人添堵，弄得男的也很烦，天天没好气。

李玫瑾：校园里的霸凌者基本上都是这种女孩。"霸"就是称王称霸，一般就是小孩长大一点了，刚一到青春期就想当老大，觉得该由我霸王说了算，然后一群人围着我转。女孩要是看上一个男孩，而那个男孩不喜欢她，喜欢另一个女孩，她一定要去凌辱那个女孩。你说的这种女孩基本上都是被宠大的，家里对她百依百顺，而且有权有势，什么都罩着她，有时候她就容易出这个问题。

马未都：还有一个就是我们全社会对这个处置太轻，只是拉回去教育，让家长领走，实在不行就赔点钱，这都是最坏的处理办法。

李玫瑾：对，这是最麻烦的。

马未都：所以，我觉得美国对校园霸凌事件的处置对中国人倒是一个教育。我还专门写过文章，希望尽快立法。每个孩子，尤其是男孩子，在成长过程中想称王称霸的心是一种动物性的本能。你为什么要学习呢？就是要约束你这些行为。初中、高中是最危险的，现在小学有时候也有，到大学就好很多。

窦文涛：男女关系是永远的主题。我记得有人曾经说过，畸形的恋情，彼此是对方的刀和伤口。但是，人们特别不理解的是，为什么有时候两人会形成这么一种锁定关系呢？

李玫瑾：这实际上和人早年的创伤有关。很多人早年有过被虐的经历，成年以后对虐待是能适应的。

窦文涛：你离不开伤害你的人，这个事情很奇怪。

李玫瑾：对。有些人早年有过这种创伤，比如妈妈和爸爸离异了，妈妈对他来说是一个很重要的依赖对象，但是妈妈经常一不高兴就会虐待他，而他就是被虐也不会离开妈妈，到他成年以后，他的婚姻中就会出现类似的问题，我们称之为“复制”。人的很多成年的表现你是看不到原因的，大多数是早年他有过类似的经历。

窦文涛：有一种爱是对彼此的控制。有些人是控制欲非常强的，真的能到看你手机的地步。

马未都：还有一种情况就是在虐待之后又表现出更强烈的爱，那更可怕。很多人打完架，后面又来一场安抚，说这是爱。

窦文涛：升华了。

马未都：把这些全给搞了，所以觉得这个事不可怕。

李玫瑾：所以不是讲“生”和“死”吗？实际上，虐就是一个“死”，然后他有时候就以性的方式来结束，那又是一个“生”嘛。

第十三章　性变态者藏在正常人的面具背后

跟性有关的犯罪动机是最复杂的

窦文涛：震动全国的某地“连环杀人案”[①]终于告破了，我觉得老百姓对这个案情都知道了，连篇累牍都是这个报道，可是我们就一直要等到今天[②]请李玫瑾老师来给我们讲讲课。

李玫瑾：这个案子，我真的是多少媒体全拒绝了，没有谈。为什么呢？因为它热度太高了，我又担心会引发一些其他方面的歧义，所以一直就没有谈。

窦文涛：现在好了，来个马后炮，它没那么热了，您正好可以给我们分析分析了。

李玫瑾：你们想知道什么？

窦文涛：这个男的，周围人都说他看上去老老实实的，完全没有任何异状。

李玫瑾：对，你说的这个问题在犯罪心理研究当中特别常见。很多案件在外人看来都觉得特别不可理解，甚至曾经有一个老先生是精神病医生，几乎每发生这样一起案件他就说这人有精神病，比如说在宿舍杀害同学的

---

① 1988年5月至2002年2月间，高某某采取尾随女性、入室作案等方式，在甘肃省白银市、内蒙古包头市共作案11起，实施故意杀人、强奸、抢劫及侮辱尸体犯罪，致11名女性被害人死亡。因凶手作案手段残忍且长期未落网，造成巨大的社会恐慌，直到2016年8月26日高某某才被警方抓捕归案。2018年3月30日，高某某被判处死刑。

② 本期节目于2016年9月19日播出。

马某某有精神病，又说在某县道观里杀了10个人的邱某某有精神病，还有很多杀人案件他也说有精神病。这个案件，我估计他要是评价的话，也会说案犯高某某有精神病。但事实上，精神病人作案基本上不用鉴定，人一看就会知道他有精神病。有很多犯罪人并不是精神病人，我们把他们叫作变态。“变态”这个词是相对于“常态”而言的。常态复杂在哪儿呢？有一种常态是人和人比，比如说绝大多数人都不干这事。还有一种常态是指他的行为和自己的行为比，比如说他在生活中一天有一百个行为的话，他做这个特别变态的行为可能在其中占不到3%或5%。前一种和大家相比的话，很容易把他视为一个和人类不同的异类，但是和他自己相比的话，这种就是在我们刑事侦查或者犯罪心理研究当中最常见的变态。这种人在生活中完全是一个正常的人，他只在做这个行为的时候和自己的常态不太一样，和大家的常态也不一样，所以这种变态对我们侦查来讲是特别难的。

余世存：这就不是一个社会问题了，而是人群中就有这样比例的人。

李玫瑾：对。

窦文涛：他是哪个基因不对吗？

李玫瑾：我觉得这个案件的嫌疑人高某某没有基因不对，应该说还是他的心理问题吧。

窦文涛：他为什么专找穿红衣服的下手？

李玫瑾：这个我觉得不真实，这是媒体的话，事实上并不是这样。包括像某市那一系列案件[①]，当时也说他爱找穿红衣服的，这个好像是大家的一种误传吧，类似于把这理解为斗牛了，但事实上不是这样，并不是穿了红衣服才招来犯罪人。高某某这个案件中有几个人是在家里遇害的，她们根本就没有出去，所以跟穿红衣服没有关系。大家不要以为穿了红衣服就容易成为被害人，其实没有这个问题，我认为这是个误解或者误传。

① 指1992年3月至2004年11月间，杨某某在某市实施故意杀人、抢劫犯罪共12起，致9名女性受害者死亡，另有二女一男受伤。

窦文涛：那他性方面的心理呢？

李玫瑾：这个案件是属于很典型的变态。所谓“变态”，用一些通俗的话来讲就是，他做这个事情和我们通常所需要的是没有关系的，是多余的东西。比如说，他把人杀完以后强奸，临走之前还把人摆一个姿势，这个摆出来的姿势就属于多余行为，这就叫变态。

余世存：这个人是杀完人以后在脸盆洗手。

李玫瑾：现在我们知道他第一起案件可能跟盗窃有关，后边有几起跟性有关，问题是他做完之后还会把人的一些器官摘走，这就叫多余行为，这个行为就比较变态了。但是，我个人认为这个案件从整体上来看，除了他这个行为是变态的，他所需求的东西，也就是他要满足的东西，仍然是常态。

窦文涛：他要满足什么呢？

李玫瑾：第一个案件是为了盗窃，他遇到了这个事主，然后用他的话来讲就是去攻击。在这个攻击的过程中，她可能又是一个很漂亮的女性，他就做了窥视这样一些动作。后边的案件呢，他基本上就带有性的目的了。我认为在性犯罪当中，动机可分为五六种。第一种就是纯粹为了性的满足，比如强奸、猥亵。第二种是为了报复，就是他恨女性，他把性的行为作为一种报复的手段，同时他还带有攻击性。第三种和报复特别接近，叫施虐狂。但施虐狂不是报复，他要得到的性满足，是由见血或者惨叫这种东西来唤起他的性高潮。这种我们一般称之为变态，叫作施虐的性攻击。还有一种是好奇，比如说他很久没见过女的了，或者没做过这种行为。有一些案件就带有这个特点，比如说一个人在监狱里关了十年，出来以后碰到一个妓女，这个妓女让他体会到了这种感受以后，他就想再做，这时候就开始杀人。

窦文涛：他为什么要杀人呢？

李玫瑾：因为他要付钱嘛，把人杀掉不是就不用付钱了吗？他又想得到性满足，又想不花钱，那把女的杀掉是最简单的办法。

窦文涛：这种人的头脑中有没有犯罪要承担杀人偿命后果的弦呢？

李玫瑾：没有。他本身就是一个社会底层的人，他觉得自己的命也不值钱，反正偿了就偿了，你抓住我的话，我就是死，你抓不住我的话，我就这么做。他为什么要杀人呢？因为杀了以后你就不知道了，至少你破案有难度了。一些少年也会有这种情况，比如十七八岁的看完电影以后想干这个，目的就是想体会一把，像这种也是出于好奇。我已经分析四种了，还有很多种，跟性有关的犯罪动机是最复杂的。

窦文涛：我们很感兴趣，跟性有关的还有什么犯罪动机呢？

李玫瑾：还有一些就是稀奇古怪的动机了，比如他想做一种体会，就把一些女的弄到家里头，慢慢地做他想体会的东西。专门研究人的心理问题的弗洛伊德，就讲到性的问题不光跟生殖有关，它还涉及很多的问题。比如说，有些犯罪可能没有实质的性行为，他就扎女的，你问他为什么不扎男的只扎女的，他自己回答不上来，但是在我们看来，他是用扎刀的行为来代替一种性行为，也是一种性攻击。

窦文涛：我记得小时候公共游泳池里经常有流氓拿刀片嚓一下，女的在游泳池里感觉不到疼，一上来发现她的大腿被划开一个口子，肉都翻开了，我都见过。那是不是也是一种带有性动机的伤害？

李玫瑾：对，那带有性的攻击。弗洛伊德提出一个观点，我是比较认可的。他说人在成长过程中，早期对母亲的要求可能就是吃奶，也就是乳房和怀抱，后来慢慢就要求很多了，包括自己身体的部位他也会玩，他觉得玩玩很快乐，然后再长大就要求性了，但是我们在这个社会化过程中会给他提出一些要求，最重要的是会给他一些生活的乐趣，转移他的这种需求，这就叫升华。可是，这个社会化过程中一旦有缺陷的话，这些东西都会保留，包括同性恋实际上也是在发育过程中对性的对象产生问题。这些现象都跟性有关，所以性是非常复杂的一类心理问题。

窦文涛：你说同性恋是在发育过程中对性的对象产生问题，难道我们曾经有一个阶段对性的对象是停留在同性身上吗？

李玫瑾：对。孩子小的时候，最大的需求应该就是母亲吧。当然，这个有可能是女孩和母亲的关系，也有可能是男孩和母亲的关系。但是，你会发现孩子再长大的话，他就会有同伴关系了。在同伴关系的早期，像幼儿园和小学初期，孩子是没有性别的，那时候叫中性。什么时候开始同性的？就是青春期前期，一般就是小学五六年级至中学。你会发现那个阶段有个现象是男孩和男孩一堆、女孩和女孩一堆，这个就叫同性发展。同性发展就是在大家逐渐长大的时候，要寻找跟自己相同的人作为依赖。在这个依赖的过程中，有的人满足得非常好，有的人满足得就稍微差一点。满足得好的话，他就会跟同性建立一个非常好的关系。但有的人就会停留在这个阶段了，不愿意再往异性上发展了。正常情况是，16 岁之后就是花季了。所谓花季，就是开始对异性感兴趣了，已经放弃同性了。也就是说，同性已经完全满足他了，他可以去接触异性了。可是，有的人同性一直没有得到满足，或者说同性很单一，而在异性上又有挫折，这时候就会停在同性上。同性恋有两种，一种叫真性的，一种叫假性的。真性的跟生理上有关，而假性的往往跟他的经历有关。所以，性的概念是非常大的一个概念。性的异常有的是跟生理遗传有关，但最重要的是，多数还是和他的生活经历有关。

窦文涛：所以，性决定了太多东西。

余世存：李老师，那你是不是说变态人格或者变态人也是由性在主导一切？

李玫瑾：变态的话，应该是以性为核心了。我们讲人最基本的需求，中国历史上告子有一句话叫“食、色，性也”。当然，他说的这个“性”是指人性，而这个“色”实际上就是我们现在所说的异性这个“性”了。“食”呢，你来自不同的民族，你可以上手吃，你可以下嘴吃，你可以生着吃，你可以活着吃，除了人肉不能吃。也就是说，在“食”的问题上，我们的禁忌相对比较少，有一些民族可能有一些禁忌，但多数民族是没有的。但是，在“色”的问题上你会看到，不同的文化、不同的民族、不同的历史阶段都有禁忌。这个禁忌，除了宗教以外，还有道德，还有法律。为什么呢？我们会发现，实际上跳出个人来看的话，这个禁忌就涉及一个民族的选择了，那就是要优生优育，为了让这个民族更强大。在我们人类的发展过程中，它是通过家庭来完成这个社会化的，而在这个过程中就有各式各样的问题了，非常复杂。

从小被宠溺的人容易心气高而能力低

窦文涛：还有一个问题就是这个连环奸杀案，人们发现高某某连续十四年作案，可是到 2002 年他就停止作案了。

李玫瑾：这个案件因为我是第一次来谈，我对他也做了一个分析，但是我现在缺少一些材料，比如他母亲到底是哪一年去世的，我现在不知道，只知道他父亲在他结婚前去世。我们看他的家庭背景，他有五个姐姐，还有两个哥哥，后来一个哥哥因为溺水死了。结合一些其他案件来判断，我认为他的问题应该是早年他有一个被宠溺的背景。虽然宠溺方式也有不样，但是从他在家中的排序可以看出来，他是最小的。最小的孩子有一个什么样的问题呢？就是家里的活基本上不用他干，大家一定是有好吃的都紧着他一口，也都比较护着他。所以，在这种背景下成长的孩子容易有一个什么问题呢？就是他的能力会很弱，尤其是生活能力会很弱。但是，我觉得高某某这个人在他的成长过程中学习还是不错的，是挺聪明的一个人，虽然他最后没有考上大学。他的家族据说有人中过举人、进士，看得出来还是比较聪明的。

我以前也遇到过一个类似的案件，那个人也是做了一系列奸杀案件，做了十多年。后来在分析他的时候我就有一个判断，我说这个人在家中排序较小，他上边应该有姐姐，而且不止一个。这个案件破获以后，发现他有六个姐姐，他排行老七。还有一个案件也是这样，就是姐姐很多。我认为这种人对女性是非常熟悉的，因为他家里姐妹多，但是可能他觉得姐姐没有能够满足他的一些要求，所以他会对女性很轻视。当然，高某某这个人详细的背景，因为我没有跟他接触过，所以我缺少对他具体的了解。但是，我们研究他的心理就要研究他的经历，而不是我们的心理。我认为他之所以那个时候作案，可能有一个原因是他刚结婚，压力比较大。我们知道有很多人在改变命运的时候很希望到城里去生活，他的妻子好像就是他在城里打工时找的，所以他肯定是不希望再把她带回到农村去生活的，但是他在这个过程中就有压力了。当年内蒙古有一个系列强奸杀人案，案犯赵某某的首案也是发生在结婚之后。所以我们在研究犯罪时会发现，多数犯罪人都是在青春期犯案的，而如果是在成年初期做首案的话，一般都会有生活上的压力。高某某能力很低，但是他又心气很高，再加上他性格上的缺陷，就会出现自私、任性，就会不择手段。因此，他现在讲他的首案是为了盗窃，我认为还是说得通的。

窦文涛：求财。

李玫瑾：对。我不知道他是在什么样的背景下去盗窃的，因为这个案件的详细情况我现在还不太清楚，但是当他开始杀人的时候，他后面就可以放开了。你知道很多案件都是这样，他第一起一旦做开了，做两起、三起就是一样的了。

窦文涛：是上了瘾吗?

李玫瑾：有上瘾，他实际上就是用这种犯罪的手段来解决生活的难题。这个开端一开了以后，后边他就可以没有底线了。

余世存：也有满足他的心理，是吧?

李玫瑾：对。

窦文涛：但是，他怎么戳了 26 刀呢?

李玫瑾：戳 26 刀有很多原因。一般戳多刀有一个背景，就是对方拼命地反抗。我们知道扎刀往往是一刀死不了的，除非是抹脖子。你扎了一刀对方还在动，就会再扎第二刀、第三刀、第四刀，如果对方还在拼命地反抗甚至想呼救，你就会想再扎几下。所以，一般用刀作案是会扎多刀的，并不是说他在那儿就想这样做。有的时候，有些犯罪人把人弄到家里去慢慢地碎尸，那是另外一种心态了。高某某这个行为完全是符合现场的心态。

余世存：我觉得李老师说得蛮好的。我们本来认为对这种变态的人完全理解不了，但你这么一说，我们还能理解。我有个朋友叫郭国松[①]，他是兰州的资深记者，采访过太平洋那起大劫案[②]。他说那个小孩叫黄某某[③]，出海时才 19 岁，后来在船上杀了人，最后黄某某的结论是杀人杀得很爽。像这样的人，我们完全理解不了。

在犯罪人群中，除反社会人格、犯罪人格之外，还有一种最常

① 郭国松，曾任《南方周末》高级记者、《法治周末》执行总编辑等职，现任 21 世纪传媒影视部总制片人。著有《太平洋大劫杀》等。

② 2010 年 12 月 28 日，隶属于某水产食品有限公司的某渔船载着 33 名船员出海，前往南太平洋钓鱿鱼。根据合同约定，这些船员要在船上作业两年，中途不得靠岸，每年会有 4.5 万元的保底收入。至于在何种条件下才能拿到保底收入，合同上并未约定，当时船上流传着来自船长对合同的解释：只有在出现意外、钓不到鱼的情况下，公司才发给他们每年保底收入 4.5 万元；如果是正常钓鱼，将按实际产量提成。船员们发现他们每天至少得工作十几个小时，若按底薪 1000 元加钓鱼提成，每月还赚不到 3000 元，年收入根本到不了 4.5 万元，因此感到不满。有部分船员打算劫船提前回国，便于智利时间 2011 年 6 月 16 日晚上 11 点半开始实施控制船长的计划，当晚便杀死了一个人。此后一个多月，又有 19 人陆续被杀，另有 2 人失踪，全船只剩下 11 人，回国后全部被捕。

③ 黄某某，1991 年生。在这起太平洋大劫案中，黄某某追随行动总指挥刘某某，参与杀害多人，后被法院以劫持船只罪、故意杀人罪判处死刑。刘某某在被捕后对警察说："黄某某年龄最小，我让他干点轻快活，喊个人什么的，动手杀人时在后面。后来黄某某跟我说他动手杀人了，我问他什么感觉，他说挺爽。"

见的人格问题，即缺陷人格。这是一种后天形成的人格障碍，在很多方面与犯罪人格接近，尤其是人格的核心内容——观念和性格具有严重的缺陷。但这类人格障碍与犯罪人格也有明显的不同，缺陷人格者大多生活在一个结构正常的家庭内，他们在物质方面能够被满足，尤其在情感抚养方面并不匮乏。相反，他们经历的是一种过分宠溺的情感抚养，由此导致严重的人格缺陷。所以，这种人格缺陷也可称为溺爱型的人格障碍。

溺爱是一种无原则的放纵抚养方式，在这种背景下成长的人经常处于一种不明是非、唯我独尊、无法无天的境地，很容易形成一种以自我为中心的思维方式和任意冲动的行为习惯。思维方式决定观念，行为习惯决定性格，当自私与任性成为人的一种心理风格后，人格缺陷就已经形成。具有这种缺陷人格的人，当他成年后独立地进入社会生活，自然而然会将他在早年家庭中形成的个人心理风格带到社会活动中，将各种社会情境视为家庭背景，将“他人”视为“理所应当顺从他的家人”，一如既往地唯我独尊、无敬无畏、无规无矩，严重者还无视社会的法律，从而出现各种违法行为和犯罪行为。

缺陷人格的犯罪特征如下：

一、早年心理正常

在这一特点上，缺陷人格如同犯罪人格，大多属于后天原因导致的人格问题。这类人在人生早期（主要指 14 岁之前）大多有完全正常的心理表现，情感反应正常，与人交往正常，而且大多外向。他们在这一时间段内主要的生活场所是家庭和学校，如果不存在智力上的问题，则他们的学习和生活都基本正常。他们的心理和行为问题往往在青春期甚至接近成年时期显现，一般在 14 岁以后才较为明显。他们最初的违法犯罪也往往出现在接近成年前后，他们的犯罪表现略晚于犯罪人格者。

二、具有宠溺抚养背景

与犯罪人格者不同的是，缺陷人格者早年大多生活在亲情较为充分、物质需要的满足也较为及时和充分的家庭中。所谓“亲情较为充分”，是指以下类似或接近的情况：母亲没有工作，全天陪伴和照顾孩子；处于长孙位置，并从小与隔辈人（爷爷奶奶等）共同生活，或者因几代同堂，更多的时间是与爷爷奶奶相处；是多名女孩之后的第一个男孩等。这种人的早年生活基本上是被亲人包围并充分呵护着，衣食无忧。当然，亲情充分与衣食无忧并不等同于宠溺，宠溺必有相关的条件和背景。决定宠溺抚养的关键是抚养人对孩子的态度及抚养方式，当抚养人对孩子的各种要求百依百顺、随时满足，甚至对其不合理或错误的要求也顺其欲望予以满足时，就造成一种宠溺式的抚养背景。

宠溺抚养首先容易造成人的低能，尤其是生活自理能力和吃苦耐劳的能力较差。其次，还容易造成人的观念混乱，令人缺乏基本的是非判断力。

三、具有情感力

与犯罪人格者和反社会人格者不同的是，缺陷人格者在情感方面大多具有正常的表现。在各种心理现象中，人的情感是否正常往往表现在其生命中是否有内心真正在意或喜欢的人，并能为之做出某种牺牲。人的情感发展始于生命初期，并取决于早年抚养的情况。尤其是在出生后的头几年，人在自身完全无能与无助的情况下需要得到他人及时的照顾，这种需要如果能够得到较充分并且及时的满足，就会对抚养人产生一种依恋性的情感反应。这种抚养关系如果能一直持续到青春初期（一般在12岁前后），其依恋性的情感反应就会稳定下来。凡是在这种背景下长大的人，一般对母亲或早年的抚养人具有真实的眷恋感。尽管缺陷人格者有时也会实施非常残忍或冷酷的犯罪行为，但他们对待自己所爱的人仍有着一份正常的情感反应。这也是他们与反社会人格者和犯罪人格者最明显的区别点。他们大多对自己的母亲、恋人或孩子有着一份情感，对认识的人也大多友好。也正是基于这种心理背景，他们在之后的社会生活中与人相处或交往时也不存在明显的情感交流障碍，他们大多善谈，甚至愿意结交朋友，有的还表现为拉帮结伙。但是，也有被宠溺的极端者表现出欺负最宠爱他的人的现象。

四、懒散且弱能

在宠溺背景下成长的人大多不善劳作，他们从小饭来张口、衣来伸手，习惯于被人照顾，所以他们承受体力之苦的忍受力极弱，独立应对困难的能力更弱。这种人从上学时期就会出现相应的逃避学习的表现，他们不愿意学习不是因为智商低，也不是因为家境贫困，而是因为学习的枯燥与辛苦。他们在初中阶段开始出现混日子或逃学行为，一般在初中后期不愿上学或开始辍学。他们辍学后要么选择放任自流，有的成为游手好闲的混混，要么曾想打工挣钱，但真正进入社会后就开始感受到竞争与压力。他们做不成复杂的智力工作或技能工作，而简单的工作又多为体力劳作，无论哪一种情况，对他们而言都是困难的。所以，其中一些人在接近成年或成年之后因父母财力不能充分满足他们的欲望，就开始寻找最简单的方式来获取钱财，不择手段，从而出现违法犯罪行为。

五、缺乏是非观念

观念是人在后天形成的一种态度，一种决定人如何反应的心理倾向。6 岁之前父母的唠叨，父母对孩子某些行为的反应，父母自身的言谈举止等，都可形成人的早期观念，这也是人的伦理观形成的过程。例如，父母常说“咱人穷志不穷”，并在家庭生活中具有同一表现，那么孩子耳闻目睹就会形成这种人生观念，当他成年后面临不义之财时会出现一种回避性反应或拒绝性的表现，即使诱惑强烈且无法拒绝时，也会出现犹豫和内心不安的表现。相反，父母在孩子最初拿别人的东西时予以默认、肯定的反应，孩子就会形成另一种观念，即别人的东西是可以随便拿的。这就是观念对人的心理影响力和控制力的作用。

宠溺性抚养恰恰是没有是非观念的抚养。这种抚养在爱的背景下对孩子的各种不良行为没有及时阻止，没有告知这是一种错误行为，甚至父母自己还具有相同的错误行为。在这种背景下成长的人就不会形成相关的观念，成年后遇到类似的情境必然会出现同样性质的行为，而且他们不会犹豫，不会回避或拒绝，也不会出现事后的不安感。由于缺乏观念的自我指导性与约束性的力量，因此，具有观念缺陷的人一旦出现违法犯罪行为往往不会自动停止，反而会重复进行并趋于严重。所以，犯罪人群中的惯犯具有缺陷人格的现象更为多见。

六、犯罪具有择机性

缺陷人格者在犯罪方式上与反社会人格者相近，不择手段，无羞耻感，但与犯罪人格者有较明显的差别。犯罪人格者在犯罪中大多具有严重的情感挫折问题，带有仇恨性，所以他们一旦开始犯罪便在很短的时间内趋于严重暴力，尤其是会为了满足最简单的性欲望而杀害无辜者。缺陷人格者则不同，他们大多还有家庭与亲人的依靠背景，所以还有正常人的情感，他们作案更多地趋于功利目的，带有机遇性的特点。例如，在侵财或强奸时是否杀人往往取决于情境和被害人的反应，他们并不是逢案必杀。在强奸犯罪中，他们更多地追求性满足，没有仇恨宣泄性的表现，甚至主动向被害人示好。所以，缺陷人格者被判重刑或极刑的较少，他们在监狱服刑者中更为多见，尤其是那些具有三次以上的判刑但仍在监狱服刑的人多为这类人。

七、善于欺骗与表演

缺陷人格者在犯罪后对自己犯罪行为的态度或解释明显不同于前两类人。他们既不像反社会人格者犯罪后的公然嚣张，也不像犯罪人格者犯罪后的明显仇恨、冷漠，他们往往愿意与人交谈，善于表达。但是，若在对他们人格特点缺乏了解的情况下，与他们初次接触时，很容易被他们的言语或外表所迷惑。他们往往表现出很配合你的提问，但回答时又特别强调他们犯罪的“客观”理由，把自己的犯罪原因往往说得令人同情，甚至将被害人说得一无是处。他们的许多供述内容都带有表演性与欺骗性，只有了解了案件的全过程，甚至参与过侦查讯问和刑侦走访调查后，如听取过被害人的陈述或身边人对他们的评价，尤其是从犯罪案情观察等，才能发现他们的谎言。他们这种信口开河的肆意，犯罪后还强词夺理、谎话连篇的无耻表现，都与他们从小被家人宠溺而形成极端自私的思维方式和心理风格有直接的关系。

——摘编自李玫瑾专著《犯罪心理研究——在犯罪防控中的作用》

人性当中有一种嗜血的本能

窦文涛：我们在某种程度上也是动物，会不会我们人性当中真的有一种从杀戮中得到快感的本能？

李玫瑾：没错。在人性当中，我们常常讲自然属性、社会属性。说到自然属性，实际上人和动物是一样的。你知道动物有一个什么特点吗？尤其是在海洋中，一旦见到血，很多动物都会过来的，像鲨鱼一样。人也一样，只要一见到血，会很兴奋的。你看有好多人刚上战场的时候，一听到子弹声、炸弹声就抱着脑袋，当他一看身边有一个人倒下了，血突突突地往外冒的时候，他立马就会蹦起来，玩命起来，出现一些我们平时见不到的行为。所以说，这就是人本身含有的一种东西。

窦文涛：嗜血的本能吗？

李玫瑾：嗜血的东西。所以，有的时候一见血以后，人会出现很疯狂的一些行为。

窦文涛：但是，高某某奸杀女性以后还摘走了一些器官，这又是为什么呢？他是求性的满足吗？按说他结婚了，有老婆了，还有孩子。

李玫瑾：这个问题，我现在只能是推测了。我为什么想了解他的母亲离开他的时间呢？因为我们知道人的心理发展是有一个过程的，人在最弱小的时候会有一个依恋对象，那时候他其实对人的整体感觉还是没有的，他所依恋的就是抚养人的怀抱和气味，比如母亲的乳房或者母亲爱抚他的那个手感。在这个过程中，如果他有比较好的一个记忆，但是又没有完全得到满足，心理上就会出现一种问题叫停滞，有的是属于退缩性的停滞，有的是属于需求性的问题。因为没有得到满足，以致他后来在潜意识中一直想得到这个东西。

窦文涛：比如说女性的乳房。

李玫瑾：对，乳房或者她的手，或者她身体的一个部分。这种状态一般都和他早年的这种东西有关。但是，因为目前我还没有接触到这个案犯，所以我不太了解他这个问题。而且，这个问题有时候你问也问不出来，因为他完全不知道。我们有时候分析人的变态会用到弗洛伊德精神分析的东西。弗洛伊德特别强调潜意识。“潜意识”是什么？我不解释，它太复杂，我就讲一个最简单的东西。事实上，它就是一幅画面。“意识”这种东西，更多的是心象。“象”是什么意思呢？就是以原型的方式在心里存在的东西。我们知道人对外界信息的获取来自眼、耳、鼻、舌、身五官，这五官都可以有象，问题是我们早年的象更多的不是我们意识到的象，而是一种肌体的接触，或者一个气味、一个声音等。比如说，我一睁眼看到的就是乳房，所以我脑海中的画面就是这个东西。这也是为什么很多变态会把乳房割走的一个原因。事实上，就是这个象给他留下一个比较深的东西，而这个东西他可能意识到，也可能没意识到，但他就是想得到。这就是变态的一个原因。

心象即人通过外部感知觉获取的事物刺激形象在内心呈现的一种心理图像或心理景象。简言之，心象即心理之象，多见于视象，还可包括听觉、嗅觉、味觉和触觉之象。心象有从感知觉获得的象，如感觉后像、表象；也有从思维创造形成的象，如想象、幻象等。心象可被视为认识中能够将感知觉、记忆与思维融合在一起的现象，其中“象”源于感知的原材料，而记忆和思维将其加工为虚拟存在的心象。

凡以原型的方式在脑中显现出来的“象”就是表象。表象指在脑中保留的、接近事物原型的表面形象，如某人长相、说话原声等。表象既有原始感知的直观性，又有记忆后的间接性和模糊性，从而为人能够摆脱实物对客观事物进行描述与想象奠定了基础。

在表象的基础上经过思维的“想”就演绎为想象。想象是思维的初级形态，是以表象为基础，通过分解、组合、夸张后形成新的心象过程。想象可以让人在内心构建一个画面，一个虚拟的情境，一个故事情节，一个即将发生的场面等。想象是极普通的、人人皆有的心理现象。想象是人类发明创造的心理基础，也是形象设计、场景设计、情节设计的心理基础。

幻象则是从幻想、幻觉或梦境中产生的形象。幻象往往是个人渴望的，但在现实生活中由于各种原因不可能发生，进而出现在人们内心中的一种心象。这种幻想也与想象有关，不同点在于，想象解决的是现实问题，而幻想解决的是心理陶醉与心理满足的问题。

当一个人过分地、长时间地在内心进行这种主观虚幻的想象活动，就会阻断其对外界的注意和真实感知，并以大量虚幻信息进行组合，进而形成虚假的心象。这种心态持续一段时间就会让人出现相应的心理病态现象。例如，因崇拜某类人而幻想自己成为那种人，诸如有钱人、飞行人、皇上甚至杀手等，然后在内心不断地重演这种幻象。这种心态容易让幻想者最后成为不能正常反应外界的现实刺激并出现让人不能理解的行为的精神异常者。许多气功练习者出现精神上的幻觉就与这种幻想后的幻象有关，一些幻想类的杀手也有类似的心理背景。

——摘编自李玫瑾专著《犯罪心理研究——在犯罪防控中的作用》

情感发展不完整的人是“有毒的土豆”

窦文涛：余老师有什么问题？

余世存：没有什么问题。这个案件确实是很轰动，不过我注意到一个现象，就是很多网友在刷屏的时候基本上是处于失语状态，只能重复大家所知道的一些材料，在材料之外就没话说了。有一个人我看到他说了一句话蛮有意思的，他说我们在这样的案件面前无话可说，只能把这样的人当作危害我们的那种“有毒的土豆”，我们要在地里把它找出来挖掉。但是，我不知道像李老师你们怎么来看待这样的人。我们身边如果有这样的人，该怎么办？

李玫瑾：其实这是两个问题，一个是我们怎么不要让生活中出现太多这样的人，还有一个就是我们怎么识别身边这样的人。我想，实际上第一个话题更为重要。第一个话题最重要的一点就是，人是养出来的，尤其人性是养出来的。这个“养”里头很微妙，所以我们特别需要知道一些心理学的知识。早年的抚养，人和别的动物一个最大的不同在于，人至少有一年的时间完全不能自理，要完全依赖于别人。比如说，我们知道婴儿的脖子不能动，所以我们要把他放在胳膊肘这个地方。为什么要放在这个地方呢？我们说是要托着他的脖子，但是可能很多人不明白，你把他放在这个地方的时候，你就会把自己的气味（嘴和鼻子出的气是最重的气味）天天打在他的脸上，所以他在记住你的过程中，除了接触你的身体之外，最重要的就是记住了你的气味。包括你给他拍嗝的时候，把他放在你的肩膀上，他也会记住你的身体带给他的感受。当然，可以由妈妈来拍他，也可以由爸爸来拍他，但如果两个都有的话，孩子的心理就会发育得特别好。如果只是妈妈来拍他的话，那就是另外一个问题了。

窦文涛：有人说高某某 2002 年以后停止作案是因为他儿子考上学了。[①]您认为是这个原因吗？

李玫瑾：我对这个案犯有一个分析，我认为他有一部分情感。你看他在父亲去世之前是有照顾父亲的，这说明什么？他对父亲是有情感的，所以他这个人不属于反社会人格，就是不属于养不出情感的那一类人。他有情感，但他的情感是不完整的。人的心理发展是养出来的，它是这样养的：先是抚养人一对一的叫作依恋的情感，然后就是对亲人的情感。因为在抚养过程中除了妈妈之外，别人也会搭把手，然后他知道这是咱家人，他会对你放心，比如说妈妈不在，他跟着你也行，要是陌生人的话，他就会害怕了。所以，依恋之后紧跟着发展的就是亲情。慢慢地，他走出了家门，那就是伙伴情了，再发展就是同学情了。同学交往的话，先是同性，再是异性。到什么时候他情感发展完整了呢？当他对陌生人也有一种情感，就是我们讲的博爱。博爱，就是我见到不认识的人，我看他很可怜，我也会

① 2002 年，高某某将家搬到某市，此后再没作案。他曾对负责此案的一名副检察长说，一是因为岁数大了，没有那么多的冲动了；二是因为体力不行了，控制被害人越来越吃力；三是因为自己俩孩子都在当地生活、学习，不想因为自己影响他们。

去帮助他。这个情感叫社会情感，有它就特别好了。高某某的问题在哪儿？他有情感力，但情感不完整。他在儿子有出息的时候意识到：我要是再这么做，可能会影响到我儿子的前途。这说明什么？他对儿子的这份情感阻止了他继续作案。

窦文涛：可能也是因为有这份情感，他还跟记者表示过愿意捐献自己的器官。

余世存：那就是他还有这个需要。

李玫瑾：所以说这份情感阻止了他。

第十四章　最危险的正常人——性猎人

章某某很不幸遇到了"性猎人"

窦文涛：美国有一个来自中国的访问学者叫章某某[①]，前些天刚失踪的时候毫无线索，监控拍到她上了一个人的车，现在据说抓到嫌疑人了，FBI（美国联邦调查局）认为她可能已经死亡，但是也没说是怎么弄死的。

刘少华：是认定已经死亡。

窦文涛：但尸体也不知道在哪儿，也不知道是怎么弄死的。

刘少华：因为嫌犯拒不交代。

窦文涛：那怎么能认定死亡了呢？

---

① 章某某，1990年生。国内硕士毕业后，于2017年4月到美国伊利诺伊大学厄巴纳－香槟分校交流学习。因家境不富裕，为节省房租，她打算从学校公寓搬到校外去住，并定于2017年6月9日下午去跟人签订租房合同。中途从一辆公交车下来后，她走到另一个公交停靠点去等车，此时已经快迟到了。等了几分钟后，有个开着黑色轿车的白人男子减速停下来，与她交谈了一分钟，然后她上车坐到副驾驶位置，从此失联。6月30日，美国联邦调查局宣布已逮捕一名男性嫌疑人，并判断章某某已经死亡。此人名叫布伦特·克里斯滕森（Brendt Christensen），出生于1989年，时为伊利诺伊大学厄巴纳－香槟分校物理系的在读博士生兼助教。警方调查发现，此人在案发前不久访问过关于绑架、施虐等内容的网站，在案发后精心清洗过副驾驶一侧的车门，并于6月29日被监听到他向人描述自己将章某某囚禁在公寓时遭到反抗的情形，而且他正在寻找下一个理想的目标。但克里斯滕森被捕后拒绝认罪，且一直未透露章某某的下落。7月20日，克里斯滕森以涉嫌绑架罪被起诉。10月3日，克里斯滕森被美国联邦检方追加起诉罪名，被控涉嫌绑架致死罪和作过两项虚假陈述。FBI发言人在声明中说："章某某的死亡发生在绑架过程中，嫌犯克里斯滕森以残忍、邪恶和堕落的手段犯下罪行，其中包括虐待以及对受害者进行严重的身体伤害。"如绑架致死罪的罪名成立，最高可判处死刑。此案的审判日期原定于2018年2月，后因故推迟。

刘少华：我详细看了了FBI探员写的memo（备忘录），里面写得很清楚，意思是说我在这里写的也不是我掌握的全部事实，但是基于我已经陈述出来的和我已经掌握的其他事实，我们认定章某某已经死亡。

窦文涛：咱们因为离美国太远了，我不太知道为什么这件事会闹得这么大。按说华人在外国出事的，这些年不断地有一些案例，为什么这次美国的很多华人都在帮忙找章某某，而且一直蔓延到国内，最近也一直在说这个事？

刘少华：这是因为这两年华人的意识觉醒。其实，不光是章某某案，之前那个梁彼得案[①]，华人也站出来说为什么你对白人警察可以不处理，你一定要处理我们华人警察？这几年中国人出去的也多，网络也发达，知识量也多了。因为我们《人民日报》（海外版）这么多年一直在跟海外华人华侨、留学生打交道，我们知道华侨华人已经发生了代际变化，老一辈的可能是去餐馆打工，或者是做点外贸，把义乌小商品城的东西卖出去，一直生活在底层，可是现在这一代是从哈佛、耶鲁毕业的，本身就是精英，所以他们在逐渐完成代际转移的过程中对自身的权利有了觉醒。

窦文涛：李老师，您看了案情的一些分析吗？

李玫瑾：我一直在关注这个案件，也在网上看了一些消息和评论，我觉得格子说的也是一个角度吧。我个人认为，我们很多人关注的是章某某是死是活，如果她还活着的话，我们的声援可能会挽救她或者帮助到她，这是从美国

① 2014年11月20日晚，新入职的美籍华裔警察梁彼得（Peter Liang）在纽约市布鲁克林区一栋公寓楼内执勤时，在一个漆黑的楼梯间不慎枪支走火，子弹打在墙壁上反弹后，意外击中一名路过的28岁非裔男子，导致其当场死亡。2016年2月11日，梁彼得被大陪审团裁定犯有过失杀人罪和渎职罪，将面临最高达十五年的监禁。此前美国多地发生过警察执行公务时导致无辜人士丧生的事件，但当事人均未受到起诉，梁彼得将是纽约自2005年以来首名因执勤中过失致人死亡而被起诉定罪的警察。这一裁决引发美国华裔有史以来最大规模的抗议示威活动，称此案“是意外不是犯罪”，要求美国司法系统给予梁彼得公平的对待。2016年4月19日，布鲁克林高等法院将此前认定的二级过失杀人罪降级为刑事疏忽致人死亡罪，判处梁彼得五年缓刑和八百小时社区服务，无需入狱服刑。

的华人到中国这么多人关注这个案件的一个原因。我在网上也看到很多人说她怎么这么轻易就上了别人的车，我觉得现在很多人在评论上不太慎重。我觉得章某某很不幸，她遇到了我们在犯罪心理研究当中视为比较危险的一类人，我们称之为“性猎人”，他们是为了性而来猎取对象的。这种人是非常危险的，很不幸让她碰上了。

窦文涛：这个人是她同校物理系的一个助教。

刘少华：一个博士生。

窦文涛：现在他们发现美国有那种约会的网站，他在网站上填写了他的个人情况，似乎是说他已婚，但是“开放”，意思是说他也想找性伴侣。

李玫瑾：他这个问题在哪儿呢？现在我也只是从我的一个专业角度来分析他。我觉得章某某的不幸实际上是遇到了一个很危险的“猎手”，或者叫“独狼”。我认为章某某之所以会上他的车，有可能是她来到这个学校以后，他在校园里见过她……我觉得这个女孩长得是很漂亮的。我从女性的角度来看她，都觉得她是很亮眼、很青春洋溢而且很健康的一个女性。我认为她应该是被这个男的已经扫描过了，那天他在路上正好看见她了，所以就一下把她选中。他有可能用了一句话，说“我就是这个学校的助教”。我认为这是这个女孩会上车的原因，因为她觉得都是本校的。当然，这个事我现在是没有根据的。

刘少华：您分析的一点没错。第二次开庭的时候，已经明确说这个人观察过章某某很久了，并且认为她是一个理想型对象。

李玫瑾：这还是我的专业给我的一个判断。我认为章某某是不会随便上车的，他一定是给了她一个信任感，而这个信任感最大的可能性就是他在这个学校工作，她才会上他的车。如果他是一个陌生男人，我认为她是不会上车的。他为什么把车做过两次清洗呢？我认为章某某可能一看路线不对就想跳车了，想跑，但是在这个过程中，这个男的就想要控制她，因为是认识的，所以他是不能让她活着走出来的。为什么警方判断她已经死亡呢？我也认为她如果真的还活着的话，他一被抓就应该赶快说出来，那他不就没事了吗？

窦文涛：至少减轻罪行了。

李玫瑾：他为什么不说话呢？显然这个人已经不在了。所以我认为，美国联邦调查局得出这个结论也是有一定道理的。当然，他们可能还在车上发现了一些痕迹物证，以及在他家中的一些证据，包括他的录音。

窦文涛：按照您这个推测，这个人是第一次干这种事？

李玫瑾：我认为他应该是第一次。

刘少华：今天[①]公布说他已经有了第二个目标，就是他透露过有新目标了。

李玫瑾：他从 4 月份开始在这种网站浏览，这是他选择的第一个目标。你看他让这个女孩上车的时候还是没有经验的，此外，他会在录音中跟别人谈这个，这些都说明他不是一个老练的杀手。

美国法律太讲究程序，以致反应比较慢

窦文涛：现在咱们国内有些人不太了解，一度在批评美国警方怎么办事效率这么低，早就怀疑这个人了，为什么还放他在外面。但是，也有人说正是因为放他在外面，才监听到了他跟什么人说他绑架了一个人。他对警察一开始还不承认，后来有一段音频被监听到了，这才把他拿下了。

刘少华：所以，我就觉得我们很多网友其实不懂什么叫“依法治国”。我们老提这个词，其实你如果去看美国联邦调查局的备忘录，人家严格地按程序每天都在侦破，而且他是在警察的监控范围内，是跑不了的。我们现在比较倾向于一旦发生一个什么事，全民都关注，我们的警察必须当天破案。比如说，外国人丢了一辆自行车，我们当天就得找着。舆论对公检法的干涉太大，我们习惯了这样。

李玫瑾：这个问题我是这么看的：有很多东西都是双刃剑，你要是顾了那

① 本期节目于 2017 年 7 月 10 日播出。

头，可能这头就得牺牲；你要是顾了这头，那头就得牺牲。其实，法律操作也是这样。作为警察，他的职责是能救一个就救一个，可是作为法庭，它是能不判错一个就不判错一个，所以法律是无罪推定。当然，在警察的心目中，嫌疑人没有无罪的。因为任何人都可能是罪犯，所以警察在怀疑阶段是任何人都会怀疑的。比如美国在“9 · 11”事件之前特别注重隐私，但“9 · 11”之后，它的法律就明确了要缩小个人的隐私范围，然后扩大侦查。我觉得有的时候美国的法律特别好，比如它在不冤枉人的过程中做得很好，但是像在这种情况下，明明知道章某某可能还生存着，你可能抓紧点就能把她救出来，可是这个程序问题反而产生了一个阻隔，所以我觉得它是双刃的。

刘少华：其实，美国警方还是在第一时间去查看了这个嫌犯的房间的。

李玫瑾：对，第三天。

窦文涛：他好像曾经说他家离章某某上车的地方也就十分钟车程，那他有没有过把她关在他的家里?

刘少华：谁也不知道，现在就有一个怀疑。

李玫瑾：但是，我觉得当时一旦怀疑的话，只要有警犬闻一下车，或者闻一下章某某的遗物，至少警犬是可以带一些方向的。

刘少华：因为章某某这个案子是联邦检方要起诉的，所以还是有可能照着一级谋杀的罪名去起诉。你看在这个过程中，他们详细写了哪一天得到了法院的授权，当天就去搜捕。也就是说，如果他们没得到这个授权就去搜捕的话，这个案子到最后在美国根本就判都判不成，因为它太讲程序。

窦文涛：对。有一种叫“宁可错杀一千，不可放过一个”，还有一种是“宁可放过一千，也不能冤枉一个”，在两者相权的情况下，美国宪法最终选择了后者。那天我还跟一个在美国多年的人说，为什么美国人那么不怕打官司?咱们有时候会觉得打官司输了怎么办，但他说美国的官司旷日持久，美国人不怕输，只要你有钱，你打多少年都行。

刘少华：先打着呗。

窦文涛：最后往往也没什么说法，因为它那种程序。所以他就说，美国法律哪儿都好，但是美国律师就像咱们清朝的时候说的“讼棍”，打官司就跟谈买卖一样，说这个案子我不收你钱，但是我估计能打赢，打赢之后你分我多少。辛普森据说是一天付 5 万美元的律师费，就让他脱罪。在美国爱打官司到什么程度啊？比如说，你是我朋友，你到我家里吃饭时在门口摔了一跤，然后吃完饭了，你临走的时候说：“我要告你。”

刘少华：法院见，哈哈！

窦文涛：他非要给你告点钱出来不可。所以，美国的法律制度跟咱们的精神不太一样。

李玫瑾：对。但是，我认为像辛普森那个案子是被害人已经死了，所以你为了让他的合法权益得到保护怎么做都可以，可是章某某这个人可能在嫌犯手里还活着，所以我更倾向于我们中国警察的反应。我想，这个案子要是在中国，我们早就把它弄清楚了。美国这个事，我们离得远也够不上，但是能感觉到他们的反应还是比较慢的。

“性猎人”想通过暴力来得到性满足

窦文涛：让咱们觉得可怕的是您刚才讲的独狼式的“性猎人”。您认为章某某案的嫌疑人是第一次作案。

李玫瑾：这种“性猎”的犯罪人，大多数是在 25 岁之后作案。这种人智商虽然很高，但他们犯罪时不属于高智商犯罪。那天有一个人就问我，章某某案的嫌疑人算不算高智商犯罪？我说，高智商犯罪是他干的那活儿一般人干不了，而这个人不是，他是智商高，但他在作案的过程中跟这个智商没有关系，而是跟他的性有关。我认为他是学物理的，智商很高，但是在其他方面，他可能觉得生活缺少乐趣，于是他会上网去看那些跟性有关的网。他不是讲了嘛，他喜欢日本的风格。

窦文涛：成人电影。

李玫瑾：对，那里面的女性是属于很顺从的，而且各种各样的，他可能就觉得这种性的东西做下来会很有意思，于是就想去找一个亚裔的人来实现这个。他在做之前是有幻想的，幻想如果我遇到一个，当然我要能控制她，她要是顺从了，我会怎么样。他是有这个过程的，于是他需要去捕一个猎物。

窦文涛：那您是不是怀疑他绑架了章某某之后有性虐待？

李玫瑾：对，他本来是想做这个的，但是做没做成，我们现在不知道。弄不好的话，我觉得他还没做成，这个女的就已经死了。

刘少华：今天那个庭审说，她在房间里有激烈反抗。

李玫瑾：对。因为我们中国人的观念是，贞洁这个东西是很重要的。

窦文涛：所以女孩子会激烈反抗。

李玫瑾：对，很多女性在遇到性犯罪时都有一种下意识的反抗。章某某不像有些女性觉得这种事只有顺从了，对吧？我认为她可能在反抗过程中就遇害了。人在什么情况下最容易被杀呢？就是喊叫的时候。当你喊叫的时候，任何一个人上来都是掐脖子，而这个地方只要一被掐住，一会儿就没声了。

窦文涛：某大学前年就出过一个事，有个男学生骗一个女孩子说要拍什么片子，最后把她弄到一个地方想强奸她，遭到反抗，就把她弄死了。[①]但是，后来他们发现这个男学生原来在网上经常暴露一些要杀人这种语言，就感觉他是有这种倾向。

李玫瑾：实际上，很多这种男性的目的仍然是性行为，想通过一种暴力的性来得到一种满足。这种人是非常危险的。我为什么讲是“性猎人”呢？所谓“猎物”，人在他眼里就是个物，满足的是他的性。他为什么要猎呢？他为什么

---

① 某大学录音系音响导演专业的2014届本科结业生李某某，以拍摄微电影为名，于2015年8月9日将该校2014级电影专业女研究生周某某诱骗到他的暂住地，在强奸未遂后用事先准备好的尖刀将其杀害。李某某于两天后被捕，后以故意杀人罪被判处死刑。

会有暴力呢？因为他要通过暴力才能达到兴奋。

窦文涛：那我问您，假设说碰见这种人，如果女性选择了顺从，他是不是完成了他的性目的之后就有可能放过这个女的？

李玫瑾：难说，因为他在这个过程中会有很多虐待性的行为，这个女的会惨叫，他在兴奋的同时有可能会虐待致死。所以说，这是非常可怕的一类犯罪。

刘少华：李老师很喜欢弗洛伊德的精神分析这一类理论。

李玫瑾：不是分析，是说这是一类犯罪，它是非常危险的一个类型，我现在没有理论。

刘少华：我其实想往回倒推，就是为什么章某某会上他的车这个问题。如果开车的是一个黑人男性，章某某很大的概率是不上车的。她当时一个是在赶时间，另外一个我觉得因为他是一个男博士，相对给了她一种安全感。我们其实经常是在给人打标签的，而有可能这个人也在寻找一个亚裔的女性，这二者属于文化里面的互相判断，结果对上了。

李玫瑾：他的年龄也对上了。我们刚才谈到这类犯罪人作案基本上都在 25 岁之后，你看他是 27 岁。20 世纪 50 年代，美国联邦调查局就有一个判断，说五千个没有破的案件里面，基本上全是女性失踪或被杀，而这些没有破的案件大概也就 35 ~ 50 个杀手。也就是说，如果你抓不着他，他会一而再再而三地做。章某某这个案件因为我们华人的关注，导致警方的重视，最后把他找到了，这应该说是非常大的一个贡献，阻隔了这么一个非常可怕的人。“性猎人”就是一类犯罪人，这里头没有任何理论可言。

窦文涛：这种人一般要是开了头，只要没被发现……

李玫瑾：他就会一而再再而三地做。而且，他在做的过程中，因为美国的住宅方式都是独门独户，他很容易找到一个地方以后控制很多女性，有的会控制一个星期才杀掉，也有的是很快就杀掉，比如有的心脏稍微脆弱一点就很容易导致死亡，还有的一喊叫就被摁住，拿枕头闷。所以说，这种人非常危险。

“性猎人”大多数是有知识的正常人

窦文涛：这种“性猎人”是有精神病吗？他们心理异常吗？

李玫瑾：不是，这种犯罪人在我们看来是最危险的一类正常人，而且大多数是有知识的人，甚至有些人是医生，有些人是搞艺术的。其实，不光是美国白人有这种人，原来日本有一个人就专门喜欢欧洲女孩，当年去日本旅游的三个女孩就被他害了，而这个人还是个富家公子哥。

刘少华：是不是到了一定的年龄才会受到激发而表达出来？

李玫瑾：实际上，他的主要目的就是想体验性的高潮。因为不是那种恋爱的方式，他就要控制对方，让对方按照自己的要求去满足他。

窦文涛：很多人为什么看日本成人电影呢？也就是要从那种行为当中得到某种释放，比如看到一些性虐的，满足他某种性幻想。

李玫瑾：他不找妓女。

窦文涛：对。但是，我们看并不会直接导致这个行为，而他要是个正常人的话，是什么使得他把这个幻想或者这种欲望变成现实呢？

李玫瑾：其实，他要做这个事情的时候，本身就是要控制对方的，甚至会导致对方死亡的，所以正常人也会做一些特殊的行为。我曾经说过，行为异常不等于人的异常。为什么呢？如果行为异常，人就异常的话，那很多案子就好破了。我们破案抓到的人都是特别正常的人，但他做那个行为的时候是异常的，所以说行为异常不等于人的异常。第二点，人的异常不等于就是精神病人。比如说，人喝大了，他那种状态就属于异常，但他不是精神病人。人毒瘾发作的时候异常，但他不是精神病人。还有一些是人格异常，他也不是精神病人。

窦文涛：那您说像《沉默的羔羊》[①]里边塑造的那个人物是有真实基础吗？

---

① 《沉默的羔羊》是美国作家托马斯·哈里斯于1988年出版的悬疑小说，成功塑造了一个智商极高但又极其变态的“食人魔”——汉尼拔·莱克特医生。根据该小说改编的同名电影于1991年上映，次年囊括第64届奥斯卡奖最佳影片、最佳改编剧本等五大奖项。

会有这种人吗?

李玫瑾：一个人对心理学研究到一定的程度了，然后去作案，完全是有这种可能的。

窦文涛：他那种正常到了神经病的程度。

李玫瑾：这几种异常实际上在心理学当中属于兴趣异常。比如说，有的人喜欢蛇，有的人喜欢虫子，而“性猎人”喜欢的是与性有关的特殊对象，但他只在这个问题上异常，其他方面都正常。

窦文涛：但是，他对犯罪成本没有一个正常的常识吗?

李玫瑾：他认为他能够逃避侦查呀，只不过现在我们的监控已经很普及了，有的时候他稍微不注意，不知道那儿有一个监控。但是，作为犯罪人来讲，他认为他可以做得让你查不到。比如说，你看见他洗车了吗?

刘少华：其实，我们很多人都会有些想法异常，比如我一天到晚就有很多不正常的想法。以前在武汉大学的时候，我远远地看到一个很高的楼，就想哪一天炸了它，没想到那楼去年真被炸了。

窦文涛：所有的案情在你心里都有，哈哈!

刘少华：对。我们有很多的想法异常，但是我们可能是百分百没有去实现，因为比较尿嘛。他们是怎么跨出那一步的?

李玫瑾：你没有去实现的一个重要的原因，就是我在分析一些犯罪时常常提的观念问题。观念实际上是人行为的底线。那么，什么是“观念”呢?其实，心理学对这个词研究得并不多。观念，它不是通过学习过程得来的知识，而是在观到的同时形成的念。比如说，你刚刚说的一句话可能对我一生都有影响，但你这个话是随势而就的，并不是为了教育我。所以，观念可以在饭桌上发生，可以在生活中发生，比如父母的一个动作、一个眼神等等。凡是缺少观念的人，往往在他的成长过程中亲子关系是有问题的，最最重要的是，他的父母在养育过程中可能言语交流是非常少的。比如某医学院学生林某某就很典型，他并不是有多坏，但是当他看到黄某已经一步一步发展到生命垂危的时候，他在整个过程中没有反应。为什么呢？用他自己的话来讲就是，他不知道该怎么做。所以他后来留给家里一封信，说你们没事的时候就读一本书，家里人要就这本书来讨论，要互相交流思想。也就是说，观念这个东西你要是没有的话，到时候你就不知道该怎么办。像章某某案这个嫌疑人也是这样，什么“生命”呀，什么“别人”呀，他没有这个观念，他可能在生活中就属于那种我自己活得挺好，只要我长大了，我管我自己，别人我就不管了。所以你看，他跟家人的关系并不是很亲近，他可以跟一个女人发生关系甚至结婚之后还跟人讲他很开放。什么意思呢？他没有底线。他智商很高，很聪明，但他缺少一个做人的最基本的东西。而这个最基本的东西在哪儿呢？就是在抚养过程中缺少唠叨或者随势而就的一种东西。

窦文涛：应该是对他人的感受比较冷漠的那种人。

李玫瑾：这叫经历。我曾经说药某某为什么会在那个瞬间扎那么多刀，他实际上脑子里没有想到交通事故是一个很小的事情，可以用别的方法来解决，而杀人是一个很大的事情。他没有这种东西，只觉得我把她杀了就没有人知道了，他认为杀人是很简单的事。

窦文涛：实际上是缺心眼，他失去了对后果的评估。

李玫瑾：缺了内心的一个观念。比如说，一个孩子掉到水里了，有人跳下去救他，你问他为什么跳呀，他说：“我也没想，我看他掉下去了，我就得救他。”这就是他有观念。

刘少华：这个跟我们所处的社会环境有关系吗？现在我们都说社会原子化，人与人之间的联系不那么紧密了，以前我们叫人情社会、宗族家庭。您觉得那时候这种现象会少一些吗？

李玫瑾：我认为还是在于父母。有些父母就话很多，爱唠叨，比如会说：“咱们家绝对不能干这种事！人活脸，树活皮，人要有尊严。”这样孩子长大了以后对尊严就特别当回事。要是你从小就跟孩子讲：“那是一条命，你可不能随便乱来。”你只要说过这个话，孩子大了以后脑子里就有这样的印象。但你要是从来没有说过这个话，他就没有这个观念，管他什么命不命呀。

窦文涛：您说到这种独狼式的“性猎人”，我又想起高某某案，他是不是这种类型的人？

李玫瑾：他后边作案有一段时间是有一点这个问题，但他还不完全是。因为我理解他第一起案件还是跟贫穷有关的，他当时是为了钱去作案，作案之后得到了经验，就开始扩大范围了。也就是说，他最开始进别人屋子是为了钱，但他后来发现女性也可以成为猎物，这才转念过来。

“性猎”不同于“虐恋”

窦文涛：我觉得咱们可以聊到更深的一个范围，比如像李银河博士的研究范围。她说有些人有性虐的欲望，可以从玩性虐的游戏中得到满足，这叫“虐恋”。但是，像您说的这种是直接就要来真的，要弄死你。这两种有什么区别？

李玫瑾：“虐恋”是在网上找志同道合的人，双方都是自愿的。但是，章某某案的嫌疑人不是这种，他就是想找异族女性，比如他对亚裔感兴趣，所以他没有在网上通过这个方法去找。

窦文涛：他可以找一个也喜欢玩这个的，俩人一块玩玩。

李玫瑾：大概是他还没有进入到这个领域吧。

刘少华：我觉得这种人是不是一般多多少少有点社交障碍啊，比如说他真的很喜欢亚裔的性体，但他可能找不到一个亚洲女朋友。

李玫瑾：这也有一个机遇的问题。我们研究犯罪人会发现，他最开始犯罪可能并不完全是这个目标，但是偶尔遇到以后，他觉得这个目标比他原来的目标更有趣，他才开始扩展他的目标。

刘少华：我觉得章某某案比较恐怖的一点是，他开车经过那儿之后，又绕了个弯回来找这个女的。

李玫瑾：他已经看到这个女的了。

刘少华：到这儿，我觉得这个女孩必死无疑了。

李玫瑾：对。

窦文涛：其实也有一种临场偶发性。

李玫瑾：对，我们称之为“动机转移”。也就是说，他最开始是这个动机，但是他在这个过程中遇到了另外一件事，这件事给了他一个启发，他开始转成以这个为主了。

窦文涛：像这种人假如真找到一个也玩这个的性伴，是不是他就不会走向杀人了？

李玫瑾：这只能假设了。假如说章某某在这方面就像妓女一样不在乎的话，她可能还死不了。

附录　什么人容易犯罪

我常常有一个比喻：我所研究的犯罪心理现象和医学特别相似。我们每个人一辈子当中都会有生病到医院去的时候，门诊的大夫会先给你做一个判断，然后他会给你一些治疗的方法，用药或者用其他的技术手段。但是，我们知道这些医生在门诊给你诊断的时候，还有一些人在他们的背后，他们可能不出现在门诊。他们在什么地方呢？研究所。他们在研究什么呢？研究每一种病发病的原因。如果一种病在原因这个问题上没有搞清楚的话，那么它再次出现的话，对我们来讲就是非常紧张或者非常可怕的一件事情。犯罪心理也同样如此，我认为它也是人的一种疾病的表现，只不过它表现在心理上，侦查人员去侦破案件抓获嫌疑人就类似于一个诊断的过程。

大多数犯罪人被抓获之后会进入司法程序，对他们进行起诉、判决，然后我们会把一些严重的犯罪人和社会隔离开来，要么就是监禁，甚至是终生隔离，也就是死刑。大家觉得这样犯罪问题就解决了，但是我们知道这个问题实际上并没有解决，因为一个犯罪人被杀掉了，还会有第二个、第三个……很多事情发生之后，有一部分人所关注的不是如何找到犯罪人去把他绳之以法，而是这个人是怎么样发展到这一步的，犯罪心理学就是研究这个问题的。

我现在呈现的这张图，就是我对犯罪人和犯罪心理之间的关系的把握。犯罪人是非常复杂的，有各式各样的人，包括同一类案件的方式不一样，他们的心理活动可能也不一样，甚至导致它们发生的原因都是不同的。但是，从总体上来看，人既然是一种自然的产物，毕竟也是一种动物，所以人一定有自然的法则，实际上就是人自身所具有的一些东西，而这些东西就是心理学所要研究的。这个问题也非常像人生病，有一些病像感冒、拉肚子、胃疼，都属于普通的、日常的小疾病，但是人一旦生下来就心脏有问题，或者肾有缺失，或者哪儿有病，这个病基本上就是终身的了。在心理现象当中有终身的和日常的两类，犯罪也有这样两类。

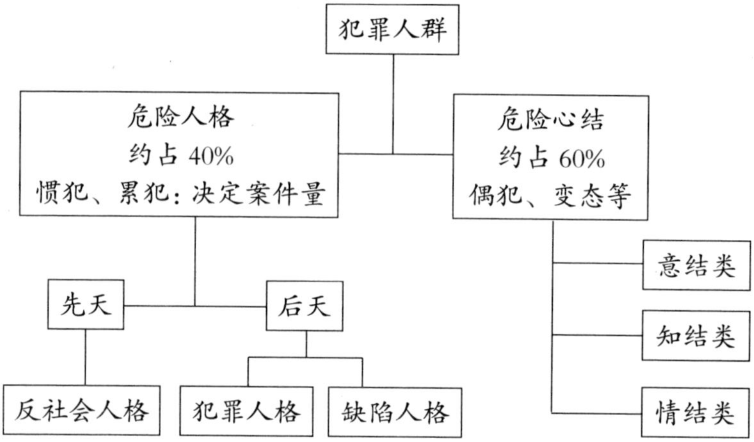

犯罪人分类示意图

在犯罪人群当中，大约有 40% 的人会重复性地作案。有些案件，我一看作案方式就知道这个人不是第一次作案。我记得我第一次做一个案件分析的时候是在春节期间，在一个大城市通往一个县里的国道上有一个家庭旅社（家里有客房），家人老的少的全有，结果在初四全家遇害。侦查人员当时到北京来做一个物证的鉴定，结果有一个现象不能理解就来找我们。什么现象呢？这家人从老的到小的，像老太太都 80 岁了，还有一个女人和她的几个女儿，全被一个人强奸了。侦查人员说："对这个行为，我们不能理解。强奸一般有一个就满足了，你干吗把老的也强奸了？"这个案件我当时一看，就说这个人应该是一个跟社会生活隔离已久的人，他没有体会过性行为，现在一体会了，可能就有点兴奋，但是毕竟在春节期间不好作案，所以他就进了这家路边的旅社，可能这儿也没什么客人，他夜里就把全家人干掉来体会这个事情。所以我跟他们讲，这个人应该是春节前刚释放不久的一个人。后来他们就按照这个线索去查之前释放的人，因为那是有物证的，很快就找到这个嫌疑人了。

有些人因为是某种人，这决定了他必然要犯罪，我们称之为“危险人格”。人格问题是我们研究犯罪人很重要的一个思路，具体又分为不同的类型。第一类是反社会人格。我有时候开个玩笑，比如说当你走在街上，突然遇到一个犯罪人冲出来拿刀一下顶着你，说把钱拿出来，或者一搂脖子说跟我到屋里待一会儿，这个时候你怎么办？很多被害人就要想办法拖延时间，然后跟他去拉近距离。我曾经跟大家讲，如果我们真遇到一些犯罪人，你最开始的方法就是要调整心态，不要喊叫，因为喊叫给你带来的危险是非常大的。然后，你用一种什么样的心态面对他呢？你就把他当作一个好久没见的小学同学，当他一下按住你、顶住你的时候，你就说：“你怎么了？你是不是有什么难处了？哎呀，我觉得每个人生活都挺难的，你要是有什么难处就说，我一定能帮你的都帮。我也是打工仔，但是我现在身上有些钱，我全部给你。”有些犯罪人没准儿就会说：“行了，那你把钱拿出来吧，然后你走吧。”如果他还有一点人性的话，他不会伤害你，因为他要的就是钱。

遇到绑架也是这样，我们看到有些人就跟歹徒聊天。我记得浙江有一个小女孩被三个人绑架了，她特别聪明，在车上就叫他们叔叔，说：“叔叔，您家是不是也有孩子？您家有没有女儿？您家女儿是不是很可爱？”聊到最后，这三人说：“算了，咱们把她放了吧。”这个小女孩最后平安回来了。

这些都是很聪明的被害人在遇害的时候自我保护的方法，其实就是要把犯罪人首先看作人。但是，如果你不幸遇到一个反社会人格的犯罪人，那你真的没戏了。当年被绑架的演员吴某某也曾经试图跟王某某沟通，但是根本沟通不成，因为他遇到的是一个反社会人格者。所以说，反社会人格者是最危险、最可怕的一类犯罪人。当然，它的比例并不是很高，可也是常有的。

第二类是犯罪人格，在人格中应该算是最少的。这类人很简单，他们早年正常。所谓正常，就是老实巴交，也能很有礼貌，或者会去上学。但是，这类人的第二个特征是家庭有残缺。我们知道不幸的家庭有各种各样的不幸，有的是父亲吸毒，有的是酒鬼，有的根本就不负责任，有的母亲是精神病人，或者母亲也生活很艰难、没有文化等等。一个孩子在这种残缺的家庭被生下来，他的生活是非常可怜的，自生自灭。他们往往会在什么样的情况下离家呢？10 岁上下。稍微长大一点点，他们就一定要离家出走，去外面生存。他们最开始一般是拾荒，紧接着就会遇到跟他们抢地盘的人，然后互相欺负。在这个过程中，他们学会打架和互相伤害，然后跟警察接触时一般不到 18 岁，一般进少年管教所两三年。他们出来时基本上都过了 18 岁，要家没家，要能力没能力，所以他们基本的生存方式只能是不择手段。随着身高的增长，他们的胆量也大了，所以会出现另外一类犯罪，就是抢劫和盗窃。这两种行为只要再被警察抓住，一般就是判五到十年的刑，他们再出来时就在 25 岁上下了。

这种人因为从小生活上没人照顾，往往身材都特别瘦小，发育也相对比较晚，可是到了 25 岁的话，男人的需求就开始有了，可是他拿什么去谈对象，拿什么去养人？所以，他一般的方式就是得偷且偷，得抢且抢。最重要的是，当他有了性的需要的时候，他有钱的话，就会去嫖娼，没钱的话，只要走在田间、隧洞旁边或者什么偏僻的地方，看到一个女的是孤单一个人，可能就会扑上去实施犯罪。他以前的侵财犯罪，比如盗抢，都是回避别人的。也就是说，偷窃，是等你发现时我已经走掉了，而抢劫，我则可以快速离开。可是，唯独强奸是不可能短暂完成的，因此他一定要和被害人面对面，这样他的犯罪风险就提高了。因为不相识，假设又是在陌生地方，当女子喊叫、反抗的时候，他很快就会把她置于死地。因此，这种人成年后犯罪会升级。

这种人犯罪的特点是，动机是非常简单的，但手段是非常可怕的。我们会说他不值，为了十几块钱就把一条人命弄没了，为了几分钟的快乐就把人一家子杀掉了。我们认为不值得，但是他不管，他就这样做。所以，这种人的特点是非常冷酷，动机特别简单，但是手段非常残忍。犯罪基本上是他的生活方式，他活一天，他所有的需要，他都会以犯罪的方式来解决。这种人是非常危险的，而且这类案件是我们侦查中最难的一类。因为这类人作案都是陌生关系，你找不着范围，不知道作案人是哪儿来的。杨某某当年就是流窜四个省，从安徽到河南，从山东到河北，他作一个案子就跨一个省，因此你不知道他在哪个地方，你就无从下手。有些案件为什么难以侦破呢？就是因为连他的范围都找不到，你总不能全国排查吧？

第三类是缺陷人格。这一类在生活中特别常见，因人格问题犯罪的，至少有一半是这样的人。这种人的特点是早年心理正常，因为他的家庭是完整的，有爱他的爸爸妈妈，甚至还有爷爷奶奶，还有更多的人，所以他从小是有宠溺抚养背景的。大家知道宠溺抚养的特点是，他身边很多人对他都特别好。所以这种人有一个特点就是，他对熟悉的人也都特别好。我们有时候在生活中会见到一类人，当面是人，背后是鬼。他当面跟你特友好，点头哈腰，你想听什么他就说什么，你怎么舒服他就怎么给你对付，但是背后他什么事都敢干。

这类人有正常人格，但他的人格缺一块。因为有宠溺背景，所以他表面给人呈现的是很好的样子。比如某市杀一家六口的李某[①]，周边的朋友都说这个人平时可好了，跟他一块开饭店的朋友就说他挺仗义的，为人也挺谦和的。他给大家的印象都很好，而且他往往身边也有一些跟他关系不

① 李某，1980 年生。因不能正确处理家庭矛盾，李某于 2009 年 11 月 23 日晚持刀将父母、妹妹、妻子和两个儿子杀死，五天后在三亚被警方控制并承认杀人事实，后被判处死刑并于 2011 年 9 月执行。

错的朋友。但是，这种人的问题在哪儿呢？就是性格上有缺陷。性格是一个人后天形成的社会行为方式，而后天形成的往往都是养出来的，你怎么养他，他就会是怎么样的人。大家知道宠溺是什么，就是你想要什么我就给什么，你不想要什么我就不给什么，你不爱听我就不说，你怎么高兴怎么来。这种抚养方式很容易养成人想干什么就一定要干什么，比较任性。第二个性格特点就是横，就是说不得，你要是说他，他心里真的恨你，甚至会报复你。这种性格上的缺陷会导致他特别自我、自私，因此这种人是没有观念的，做事是没有底线的，谁挡我的道，或者谁让我恨，我就报复谁。所以，危险人格在重复类犯罪当中是比例最高的，而且这种人大多数家庭正常，平时看上去是个好人，可是坏起来非常坏。

还有一大类犯罪人群是有心结问题。

我在 2013 年做过一个分析，把近十年来媒体报道的重大案件尤其是一次杀了三个人以上的滥杀案件做了统计，结果发现有三分之二的人是没有犯罪前科的，最最重要的是，有一部分人犯罪的年龄在 40 岁上下。一个人活了二三十年，本来是正常的，没有不良行为，为什么会突然出现严重的暴力犯罪？我后来发现，这往往跟一种心结有关。心结是什么？这个现象比较复杂，它和人格问题不同，人格问题是长的，它是短的，它是一个点。这种人在某年某月一定遇到过某种刺激，或者是在某个年龄段、某个时期遇到一个刺激，而他反应失败，这个失败让他很痛苦，就会出现一种心理现象叫“创伤”。创伤有一个什么特点呢？因为痛苦，所以他放不下，然后他会想办法找个时间来做这个事，比如说等我长大了，等我变强了，等我有能力了，或者等我找到机会了，我就来扳回这种失败的感受。这个过程是一种纠结现象，因此把它称为“心结”。

有心结问题的人，最容易让人认为他是精神病人，但事实上很多人不是。这里头也分三类，其中一类我称之为“意结”。意结是什么？就是上下不通，下边的要冒上来，但上边不让它冒上来，然后就去遮掩。某大学杀同学的马某某就非常典型，他犯罪实际上就是为了遮掩。这一类人的特点是，我可以认罪，但是我不告诉你为什么。我们有时候看到一些案件就是这种，他承认有罪，但是不说原因，或者说的原因让你听了觉得不可思议。一般我们专业研究者一听就知道，他一定是话后边还有话，只不过他没说出来而已。还有一类是知结，特点是他认为对方是不对的，他要想办法去讲道理。在讲理的过程中，他要找出自己做这个行为的合理性，于是这种犯罪往往带有争辩、纠缠。我们把这类人多数归结于偏执的问题。第三类是情结，非常危险。情结一定是由生活中日常感受到的痛苦引起的，比如说家不成家，没有人爱他，没有人交流。这种人大多数比较内向，比较孤独，然后他们作案基本上都有变态的特点，让你找不着理由，最重要的是，他们伤害的往往是无辜的人。这类和前两类不一样，前两类基本上都是有针对性的，而这类往往是面向陌生人和社会去报复的。

当然，犯罪人的种类比上述类型还多，我在这里只挑了主要的来讲。其实，我们要真正去认识犯罪，最重要的是要认识人的问题。这需要通过心理学的知识来发现一些人的心理异常，然后及早地干预，宽慰他，带他走出来。还有一个就是要减少案件的数量。像危险人格这类，我们需要辨别哪些人具有人格危险性。最最重要的是，我们发现人格问题都源于早年，所以我们在早年要把人教育好。我在网上有大量的课都是在讲心理抚养，讲家庭中的心理教育，实际上就是要减少人格上的异常。

—摘编自李玫瑾在凤凰卫视《世纪大讲堂》的讲座（2016 年 12 月 31 日播出）

图书在版编目（CIP）数据

幽微的人性 / 李玫瑾著．—北京：北京联合出版公司，2019.4（2024.4重印）

ISBN 978-7-5596-2947-0

Ⅰ．①幽… Ⅱ．①李… Ⅲ．①犯罪心理学－通俗读物 Ⅳ．①D917.2-49

中国版本图书馆 CIP 数据核字（2019）第 036612 号

幽微的人性

作　　者：李玫瑾
责任编辑：宋延涛
特约编辑：张兰坡
封面设计：灵动视线
版式设计：文明娟

北京联合出版公司出版
（北京市西城区德外大街 83 号楼 9 层　100088）
三河市延风印装有限公司　新华书店经销
字数 260 千字　710 毫米 ×1000 毫米　1/16　印张 18
2019 年 4 月第 1 版　2024 年 4 月第 13 次印刷
ISBN 978-7-5596-2947-0
定价：39.80 元
